·CSSCI 来源集刊·

金融法苑
Financial Law Forum

2020 总第一百零三辑

◎ 北京大学金融法研究中心　主办

▶ 主编：彭　冰　▶ 本辑执行主编：蔡卓瞳

中国金融出版社

责任编辑:黄海清
责任校对:李俊英
责任印制:丁淮宾

图书在版编目(CIP)数据

金融法苑. 2020:总第一百零三辑/彭冰主编. —北京:中国金融出版社,2020.11
ISBN 978-7-5220-0892-9

Ⅰ. ①金… Ⅱ. ①彭… Ⅲ. ①金融法—研究—丛刊 Ⅳ. ①D912.280.4-55

中国版本图书馆 CIP 数据核字(2020)第 220713 号

金融法苑. 2020:总第一百零三辑
JINRONG FAYUAN. 2020:ZONG DI-YIBAI LING SAN JI

出版 中国金融出版社
发行
社址 北京市丰台区益泽路 2 号
市场开发部 (010)66024766,63805472,63439533(传真)
网 上 书 店 http://www.chinafph.com
 (010)66024766,63372837(传真)
读者服务部 (010)66070833,62568380
邮编 100071
经销 新华书店
印刷 北京市松源印刷有限公司
尺寸 185 毫米×260 毫米
印张 13.5
字数 290 千
版次 2020 年 11 月第 1 版
印次 2020 年 11 月第 1 次印刷
定价 40.00 元
ISBN 978-7-5220-0892-9
如出现印装错误本社负责调换 联系电话 (010)63263947

致 谢

本辑出版得到众惠财产相互保险社的大力支持,特此致谢!

《金融法苑》

主　　　　办： 北京大学金融法研究中心
专家委员会： 吴志攀　白建军　刘　燕　彭　冰
　　　　　　　　郭　雳　唐应茂　洪艳蓉
主　　　　编： 彭　冰
本辑执行主编： 蔡卓瞳

声 明

向《金融法苑》投稿即视为授权本编辑部将稿件纳入北京大学期刊网（www.oaj.pku.edu.cn）数据库、《中国学术期刊网络出版总库》及CNKI系列数据库、"北大法宝"（北大法律信息网）期刊数据库、台湾元照出版公司月旦法学知识库、万方数据库、本编辑部确定的其他学术资源数据库、学术性微信公众号，包括但不限于通过北京大学金融法研究中心网站（www.finlaw.pku.edu.cn）和微信公众号（"Pkufinlaw"和"北京大学金融法研究中心"）对外传播。本编辑部支付给作者的稿酬已包含上述数据库和微信公众号著作权使用费。如有异议，请在来稿时注明，本编辑部将作适当处理。

刊稿仅反映作者个人的观点，并不必然代表编辑部或者主办单位的立场。

目 录
Contents

新金融研讨

3	网贷领域爬虫，既非原罪者也非无辜者	程明皓
20	中国监管沙盒的区域性适用研究	吴 瑕

资本市场法制

35	我国证券交易异常之规制探析 ——评新《证券法》第一百一十一条、第一百一十七条	朱子琳
51	证券发行中员工持股计划的豁免与监管	白 芸
63	美国投资者适当性规则修订溯因	刘力帆
82	苏嘉鸿内幕交易威华股份案评析 ——兼议内幕交易认定中的证明标准	徐 蕾
93	证券信息披露中的重大性认定 ——以"万家文化案"为例	王彦光
113	反思九发股份破产重整案 ——制度探索过程中的监管协调	程海宁

| 130 | 上市公司破产重整公积金转增股本除权问题探究 | 查达来 |
| | ——基于2019年六大重整成功案例的实证分析 | |

案例评析

143	反思商业银行代销理财产品的适当性义务	彭雨晨
	——建行代销基金全赔案的评释与引申	
155	银行"过河拆桥"何以认定	刘雪平
	——从（2018）最高法院民再360号案件探讨第三人言语欺诈	
170	伊世顿案及其进展：滥用程序化交易操纵市场的监管思路评释	何兆飞

书评

| 187 | 变幻的"货币"与虚幻的"货币宪法" | 柯 达 |
| | ——评《货币宪法学：知识谱系与中国语境》 | |

199	《金融法苑》征稿启事
200	《金融法苑》写作要求和注释体例
205	关于《金融法苑》的订阅

金融法苑

Financial Law Forum

2020　总第一百零三辑

新金融研讨

网贷领域爬虫，既非原罪者也非无辜者

■ 程明皓*

摘要： 爬虫是一种获取网络公开数据的技术工具，其本身并不具备价值色彩。但在目前激烈的信息竞争环境下，爬虫被推向了风口浪尖，网贷领域的爬虫更是众矢之的。网贷爬虫被控告最多的罪名为助长暴力催收、非法入侵计算机系统和侵犯个人隐私等。而通过分析爬虫的工作原理可得，不法获取信息和获取信息后的不当利用与爬虫本身并无直接因果关系，爬虫在上述过程中充当的只是一个中立的步骤角色。不过，网贷爬虫也面临相关法律风险。在刑法上可能构成网络犯罪的帮助犯，此外即使获得了信息授权，也可能因无效授权而侵犯用户权益。在关涉第三方时，爬虫被授权获取的信息可能涉及合同违约和侵权等法律责任。所以法律仍应对爬虫充分关注，网贷爬虫从业者也需做好合规工作。

关键词： 爬虫　P2P网贷　个人信息　暴力催收

一、引入：人人喊打的网贷爬虫

信息时代有很多大家虽耳熟却并不能详的概念，比如对非专业技术人员来说的"爬虫"。爬虫似乎手眼通天、充满邪恶，稍加不注意就会变成无孔不入的侵害者。而网贷领域的爬虫更容易被认作侵害个人隐私和其他人身权益的罪魁祸首。监管方对网贷数据爬虫的监管力度也日渐收紧，并在2019年下半年达到高潮，魔蝎科技、公信宝、聚信立等第三方风控行业头部公司相继被调查或被波及，整个行业如履薄冰，主要爬虫服务出于避险考虑基本暂停。网友纷纷调侃"爬虫爬得好，牢房进得早；数据玩得溜，牢饭吃个够"。

在这一背景下更引人关注的是51信用卡被查处事件。2019年10月21日上午，杭州警方至51信用卡公司（以下简称51信用卡）办公地点突击检查，同日晚在微博"@杭州公安"上发布公告，称51信用卡委托外包催收公司冒充国家机关，采取恐吓、滋扰等软暴力手段催收债务，警方对其涉嫌寻衅滋事等犯罪行为开展调查。目前该案件还在进一步侦办中，未有更多官方后

---

* 北京大学法学院2018级硕士研究生。

续信息。虽然警方以"寻衅滋事罪"立案，但是网传各种小道消息、新闻报道和分析认为，此案涉及不当使用爬虫，与2019年9月以来杭州警方调查魔蝎科技、公信宝运营公司、杭州存信数据科技有限公司以及征信工具"信用管家"属于同一目的，都是监管方对爬虫业务的整顿。不过截至2020年3月10日关于该案缺乏更多的官方声明，本文将依据各类公开可查信息展开讨论。创立于2012年的51信用卡为港股上市企业，涉及信用卡、理财、借贷等业务，是中国首个且最大的在线信用卡管理和信贷平台，通过理财方式提供信贷撮合业务并按比例提成。①

因此，拥有超过1亿激活用户的51信用卡是名为"信用卡"，但是主要业务为提供网络信贷服务的平台，在P2P领域具有重要地位，是行业内的"老大哥"，也是首先使用爬虫技术的P2P公司之一。本次对"老大哥"的查处，如同连绵阴沉天气下的巨雷，使得网贷行业人人自危，因为这表明监管对P2P行业正式结束观望状态。接下来各种政策和行业动态，也印证了这一趋势。据不完全统计，目前湖南、山东、重庆、河南、四川、云南、河北、甘肃、山西等9个省份宣布取缔本行政区域内全部P2P业务。2020年2月，中国人民银行召开2020年金融市场工作电视电话会议时提出，将多措并举彻底化解互联网金融风险，这体现出P2P市场监管以"退"为主的趋势。

在化解"互联网金融风险"的目标下，网贷公司由于合规与监管困难而被逐渐清退，而很多讨论认为不当使用爬虫构成其中一个重要风险。网贷公司如果涉及暴力催收、设定不合理利率侵犯金融消费者合法权益而被追究民事、行政乃至刑事责任理所应当。但是令人疑惑的是，作为技术手段的爬虫如何成为风口浪尖上的打击对象？现有的各种网络报道51信用卡事件时，大量提及非法爬虫，却未明确到底什么是非法爬虫，非法又体现在何处，让爬虫从业者手足无措。

本文以51信用卡为例，试图揭开大众频频提及却似懂非懂的爬虫在网贷领域的神秘面纱。下面讨论将分为两个部分：第一部分是在明确爬虫概念的基础上，澄清爬虫背负的莫须有的三大类刑法罪名；第二部分是在我国法律体系下来探讨，形式合规的爬虫自身切实带来的法律问题。

二、本为无罪虫：洗脱爬虫含冤背负的罪名

（一）网贷爬虫的工作原理

1. 爬虫在网贷领域的具体应用。爬虫是一个技术概念，简单来说是一个自动提取信息和网页的程序，由一系列的代码构成。一个代码初级学者经过简单训练就可以写成一段基础爬虫代码。一个基本的爬虫由制定目标、全面检索、信息传输、信息分析和信息存储五个步骤组成。基于基础的爬虫，又有一些具体的数据爬虫分类，其爬取逻辑、爬取对象不同，也具有不同的特点、不同的用途。

---

① 参见51信用卡招股说明书与51信用卡官网，资料来源：https://www.u51.com/#/company，2020年2月10日访问。

```python
from selenium import webdriver
import time

# 创建浏览器对象
driver = webdriver.Chrome()
# 访问京东首页
driver.get('https://www.jd.com/')
# 找到搜索框按钮,接收终端输入,发送到搜索框
text = driver.find_element_by_class_name('text')
key = input("请输入要搜索的内容:")
text.send_keys(key)
# 点击 搜索按钮
button = driver.find_element_by_class_name('button')
button.click()
time.sleep(2)
```

图1　一段爬虫代码

(图片来源：网络)

虽然互联网上有海量数据，但是通过人工提取所有信息几乎不可能完成。而运用爬虫技术，则可以快速、全面地获得相关信息。通过算法和代码，可以实现对信息的无遗漏收集，就像释放出无数虫子，顺着大树的每一个分叉爬行，最终遍布所有枝丫。树权即跳转不同网站的节点，每一个分叉即最终的具体信息。数据爬取最早和最经典的应用是搜索引擎。引擎每天对各种网站进行爬虫，将信息抓取收集下来，进行可视化整理后供用户进行检索。

不过爬虫本身的代码方式决定了最基本的爬虫获取的是网络上的公开信息，在其正常运行的前提下，无法进入封闭系统。一个网站如果禁止网络爬虫对自己的信息进行获取通常会采取多种方式。一方面，网站会设置形式上的"禁止进入声明"——robots协议，即一段指明网站中哪些信息禁止爬取的代码。不过robots的性质还有争议，目前普遍认为其并非是民法上的合同，而是一种道德规则。[①] 类似属于公交车上的"老弱病残专座"告示。在实践中，违反robots协议要承担不利后果，[②] 但司法实践的态度是责任追究还需要综合各种要素进行考虑。[③] 另一方面，

[①] 参见宁立志、王德夫：《"爬虫协议"的定性及其竞争法分析》，载《江西社会科学》2016年第1期。

[②] 如果违反协议，可能构成侵权法上的侵权行为（侵犯隐私权和财产权），参见Alex Cato, Robot. txt and Linking the Internet, 24 Australian Law Librarian 37 (2016)，也可能构成违反信义的行为或不正当竞争法上的问题，参见何颖：《数据共享背景下的金融隐私保护》，载《东南大学学报（哲学社会科学版）》2017年第1期。

[③] 在著名的"百度诉360不正当竞争案"中，北京市第一中级人民法院裁判意见认为尊重行业规则robots协议，但也并未认为违反协议为判定违法的必要条件，双方可通过"协商—通知"程序解决问题。参见北京市第一中级人民法院网："百度诉奇虎360违反Robots协议案一审宣判360赔偿百度70万元"，资料来源：http://bj1zy.chinacourt.gov.cn/article/detail/2014/09/id/1446252.shtml，2020年2月27日访问。

网站通常会设置实质上的技术障碍——如设置防火墙、封 IP、设置参数查验和验证码等——将爬虫阻挡在网站之外,从而保护自己的信息。

作为一种信息获取手段,爬虫被广泛应用到各个领域,在大数据分析、舆情检测和知识信息储备等行业中都举足轻重。对互联网金融,爬虫更是具有重要意义。信息是互联网金融领域的灵魂,无论是前端风控还是贷后催收,位于屏幕另一边的贷款公司显然需要各种数据与借款人发生真实联系。据相关网贷从业人员对媒体透露的信息来看,数据可分为电商信息、银行卡信息、运营商信息、司法信息、社交信息和开放数据等几大类。如通过电商信息可获得真实交易信息和收货地址等,是进行身份验证的有效数据。此外,电商的消费情况一定程度上能反映用户消费能力,从而评估信用;通过运营商信息,可以通过通话记录客观反映和用户关联的联系人,从而可以用作催收;通过银行卡信息,可获得核心的金融借贷的身份验证、资产状况等直接有效的用户信用情况。在互联网金融领域,数据当然是越多越好,以便多维度调查用户资信。

爬虫在上述信息获取的过程中扮演的是一种工具角色。在可公开获得的数据方面,需要爬虫进行大量的获取。如通过天眼查、企查查、启信宝等企业信息查询网站,获取一个公司的资信情况;也可通过网贷之家、零壹数据、网贷天眼和76676互联网金融门户等获得各大网贷平台不同时间段的放贷数据。在非公开的数据方面,爬虫是获取公开数据的手段,因此往往需要获得相关数据源或数据主体的授权,爬虫方可大摇大摆地进入数据库进行爬取,如经过用户同意后获得其用户名和密码,进入电商网站进行数据的爬取等。不过对于大部分网贷公司来说,获得运营商和电商的直接授权基本是不可能的,所以正常情况下,在互联网金融领域的爬虫理论上可分为两种形式:一种是通过用户授权,如获取用户的邮箱、通信录权限等,再对所授权信息进行爬取;另一种是对不需授权的公开信息进行爬取。

2. 爬虫对授权信息的获取。51信用卡尽可能扩大用户授权范围获取数据,在2019年7月被国家工业和信息化部发文批评51人品贷存在"未经用户同意收取用户信息"后,更是不断增加其用户协议内容,获取更多用户授权。首先在注册51信用卡这一平台时,需要用户以点击同意的方式,签订《51信用卡管家隐私政策》(以下简称《隐私政策》)和《51信用卡管家用户注册协议》(以下简称《注册协议》),在《隐私政策》中,注明其收集的用户信息包括但不限于:储蓄卡/信用卡卡号、用户名、开户行、持卡人银行预留手机号、持卡人身份证号码等。被授权人为51信用卡与其关联公司。

签订上述两个协议后,用户即拥有了登录51平台的权利。不过要进行实质操作获得贷款,用户还需要接着签订《信息授权服务协议》,在这一协议中,用户需要"不可撤销地同意并授权平台"获取银行卡、邮箱、网银、电商平台、支付宝、通信运营商资料、微博、简历资料等信息。举例来看,《信息授权服务协议》在电商信息部分规定,51平台可获得用户电商平台相关资料包括:"账号信息、实名认证状态、交易记录相关信息(包括但不限于交易时间、交易内容、收货人姓名、收货人固话/手机、收货人地址）等。"可以说51信用卡通过用户的授权，能获得其线上和线下几乎全部的活动轨迹。

在获得授权后，网站即有资格后续获取用户同意的相关信息。不过需要说明的是，爬虫获取的是存储在网络上的信息，用户存储在自己本地的信息——通信录、手机型号相关信息等，在用户同意访问通信录的一刻，即可被51信用卡存储。

3. 爬虫对公开信息的获取。日常生活中普通人进行网络检索时，不可能每访问一个网站都要询问权限，而是在没有障碍的情况下，通过点击网站进行阅读，并可按照页面上的链接进行跳转。这被通俗地表述为访问网络公开信息。信息的聚集连接，也是网络的意义所在。爬虫虽然有强大的读取信息能力，但本质上与普通人访问网站并无不同，在没有防火墙等情况下，也可轻松捕捉授权外的大量信息。不过需要明确的是，什么是授权之外能获得的公开信息？

在法律层面上，我国现行法律法规对公开信息的主要判断标准为，个人信息主体自行公开与合法公开披露的信息。全国信息安全标准化技术委员会于2019年6月24日发布《信息安全技术——个人信息安全规范（征求意见稿）》（以下简称《安全规范》）①，对个人信息保护涉及的各个方面作出了详细的解释与指引，是判断个人信息保护工作是否合规的重要文件。《安全规范》规定，法律法规规定、个人信息主体自行公开的、签订和履行合同所必需的和从合法公开披露的信息中收集个人信息的，不必征得信息主体授权同意也可收集。②《数据安全管理办法（征求意见稿）》第二十七条列举了两种公开的类型：从合法公开渠道收集且不明显违背个人信息主体意愿的和个人信息主体主动公开的。③ 上述两条规定虽然表述上是对"授权"的豁免，但实质是从反面角度对公开信息的定义。此外，《网络借贷信息中介机构业务活动管理暂行办法》（2016）④ 和《互联网个人信息安全保护指南》（2019）⑤ 等相关部门规章和规范性文件，也对个

---

① 全国信息安全标准化技术委员会2017年12月29日发布的国家标准GB/T 35273–2017《信息安全技术个人信息安全规范》于2018年5月1日实施。2019年6月24日由全国信息安全标准化技术委员会公开征求意见，并于2019年10月24日发布的《信息安全技术个人信息安全规范（最新版征求意见稿）》。

② 《安全规范》第5.6条规定："以下情形中，个人信息控制者收集、使用个人信息不必征得个人信息主体的授权同意：a）与个人信息控制者履行法律法规规定的义务相关的；b）与国家安全国防安全直接相关的；c）与公共安全、公共卫生、重大公共利益直接相关的；d）与刑事侦查、起诉、审判和判决执行等直接相关的；e）出于维护个人信息主体或其他个人的生命、财产等重大合法权益但又很难得到本人授权同意的；f）所涉及的个人信息是个人信息主体自行向社会公众公开的；g）根据个人信息主体要求签订和履行合同所必需的；h）从合法公开披露的信息中收集个人信息的，如合法的新闻报道、政府信息公开等渠道。"

③ 《数据安全管理办法（征求意见稿）》第二十七条规定："网络运营者向他人提供个人信息前，应当评估可能带来的安全风险，并征得个人信息主体同意。下列情况除外：（一）从合法公开渠道收集且不明显违背个人信息主体意愿；（二）个人信息主体主动公开；（三）经过匿名化处理；（四）执法机关依法履行职责所需；（五）维护国家安全、社会公共利益、个人信息主体生命安全所必需。"

④ 中国银行业监督管理委员会、工业和信息化部、公安部和国家互联网信息办公室发布。

⑤ 公安部网络安全保卫局、北京网络行业协会、公安部第三研究所联合发布。

人信息作出了类似规定。综上所述，我国规定的公开信息为自行公开与合法公开披露的信息，对该类信息的获取不需经过信息所有者的授权。

在形式层面上，由于没有设定明显技术障碍的网页，可以由任一主体在任一时间进行访问，因此本文认为，该类信息应属于合法公开与公开披露的信息。简单来说，爬虫程序可以在无障碍运作时访问的网页信息，应认为是公开信息。司法裁判中有信息被获取方声称，即使没有设置实质障碍，但自己的信息具有隐私性不应被读取，或者以 robots 的存在认定爬虫是非法获取信息。但是上述理由并不成立：第一，虽然 robots 的存在可能设定访问范围的限制，但是实践中，几乎所有网站均设置 robots 协议，甚至存在滥用 robots 协议的情形，因此 robots 协议的存在不能作为单一否认公开信息的依据；第二，当网站未对其应妥善管理的数据设置其他保护措施时，如果被爬虫爬取，网站应承担信息泄露的责任，不能苛责其他方对其信息能否被获取具有辨别能力。

综上所述，严格意义上的爬虫仅能访问授权信息与公开信息。以 51 信用卡为例，其可以通过经过用户授权和检索网络公开信息获取放贷和催收需要的数据。庞大的信息搜集工作量要求爬虫完成这一艰巨任务。

（二）成为脱离本意的背锅侠

经过检索可发现现有司法案例与相关学界探讨爬虫，聚焦在集中的几个罪名上。而在清楚了爬虫的运作逻辑后再来分析爬虫的"罪与罚"，会发现其也有蒙冤之处。

1. 暴力催收不是非法爬虫之罪。关于 51 信用卡被调查的原因，杭州公安仅仅表述为"51 信用卡涉及大量各地异常投诉信息"。51 信用卡被投诉并非意料之外，网贷通过电话轰炸、恐吓等方式进行催收，几乎成为行业的普遍做法。

软暴力催收在网贷领域是一种常见的现象。而在我国刑事法律框架下，软暴力催收并不能构成单独的犯罪，而需要根据手段和后果对应相应的罪名。软暴力催收的形式，在中国银行保险监督管理委员会牵头发布的《关于规范民间借贷行为维护经济金融秩序有关事项的通知》（2018）中作了列举规定，指以故意伤害、非法拘禁、侮辱、恐吓、威胁、骚扰等非法手段催收民间贷款。不过该规范性文件并未指出公安机关应如何具体查处。具体惩治方式可见在 2019 年 10 月 22 日，即 51 信用卡被杭州警方查处后第二天，最高人民法院、最高人民检察院、公安部和司法部联合发布的《关于办理非法放贷刑事案件若干问题的意见》①，其中罗列了强行索要债务可构成的罪名——故意杀人、故意伤害、非法拘禁、故意毁坏财物、寻衅滋事等。因此，滋扰等软暴力催收需要根据刑事规定，通过考察主观和客观要件，对违法性和免责事由进行判断，在刑法体系内进行定罪。根据上述规定，爬虫作为一种单纯获取信息的工具，并不能构成违法的充分

---

① 该法第六条第二款规定："为强行索要因非法放贷而产生的债务，实施故意杀人、故意伤害、非法拘禁、故意毁坏财物、寻衅滋事等行为，构成犯罪的，应当数罪并罚。"

必要条件，需要有人身伤害和骚扰、威胁活动等犯罪行为，具有故意或过失，以及产生入罪后果才可定罪。

综上可知，警方通报的51信用卡涉及暴力催收寻衅滋事罪，与爬虫自身关联不大。

那么，爬虫是否因为骚扰提供了可能条件而受谴责？通过分析51信用卡案例可得，爬虫是在授权范围内对用户的信息进行搜集。《用户协议》与《隐私政策》明确说明，51平台可访问各种身份信息。在《信息授权服务协议》中，51平台可以通过电商平台等获取用户联系人地址。因此，即使爬虫为上述活动提供了一定条件，也是在用户授权范围内进行的，该过程在形式上是合法的。可能构成犯罪行为的是获得信息后采取的伤害、滋扰等活动，而并非获取信息本身的行为。不过该授权是否合法有效，以及在无合法授权的情况下是否构成其他网络犯罪的帮助犯，本文将在下面详细分析。

2. 非法侵入系统并非爬虫之罪。网传51信用卡此次被查处，还有一个重要原因是其在未获得授权的情况下，获取某合作银行内部信息。该信息真实性尚待确认。如果属实，则非法侵入计算机系统获取相关数据，可能违反《中华人民共和国刑法》第二百八十五条规定的非法侵入计算机信息系统罪和非法获取计算机信息系统数据、非法控制计算机信息系统罪；如果提供侵入计算机系统的程序、工具，则可能构成同条第三款的提供侵入、非法控制计算机信息系统程序、工具罪。在讨论爬虫的各种声音中也往往有人提出，爬虫可能涉及非法侵入计算机系统类的相关犯罪行为。

在恶意访问计算机系统时，爬虫可能采取两种手段。

第一种是使用爬虫大量访问网站，使其暂时瘫痪，然后对系统数据进行获取。在这种方式下，爬虫作为入侵的手段，若符合刑法法条规定的其他要件，则构成相关计算机类犯罪。如在李文环、王硕、卢晓燕等非法侵入计算机信息系统一案中，①虽然所定罪名为非法侵入计算机信息系统罪，被告人也有使用爬虫软件的行为，但核心问题是被告用爬虫进行多线程提交、批量刷单、验证码自动识别等方式，突破系统安全保护措施。在这种情况下，爬虫属于系统侵入行为，故在其他要件满足——行为人主观具有恶意，且造成严重后果的情况下可以入罪。不过这种情况在网贷领域极少见。

第二种是在利用其他黑客手段攻入计算机系统后，利用爬虫获取内部数据。本文认为，如果采取其他措施侵入计算机系统，而侵入后用爬虫进行数据获取，核心是网络安全问题。在《刑法》第二百八十五条规定的各类犯罪中，重要的行为要件为"侵入"。爬虫在这一情况下扮演的并非侵入角色，而是侵入后的第二行为——获取信息等，因此单独的爬虫并非是构成侵入计算机系统的罪魁祸首。

因此，侵入计算机系统类犯罪的核心是"侵入"，需要判断的是侵入的行为，而无论侵入的

---

① 四川省德昌县人民法院（2018）川初字第169号刑事判决书。

行为是爬虫还是"走虫",满足其他要件后都符合这一犯罪的构成。在网贷领域第一种情况极少,爬虫主要还是作为读取信息的工具。而如果使用了爬虫却未有侵入行为,则不能构成相关罪名。总结来看,在这一类犯罪下单纯讨论爬虫,可能并非是一种有效率的分类方式。

类似地,侵犯公民个人信息也需要首先判断是否有"侵犯"的行为。最高人民检察院2017年发布的六起侵犯公民个人信息犯罪典型案例之一是,被告委托他人针对网站漏洞编制批量爬取数据的恶意程序,在未经网站授权的情况下,进入该网站后台管理系统,从中非法获取客户订单信息。① 最高人民检察院指出,利用恶意程序批量非法获取网站用户个人信息的,构成侵犯公民个人信息罪。虽然"扒取数据"直指爬虫,但该案例的核心问题仍然是未经授权侵入管理系统,如果具备这一核心要件,并符合情节严重等其他入罪条件,则无论是少量读取还是用爬虫大量获取客户信息,都可构成侵犯公民个人信息罪。

3. 对信息的不当利用并非爬虫之罪。以"爬虫""刑事"为关键词,在威科、北大法宝案例库进行检索,除了上述问题外,还可能涉及刑法上的侵犯著作权罪、在对爬虫获取后的数据进行贩卖、运用可能涉及侵犯个人隐私和不正当竞争等问题。诸多学者在讨论何为合法爬虫时,以所爬取信息的使用作为爬虫合法与否的重要标准。

但是本文认为,对信息的不当利用与信息获取的手段之间并无必然的联系。任何手段获取数据后的不当利用,都可能造成侵犯个人或法人权益的问题。在爬虫这一联系下进行集中讨论,将使问题过于庞杂。因此,并非爬虫不会牵扯相关法律问题,而是这些问题主要涉及的是获取信息后,如何使用信息的问题,与获取时是否使用爬虫这一手段没有必然关联。

综上所述,作为一种技术的爬虫,现有的法律问题讨论似乎与其本身概念与功能相距较远。爬虫本身并不是暴力催收、非法侵入计算机系统和不当运用信息引发的一系列问题的罪魁祸首,其他要件的加入才是违法的关键。将获取信息前使用的手段,与获取信息后的不当利用等问题都归于爬虫下的分析,可能造成概念界定模糊和问题焦点转移。通过获取授权和访问公开页面收集信息的爬虫,背负了过多不应有的罪名。

三、 也非无辜者: 爬虫涉及的法律问题

通过上述讨论可得,暴力催收、非法侵入计算机系统与获取信息后的不当利用,并非是爬虫"一虫之力"可造成的网贷领域乱象,各种风险的产生源于其他因素的加入。因此在上述问题中法律不可仅仅着眼于爬虫本身,而应对构成要件进行逐一审查。

不过在我国法律体系下爬虫仍面临相关问题。一方面我国《刑法》规定了帮助信息网络犯

---

① 中华人民共和国最高人民检察院:"最高检发布六起侵犯公民个人信息犯罪典型案例",资料来源:https://www.spp.gov.cn/xwfbh/wsfbt/201705/t20170516_190645.shtml#1,2020年2月10日访问。

罪活动罪，爬虫方仍可能因符合相关条件构成此罪的帮助犯。此外，值得思考的是，获得了用户授权的爬虫，就真的毫无问题吗？如果答案是肯定的，则在大量的用户协议中无限扩大授权范围，数据搜集方就可高枕无忧。这样的逻辑显然令人难以接受。在我国现有法律规定中对授权有明确要求，因此如果爬虫违反授权规定即存在授权效力的问题，构成对公民信息的侵犯。此外，在真实有效的授权下，爬虫仍可能面临一定的合同和侵权责任。

（一）可能构成帮助信息网络犯罪活动罪

虽然除自身作为入侵计算机系统的手段外，单独的网贷爬虫行为不会构成上述第二部分的罪名，但是在现行《刑法》中，其可能因实施网络犯罪的帮助行为，独立构成帮助信息网络犯罪活动罪。

1. 罪名与要件规定。2015年通过的《刑法修正案（九）》第二百八十七条第二款规定了帮助信息网络犯罪活动罪，学界绝大部分观点认为，这是将原来有争议的中立的帮助行为进行了正犯化，即如果符合该罪的构成要件即可定罪，不需要以正犯实施符合构成要件的不法行为为前提。① 如果按照传统刑法上共犯的理论，倘若没有查明正犯是谁，则不可能判断其是否有刑事责任能力和故意，以及帮助者与正犯是否具有共同的犯罪故意，因而认定共同犯罪非常困难。一方面，在信息社会，由于阶段不同、实施不同行为的主体可能处于不同国家，且从未谋面或直接交流，因此认定犯意联络存在很大困难。另一方面，司法机关在查处犯罪时也面临无法追寻境外正犯的困境。根据共犯从属性理论，在未确定正犯的情况下也难以对实施帮助行为的人进行定罪。所以在传统共犯体系下，非法提供互联网接入、服务器托管、网络存储和通信传输等技术支持，或者提供广告推广、支付结算等帮助的相关责任方很容易脱罪。而《刑法修正案（九）》中帮助犯的正犯化，则是刑法对上述问题的回应。

结合法律规定与刑法理论，现行《刑法》中帮助信息网络犯罪活动罪的构成要件是：（1）明知他人利用信息网络实施犯罪的故意；（2）为其犯罪提供技术支持；（3）符合情节严重的要求。上述构成要件（2）和构成要件（3），在实践中面临一定模糊性的问题，为了解决定罪量刑标准和有关法律适用等问题，2019年10月颁布的《最高人民法院、最高人民检察院关于办理非法利用信息网络、帮助信息网络犯罪活动等刑事案件适用法律若干问题的解释》对相关问题进行规定。针对构成要件（1），通过列举的方式，明确了帮助信息网络犯罪活动罪的主观明

---

① 支持意见参见刘宪权：《论信息网络技术滥用行为的刑事责任——《刑法修正案（九）》相关条款的理解与适用》，载《政法论坛》2015年第6期；车浩：《刑事立法的法教义学反思——基于刑法修正案（九）的分析》，载《法学》2015年第10期；于志刚：《网络空间中犯罪帮助行为的制裁体系与完善思路》，载《中国法学》2016年第2期；刘艳红：《网络犯罪帮助行为正犯化之批判》，载《法商研究》2016年第3期。关于非正犯化的意见主要由张明楷教授提出，其认为是一种对帮助犯量刑的规定，参见张明楷：《论帮助信息网络犯罪活动罪》，载《政治与法律》2016年第2期。

知推定规则;① 针对构成要件（3），明确了帮助信息网络犯罪活动罪的"情节严重"入罪标准。② 且该司法解释第十二条另外注明，因客观条件限制无法查证被帮助对象是否达到犯罪的程度时，符合一定条件的也应当以帮助信息网络犯罪活动罪追究行为人的刑事责任，明确了帮助犯正犯化和帮助犯独立性的司法态度。

2. 爬虫方的违法风险。通过对要件分析可得，如果实施爬虫的个人或公司，有或被推定明知他人有利用信息网络实施犯罪的故意，仍为犯罪提供技术支持，并符合司法解释中关于情节严重的要求，可构成帮助信息网络犯罪活动罪。

具体来说，在至少存在间接故意的情况下，当爬虫为暴力催收的信息搜集、以非法使用为目的进行的搜集信息提供技术支持，虽不能构成针对信息使用或暴力相关的犯罪，但可构成独立的帮助信息网络犯罪活动罪。该罪名不能以提供信息网络技术支持、帮助本身是一种中性业务行为作为抗辩理由。根据《刑法》规定，构成犯罪的个人将被处三年以下有期徒刑或者拘役，并处或者单处罚金，单位犯罪的需承担罚金，直接负责的主管人员和其他直接责任人员依照前款的规定接受处罚。

不过需要说明的是，这一罪名仍然是在我国刑法帮助犯体系下的。首先，根据法律和司法解释规定，即使对正犯的主体和犯罪程度无须查实也可定罪，但也必须有正犯行为的存在且其具有社会危害性。其次，在帮助者层面必须有明知的要件才能定罪，即必须对其服务对象系利用信息网络实施犯罪这一事实，有充分证据显示其明知或推定明知，行为才有可能被评定为犯罪。如果爬虫在提供技术支持时主观上不明知其技术支持、帮助的行为被犯罪活动所利用，则不能构成帮助信息网络犯罪活动罪。因此司法实践中不可随意扩张对此罪名的范围，第三方爬虫公司在为客户提供服务时做好调查工作，即会大大避免法律风险。

（二）不真正授权与其法律责任

用户授权可能是不真正授权，③ 因此部分授权无效。用户在注册使用网站或应用提供的服务

---

① 第十一条规定："可以认定行为人明知他人利用信息网络实施犯罪，但是有相反证据的除外：（一）经监管部门告知后仍然实施有关行为的；（二）接到举报后不履行法定管理职责的；（三）交易价格或者方式明显异常的；（四）提供专门用于违法犯罪的程序、工具或者其他技术支持、帮助的；（五）频繁采用隐蔽上网、加密通信、销毁数据等措施或者使用虚假身份，逃避监管或者规避调查的；（六）为他人逃避监管或者规避调查提供技术支持、帮助的；（七）其他足以认定行为人明知的情形。"

② 第十二条规定："具有下列情形之一的，应当认定为刑法第二百八十七条之二第一款规定的'情节严重'：（一）为三个以上对象提供帮助的；（二）支付结算金额二十万元以上的；（三）以投放广告等方式提供资金五万元以上的；（四）违法所得一万元以上的；（五）二年内曾因非法利用信息网络、帮助信息网络犯罪活动、危害计算机信息系统安全受过行政处罚，又帮助信息网络犯罪活动的；（六）被帮助对象实施的犯罪造成严重后果的；（七）其他情节严重的情形。"

③ 用户授权可能是不真正授权，即虽形式上获得授权同意，但由于该授权存在瑕疵，因此部分授权最终归于无效，信息使用方不能以此作为侵犯个人信息的抗辩事由。

前，会签订不同形式的用户协议，因此用户与网站之间构成合同关系。但问题是，即使网站依据合同关系进行权限获取，也可能通过误导用户和无效的格式条款等，不合理地扩大应用的权限，造成对用户信息的过度获取。在不真正授权下获取公民信息，会造成对用户利益的侵犯。分析发现，51信用卡的上述协议也存在不公平问题。下面对协议可能存在的各种情况进行详细探讨，并分析无效授权后的法律风险。

1. 违反真实意思表示的授权可撤销。通过点击"同意"用户协议的授权方式，因协议内容过于庞杂、页面显示过小，用户难以仔细阅读相关内容会对授权范围产生误解。此类授权可能因违背用户的真实意思表示而可撤销。

《隐私政策》《用户协议》与《信息授权服务协议》是复杂的，并且充满专业术语、更新频繁，在签订过程中，用户可能违背其真实意思。最新版本的《隐私政策》总字数为11129字，《注册协议》为6427字，而《信息授权服务协议》为5340字，在手机小屏显示的情况下，认真阅读每份隐私政策需要花费15分钟以上，难以苛求一般人在注册时做到仔细阅读。且在近一年来，51信用卡不断对相关协议进行更新，① 内容变换频繁，涉及的授权范围也不断变大。这样大量的协议内容，实质上限制了用户对其权利的充分知悉。2008年的一个统计指出，如果有人要阅读每个每年访问一次的网站的隐私政策，估计每年平均花费244小时阅读。② 在信息更发达的十多年后，这一数据只会更加庞大。因此这种情况下的"同意"，可能并非用户的真实意思表示。而根据合同法上的合意原则，相对人对条款内容应当知晓、理解，才构成有效承诺。据此，隐私政策可能因显失公平、缺乏真实意思表示而可被撤销（《中华人民共和国合同法》第五十四条）。

2. 无效格式条款下的授权无效。或许有人认为，用户作为信贷类产品的使用者，理应具备相应的认知能力。对该观点本文不作详细讨论。不过，即使认为用户可通过阅读相关条款作出真实意思表示，该授权也存在无效可能。51信用卡所涉三份协议均为用户注册时被动接受、必须同意的条款，属于格式条款，且拒绝接受将无法接受相应服务。部分格式条款可能因违反民法上的规定而无效。

通过对《合同法》第三十九条③和第四十条④体系解释，格式条款无效应满足以下要件：

---

① 2019年4月、2019年11月、2019年12月、2020年1月与2020年2月至少有一份协议的更新。
② Aleecia M. McDonald & Lorrie Faith Cranor, The Cost of Reading Privacy Policies, 4 Journal of Law and Policy for the Information Society 534（2008）.
③ 《合同法》第三十九条规定："采用格式条款订立合同的，提供格式条款的一方应当遵循公平原则确定当事人之间的权利和义务，并采取合理的方式提请对方注意免除或者限制其责任的条款，按照对方的要求，对该条款予以说明。格式条款是当事人为了重复使用而预先拟定，并在订立合同时未与对方协商的条款。"
④ 《合同法》第四十条规定："格式条款具有本法第五十二条和第五十三条规定情形的，或者提供格式条款一方免除其责任、加重对方责任、排除对方主要权利的，该条款无效。"

（1）“已经订入合同”；（2）“经合同解释明确其含义”；（3）“未遵循公平原则确定当事人之间的权利和义务”，其表现形式多为“提供格式条款一方免除其责任、加重对方责任、排除对方主要权利”。① 在认为签订隐私政策为用户的真实意思表示的前提下，显然（1）、（2）要件成立，重点是分析是否构成（3）要件中权利义务不对等的情况。首先，《隐私政策》和《信息授权服务协议》，规定相关信息可以随意使用和获取，有信息获取超过必要限度之嫌。甚至在包罗万象的《信息授权服务协议》中的表述为用户一旦授权将不可撤销。而如果用户拒绝接受格式条款，则无法享受核心服务。虽然名为“自愿”，但用户是为使用相关产品而不得不作出的妥协，这样的权利义务设定未遵循公平原则。其次，在用户的妥协下，51 信用卡可以获得用户几乎所有的信息，给自己争夺了更多话语权和解释空间，并可依此在未来产生争议时进行脱罪，目的上是对自己未来责任的排除。因此 51 信用卡“大包大揽”的格式条款可能无效。

此外，《信息授权服务协议》除小标题外，没有任何加粗和下划线，未尽到格式合同对免除或限制责任最基本的提请注意的义务（《合同法》第三十九条第一款）。

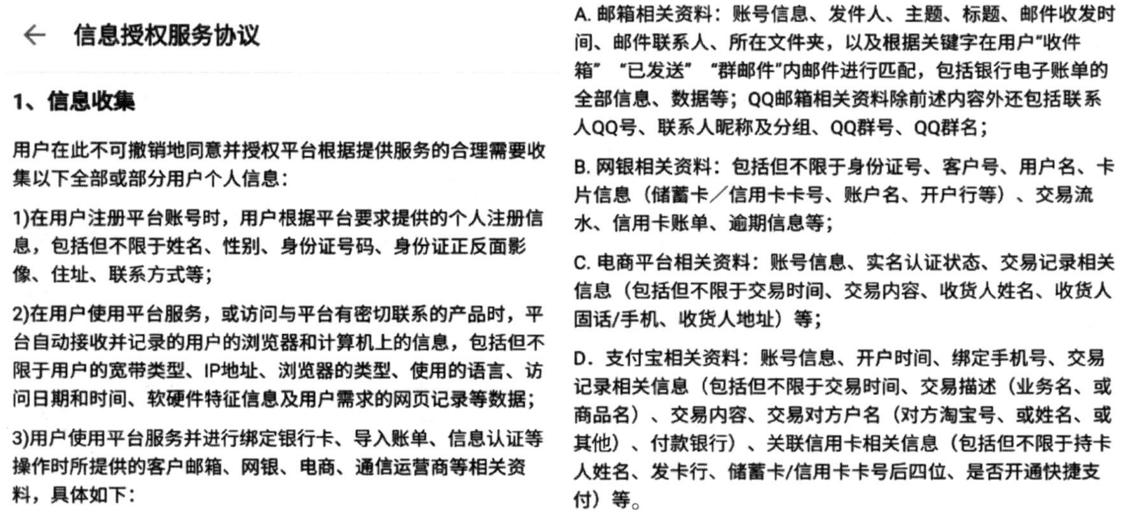
← 信息授权服务协议

1、信息收集

用户在此不可撤销地同意并授权平台根据提供服务的合理需要收集以下全部或部分用户个人信息：

1)在用户注册平台账号时，用户根据平台要求提供的个人注册信息，包括但不限于姓名、性别、身份证号码、身份证正反面影像、住址、联系方式等；

2)在用户使用平台服务，或访问与平台有密切联系的产品时，平台自动接收并记录的用户的浏览器和计算机上的信息，包括但不限于用户的宽带类型、IP地址、浏览器的类型、使用的语言、访问日期和时间、软硬件特征信息及用户需求的网页记录等数据；

3)用户使用平台服务并进行绑定银行卡、导入账单、信息认证等操作时所提供的客户邮箱、网银、电商、通信运营商等相关资料，具体如下：

A. 邮箱相关资料：账号信息、发件人、主题、标题、邮件收发时间、邮件联系人、所在文件夹，以及根据关键字在用户“收件箱”“已发送”“群邮件”内邮件进行匹配，包括银行电子账单的全部信息、数据等；QQ邮箱相关资料除前述内容外还包括联系人QQ号、联系人昵称及分组、QQ群号、QQ群名；

B. 网银相关资料：包括但不限于身份证号、客户号、用户名、卡片信息（储蓄卡／信用卡卡号、账户名、开户行等）、交易流水、信用卡账单、逾期信息等；

C. 电商平台相关资料：账号信息、实名认证状态、交易记录相关信息（包括但不限于交易时间、交易内容、收货人姓名、收货人固话/手机、收货人地址）等；

D. 支付宝相关资料：账号信息、开户时间、绑定手机号、交易记录相关信息（包括但不限于交易时间、交易描述（业务名、或商品名）、交易内容、交易对方户名（对方淘宝号、或姓名、或其他）、付款银行）、关联信用卡相关信息（包括但不限于持卡人姓名、发卡行、储蓄卡/信用卡卡号后四位、是否开通快捷支付）等。

图 2　没有任何加粗和下划线的《信息授权服务协议》（该版本已更新）

（资料来源：51 信用卡 APP）

综上所述，51 信用卡的信息协议由于用户只能以点击方式同意，以不注册、退出方式拒绝，属于格式条款。而部分协议内容实质上扩大自身权利、排除对方主要权利，且涉及用户重要权益的条款并无加粗和下划线等提请注意的处理，此类协议的格式条款无效。无效的格式条款的授权部分，授权的合法性基础受到动摇。

① 贺栩栩：《〈合同法〉第 40 条后段（格式条款效力审查）评注》，载《法学家》2018 年第 6 期。

3. 概括授权侵犯个人合法权益。网贷公司与用户的协议中，往往存在不明确、非具体的概括性授权。概括性授权指不特定的授权，包括被授权主体的概括性①、授权内容的概括性②等。这样的"授权"基本是强制和形式上的授权，个人并未真正享受到同意的权利。以51信用卡为代表的网贷公司涉及概括授权几乎为常态，在我国监管体系下属于不合法行为。

《中国人民银行金融消费者权益保护实施办法（征求意见稿）》③与《个人金融信息保护试行办法（征求意见稿）》④禁止金融机构以概括授权的方式，获得个人金融信息使用授权或者同意。那信贷公司是否应受上述规定约束呢？一方面从体系解释来看，我国的个人信息监管由诸多法律法规构成，在法律法规无明显冲突，且各有侧重、构成监管体系的情况下，本文认为对概念的讨论应结合整体框架。⑤《个人金融信息保护技术规范》中明确规定"涉及个人金融信息处理的相关机构"属于金融机构。且其他文件中对金融机构的规定也不局限于持牌金融机构，因此在央行的规范体系下，网贷公司属于金融机构范畴。另一方面从目的解释来看，央行扩张金融机构定义，是为其监管提供可能性。此外，央行的监管文件切实对从事相关业务和服务的非持牌机构产生重要影响。所以网贷公司应属于广泛定义上的"金融机构"。

即使在经过一次次改进的2020年最新版51信用卡《信息服务授权协议》，也体现出授权的概括性。第一，被授权主体是概括性的"平台服务所涉及的各个服务支持提供方及平台合作机构"，并且该授权主体有自由变动的权利——协议中规定其有权"相应地改变适用范围和被授权主体，且无须您（用户）重新确认授权"。第二，授权的内容是概括性的。在协议规定中，51平台可获得六大类十五小类信息，每小类信息又用列举的方式罗列了二到十几种具体信息类型，同时大量使用"包括但不限于""等"之类词语，在解释上可进行随意扩展。因此信息收集范围广泛而具有概括性。第三，个人信息的使用范围是概括性的。协议中规定用户同意授权不明确的第三方获得并记录信息，且51平台"不对该第三方的行为及后果承担任何责任"。

---

① 胡建淼主编：《中国现行行政法律制度》，中国法制出版社2011年版，第24页。
② 个人信息保护课题组：《个人信息保护国际比较研究》，中国金融出版社2007年版，第147页。
③ 《中国人民银行金融消费者权益保护实施办法》（银发〔2016〕314号）第三十条第二款规定："金融机构不得以概括授权的方式，索取与金融产品和服务无关的个人金融信息使用授权或者同意。"虽然在2019年的征求意见稿中将该款替换为"金融机构应当履行《中华人民共和国消费者权益保护法》规定的明示义务，并保留有关证明资料"，但实质上仍然是对概括授权的禁止。
④ 该文件未向公众公开，根据相关媒体报道，第十八条为"金融机构不得以'概括授权'的方式取得信息主体对收集、处理、使用和对外提供其个人金融信息的同意"。
⑤ 目前，我国在个人金融信息保护问题上的监管框架包含若干个规范性文件，可归纳为"一法三办法"，分别为：《网络安全法》《数据安全管理办法（征求意见稿）》《信息安全技术个人信息安全规范（征求意见稿）》《信息安全技术数据出境安全评估指南（征求意见稿）》和《个人金融信息（数据）保护试行办法（征求意见稿）》《中国人民银行金融消费者权益保护实施办法（征求意见稿）》。2020年2月13日央行发布了新的金融行业标准——《个人金融信息保护技术规范》，从技术标准角度对上述框架进一步支撑和完善。

概括授权看似高效便捷，但其并非用户的真实意思。在接收协议、获取服务与拒绝授权、无法借贷的两难选择中，用户往往会抱着侥幸心理选择前者。但这并不是授权，而是一种利益考量下的被迫同意。此外，概括授权也可能因过度获取公民信息，且使得个人信息被反复、多次、无限使用而侵犯个人合法的信息与隐私权益。

4. 无效授权的法律责任。综上所述，协议部分条款可能由于违背合同相对方真实意思而可撤销。即使在真实意思表示下，也存在格式条款无效事由。所以基于该部分条款的信息授权是一种不真正授权，造成对用户信息的过度获取。此外，概括授权是一种用户的被迫同意，也会侵犯个人的信息和隐私权益。即使爬虫在形式上得到了用户授权的"通行证"，如果实质授权无效，则看似的康庄大道也可能是一条不法之路。

关于具体责任需要在我国法律体系下进行审查。在个人信息与隐私方面，法律、行政法规、部门规章等都有相应规范。大部分学者认为应坚持刑民一体化视野与法秩序统一原理，根据法律规范的构造进行解释，《民法总则》第一百一十一条规定自然人的个人信息受法律保护，任何组织和个人不得非法收集。这在法律规范的结果上指示着个人信息权的确认。《刑法》第二百五十三条规定了"侵犯公民个人信息罪"，其构成要件为：（1）违反国家有关规定；（2）向他人出售或者提供公民个人信息；（3）情节严重。上述三要件的具体规定可见《最高人民法院、最高人民检察院关于办理侵犯公民个人信息刑事案件适用法律若干问题的解释》。侵犯公民个人信息罪的保护法益是个人信息权，该罪名是对民法总则及相关法律法规个人信息权的刑法确认。①《网络安全法》对不构成犯罪的行为进行了责任补充，第六十四条规定窃取或者以其他非法方式获取公民信息尚不构成犯罪的，应承担相应的行政责任。此外，在《数据安全管理办法（征求意见稿）》、《电信和互联网用户个人信息保护规定》和《中国人民银行金融消费者权益保护实施办法》等部门规章中，对欺骗、误导或者强迫等方式或者违反法律、行政法规以及双方的约定收集、使用信息的行为，作出了责任规定。

关于刑民交叉问题，学界有很多讨论，② 本文认为应以社会危害性程度作为责任划分的界限。如果爬虫未经授权或授权无效，可根据其具体情况进行法律责任的判断。刑法是其他部门法的保障法和最后一道屏障，构成刑法上犯罪的行为，一定也可由民法或行政法来解释，不过刑法之所以将某种行为规定为犯罪，是因为其他部门法在规制力度上已经力有不逮。③ 司法层面上，

---

① 刘艳红：《民法编纂背景下侵犯公民个人信息罪的保护法益：信息自决权——以刑民一体化及〈民法总则〉第111条为视角》，载《浙江工商大学学报》2019年第6期。

② 相关具体讨论与类型划分参见杨兴培：《刑民交叉案件的类型分析和破解方法》，载《东方法学》2014年第4期；参见江伟、范跃如：《民刑交叉案件处理机制研究》，载《法商研究》2005年第4期；参见董秀婕：《刑民交叉法律问题研究》，吉林大学法学院2007年博士学位论文。

③ 刘宪权、陈罗兰：《我国P2P网贷平台法律规制中的刑民分界问题》，载《法学杂志》2017年第6期。

一旦爬虫未经授权或授权无效的行为符合了刑法上规定的构成要件，即主观上有非法获取信息的故意，客观上实施了相关行为且造成严重后果，便应当作为犯罪处理，这与刑法谦抑性并无冲突。而未满足刑法要件的无效授权行为则不会构成犯罪，当违反上述其他民事、行政法律或部门规章时，应根据具体的规定承担相应民事或行政责任。

（三）多主体关系下的法律问题

上述讨论是在"用户—网站"这一对关系下进行的。下面分析的是，即使网站通过合同，合法、有效地获取用户信息采集权，由于授权下的爬虫涉及多类主体与多种法律关系，通过爬虫获取信息仍然可能存在相关法律问题。

1. 合同角度下的违约责任。在最简化的法律关系中，用户与网贷公司之间基于服务协议、信息协议等构成合同关系，如图3所示，以下简称合同关系1。同时，用户在注册使用其他应用或网站时，也会与对方构成合同关系，以下简称合同关系2。用户与网贷公司基于合同关系1的授权，可能违反用户与其他信息平台的合同约定，导致用户在合同关系2中的违约责任。

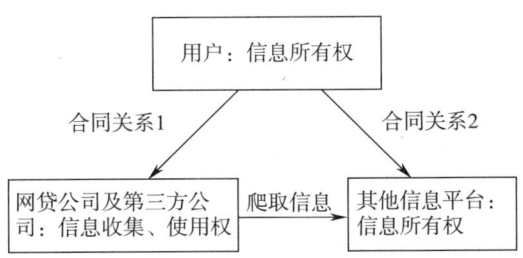

图3 爬虫多方法律关系

（资料来源：作者整理）

目前通说认为，用户作为自然人拥有信息所有权，提供服务的机构可获取信息并在约定的范围内拥有信息使用权，如加工和保存相关信息等。具有大量数据信息的网站或应用，往往明示禁止其他方对其数据进行爬取，这一态度也会在其用户协议中明确提示。如微博在《微博服务使用协议》》[①] 明确声明，除非微博出具书面通知，否则用户无权授予其他主体对其微博数据进行爬取。《淘宝平台服务协议》也注明，未经淘宝平台同意，直接或间接授权第三方使用淘宝平台账户或获取账户项下的行为无效。考虑到平台维护信息的成本和信息带来的利益，上述合同条款属于意料之中。在没有法律法规明确禁止进行此类约定时，在"法无禁止即自由"的基本法律精神下，信息平台与用户可基于自由的合同关系，禁止用户授权第三方爬取平台信息。

[①]《微博服务使用协议》："1.3.2 未经微博运营方事先书面许可，用户不得自行或授权、协助任何第三方非法抓取微博内容，'非法抓取'是指采用程序或者非正常浏览等技术手段获取内容数据的行为。"资料来源：https://m.weibo.cn/c/regagreement，2020年2月17日访问。

那么，如果自然人甲为 A 网贷公司的用户，甲授权 A 网贷公司登录其微博或淘宝账号时，可能会违反甲与微博、淘宝的合同约定，甲需承担合同中规定的违约责任。在 51 信用卡场景下，其《信息授权服务协议》明确提及可由用户授权，获取用户在电商平台的信息。如果 51 信用卡未与相关电商达成协议，则用户将面临违约责任。在合同关系 1 授权有效的情况下，如果网贷公司爬取其他信息平台数据，则用户会违反合同关系 2 下禁止爬取信息的条款，可能依据合同承担相关违约责任。

此外值得反思的是，无论是面对网贷公司还是其他平台，作为自然人的用户都是弱势的一方，但在这样的合同关系中，最终的法律风险却由用户承担，显然存在权利与义务不对等的不公平现象。如果对信息授权完全放任，将导致个人既承担信息风险，又是其他法律责任的潜在承担者。

2. 侵权角度下的权益侵犯。在双边关系下，如果没有获得用户的真实有效授权，显然网站会对用户的信息权造成侵犯。但是涉及第三方时，即使拥有有效的信息授权，也可能造成对其他权益方的侵权。

用户授权相关应用或机构获取信息，由于其授权过程中可能涉及第三人的信息，因此可构成对第三人的侵权。《中华人民共和国网络安全法》第四十二条规定，未经被收集者同意，不得向他人提供个人信息。但是在用户与网贷公司的授权过程中，却可能造成虽经授权，而获取他人信息的结果。如在黑猫、21CN 聚投诉等平台，涉及 51 信用卡的投诉超过 4000 条，投诉内容主要是 51 信用卡获取借款人身边联系人的电话，进行上千条的短信骚扰、电话狂轰滥炸，或者未经允许获取联系人地址，以借款人姓名发送恶意包裹等。在用户授权网贷公司阅读其通信录、电商数据后，用户联系人的通信数据、地址等就在未经同意的情况下被获取，造成对他人个人隐私和个人信息的侵犯。

在有效的授权下，爬虫方因缺乏非法获取信息的主观犯意而难以受到刑法规制。不过根据《中华人民共和国侵权责任法》第六条及学理解释，行为人因侵害他人民事权益的应当承担侵权责任，该责任为过错推定责任。由于其不当使用他人信息造成对第三人绝对权侵害的，爬虫应承担侵权责任。

此外如上所述，基于授权后对其他信息平台进行信息爬取，除了使用户可能面临违约风险，数据爬取方与被爬取方之间也可能构成侵权关系。有数据的地方就有价值。以社交媒体平台为例，用户在平台中发布的信息汇集于平台，形成广告展位，为平台增加增值业务机会；用户在平台中发布的信息可带动粉丝入驻平台，成为广告或增值业务的受众和消费者；高关注度用户的存在和其发布的信息，也会提升平台的高曝光率。因此，对免费使用的社交媒体平台来说，其数据和信息，是立身之本。在无社交媒体明确授权同意的情况下，如果网贷平台依靠用户授权，利用用户社交账号对社交媒体信息进行爬取，可能侵犯其他网络平台合法的商业化数据上的权利。

虽然在网贷领域的数据爬取主要目的为征信与催收，可能不会直接对社交媒体数据进行大规模商业使用，但由于网贷数据团队倾向于对数据进行存储、在关联公司之间共享，数据一定积累后仍可能对其他平台合法权益造成侵害，需依据《侵权法》承担民事责任。构成《中华人民共和国反不正当竞争法》第十二条第四款"其他妨碍、破坏其他经营者合法提供的网络产品或者服务正常运行的行为"的，还需承担行政责任。

所以即使获得授权的爬虫，其本身不是构成暴力催收或侵犯信息类犯罪的充分必要条件，但由于其获取信息能力的强大性、授权方式的特殊性和法律关系上的复杂性，可能会对公民和其他信息主体利益造成损害，需要监管上的特殊关注，爬虫从业者也应对其行为进行审查，以避免违法违规。

四、结语

51信用卡风波虽然没有正式的官方声明，但随着监管的强化，网贷公司与大数据公司大量解散爬虫团队，使行业出现两难困境：一种选择是爬虫解散后又缺乏有力的数据源泉，使得相关产业只能自行探索风险更高或更不准确的信息搜集方式，面临更多不合规问题；另一种选择是业务彻底转型，放弃P2P业务，如P2P巨头陆金所借助其母公司平安集团申请到消费金融牌照。但更多的小贷公司难以满足转型的资金与合规要求，在命运的十字路口黯然离场。曾经热闹非凡的P2P市场，让人不禁产生"陋室空堂，当年笏满床；衰草枯杨，曾为歌舞场"的唏嘘感。

在数据价值日益凸显的今天，通过强监管维护公民信息安全、社会公平秩序和网络安全环境是必要的。但是强监管并不意味着风声鹤唳、草木皆兵。在信息时代，我们面临非常多的新鲜概念，对传统法律秩序提出了挑战，爬虫是挑战的一个例子和缩影。只有明确概念，才能对相关问题作出充分分析。这即是本文希望达到的目的——通过对爬虫的"洗白"和追责，剥除无关问题，探讨到底什么是爬虫。作为一种获取信息的中立手段，我们无须闻之而色变，对其可能涉及的风险进行充分探讨和有效管控，爬虫就能变成"良虫"。

其他类似爬虫的技术，它们是新时代的利器，其利其弊取决于持器之人的运用统筹。对利器理应更妥善保管。不管是将利器完全收藏封印，还是用制度和手段保护可能受到侵害的群体，是不同的存管思路。对问题要具体分析，有的放矢地进行保护。同时，新事物的分析也不能脱离既有的基本法律关系，不可迷信和稀泥式的"法律创新"与脱离体系的"伦理分析"。这样新事物发展与弱势权益保护并存，就不是无法调和的悖论。

中国监管沙盒的区域性适用研究

■ 吴 瑕*

摘要： 金融科技背景下，金融创新对现行的金融监管提出了更高的要求，监管沙盒在中国落地，促进金融业发展、服务实体经济都需要一系列的配套制度设计。本文在借鉴不同法域经验的基础上，提出我国监管沙盒在依法制定规则、维护金融系统性安全及保护金融消费者权益的同时，应当考虑较大的地域差异性，从而采用区域性测试的方法。此外，建议有序扩大沙盒适用范围，鼓励服务实体经济的金融创新，明确金融稳定委员会作为监管机构的权责。

关键词： 监管沙盒 区域性适用 域外经验

引言

监管沙盒（regulatory sandbox）是金融监管部门为了促进金融创新和金融科技发展，允许部分金融机构或初创企业，在一个安全区域内测试其创新的金融产品、服务、商业模式和营销方式，并在这一区域内主动合理地放宽监管规定。[①] 目前，我国对金融创新的监管是持包容态度的，监管思路主要为"先发展，后规范"，[②] 监管规则仍不够明确和稳定，金融机构和金融科技初创企业较难准确地理解和预测监管意图和趋势。在金融科技快速发展和我国积极探索沙盒试点的积极形势下，监管沙盒如何在中国落地适用是需要探讨的重要问题。

2019年10月30日，中国人民银行（以下简称央行）上海总部发布《关于促进金融科技发展支持上海建设金融科技中心的指导意见》（以下简称《指导意见》）。[③]《指导意见》指出，将支持金融机构强化战略部署、探索设立金融科技创新实验室、研究探索监管沙盒机制等体现了

---

* 上海财经大学法学院博士研究生，研究方向：金融监管、金融法。
[①] 本文在英国金融行为监管局（Financial Conduct Authority, FCA）提供的定义的基础上作出调整和发展。See FCA, Sandbox Regulatory, p.3, 资料来源：https://www.fca.org.uk/publication/research/regulatory-sandbox.pdf, 2002年2月15日。
[②] 胡滨、杨楷：《监管沙盒的应用与启示》，载《中国金融》2017年第2期。
[③] 《关于促进金融科技发展支持上海建设金融科技中心的指导意见》（银总部发〔2019〕67号）。

金融管理部门对当前金融科技发展和监管的理念。① 12月5日，央行官网发布了《中国人民银行启动金融科技创新监管试点工作》，支持在北京市率先开展金融科技创新监管试点，努力打造包容审慎的金融科技创新监管工具，着力提升金融监管的专业性、统一性和穿透性。② 2020年1月8日，上海市政府印发《加快推进上海金融科技中心建设实施方案》，提出按照金融科技监管顶层设计，全力推进监管创新试点。③ 同年1月14日，中国版"监管沙盒"率先在北京试点。④ 同年4月13日，上海市政府印发《上海市促进在线新经济发展行动方案（2020—2022年）》，明确上海将探索包容审慎的"沙盒"监管模式。⑤ 广州市地方金融监管局于6月5日印发《广州市地方金融"监管沙盒"试点工作实施意见》。6月17日，上海市地方金融监督管理局发布《关于征集上海市金融科技创新监管试点创新应用项目的公告》，宣布启动上海市金融科技创新监管试点创新应用项目征集工作。⑥ 6月23日，央行杭州支行官网发布《关于征集杭州市金融科技创新监管试点创新应用项目的公告》，杭州金融科技"监管沙盒"试点正式启动。⑦ 7月21日，成都市地方金融监管局官网公布成都正式获批开展人民银行总行金融科技创新监管试点。目前试点范围已扩大至9个地区（北京、上海、重庆、深圳、雄安新区、杭州、苏州、广州、成都）。⑧ 同时，中国人民银行上海总部也在21日公示第一批拟纳入试点的八个应用。⑨

然而，当前，监管沙盒地方适用的具体措施和协调机制还并未正式出台，为了更好地推动监管沙盒的地方试点，实现中央和地方的统筹监管，需对监管沙盒在中国的区域性适用予以进一步系统的研究。

---

① 参见《关于促进金融科技发展支持上海建设金融科技中心的指导意见》（银总部发〔2019〕67号）第七条。
② 参见《中国人民银行启动金融科技创新监管试点工作》，资料来源：http://www.pbc.gov.cn/goutongjiaoliu/113456/113469/3933971/index.html，2020年1月3日访问。
③ 参见《上海市人民政府办公厅关于印发〈加快推进上海金融科技中心建设实施方案〉的通知》（沪府办规〔2020〕1号）。
④ 中国人民银行：《北京金融科技创新监管试点正式启动》，资料来源：http://www.pbc.gov.cn/kejisi/146812/146822/3964808/index.html，2020年2月13日访问。
⑤ 《上海市人民政府办公厅关于印发〈上海市促进在线新经济发展行动方案（2020—2022年）〉的通知》（沪府办规〔2020〕1号）。
⑥ 上海市金融科技创新监管试点小组：《关于征集上海市金融科技创新监管试点创新应用项目的公告》，资料来源：http://jrj.sh.gov.cn/zwdt-gg/20200617/051a54fc99bb4f41bc8ca4b543be4be0.html，2020年6月2日访问。
⑦ 杭州市金融科技创新监管试点小组：《关于征集杭州市金融科技创新监管试点创新应用项目的公告》，资料来源：http://hangzhou.pbc.gov.cn/hangzhou/125248/4044001/index.html，2020年6月29日访问。
⑧ 成都市地方金融监督局：《成都市正式获批人民银行总行金融科技创新监管试点》，资料来源：http://jr.chengdu.gov.cn/jinrongban/c138994/2020-07-21/content_1af7a6e33d394a0b9bc5004c88f96637.shtml，2020年6月29日访问。
⑨ 上海市地方金融监管局：《上海金融科技创新监管试点首批创新应用公示亮相》，资料来源：http://shanghai.pbc.gov.cn/fzhshanghai/113571/4060034/index.html，最后访问日期2020年7月21日。

一、监管沙盒：金融创新与现行监管矛盾的解决方案

（一）金融科技带来的挑战

金融稳定理事会（Financial Stability Board，FSB）将金融科技定义为，金融服务中的技术创新，形成对金融服务提供产生实质性影响的新的商业模式、应用、流程或产品。① 央行在其发布的《金融科技（FinTech）发展规划（2019—2021 年）》中指出，金融科技是技术驱动的金融创新、是金融服务实体经济的新途径、是促进普惠金融发展的新机遇。虽然我国在金融科技方面已具备一定基础，但仍应意识到，金融科技的快速发展将给金融监管带来更多挑战。②

（二）监管沙盒有助于解决金融创新与现行监管之间的矛盾

"监管沙盒"有助于提高监管对创新的适应性，使金融机构和初创企业能在相对放宽的监管区域内测试其产品，减少金融创新产品面世的时间和成本。其优势和必要性体现如下三个方面。

1. 为金融创新提供融资机会，减少规则障碍。监管滞后于金融创新是金融发展的普遍问题。金融科技背景下，金融法律模糊地带的金融创新潜在风险不可预计，风险暴露时，监管机构往往以牺牲效率和创新未来收益的方式限制了金融创新的发展。监管沙盒为金融科技提供了一个"监管实验区"，它以测试的方法，为新产品或新业务模式制定规则，探索新的监管平衡模式。首先，金融创新对实时性的要求较高，监管沙盒的实施，可以让创新在制定区域和范围内及时开展，使金融产品更快面世，节约成本。其次，监管沙盒有助于为金融创新提供融资机会。金融创新依赖投资，其中以股权投资居多。关键增长时期监管规则的不确定，意味着许多新兴科技公司很难融资，一些产品创意在初期就可能被抛弃而永远没有机会测试。监管沙盒通过主动合理地放宽监管规定，为金融科技创新带来更多的融资机会，将创新产品引进到市场机制。

2. 实现有效的金融风险防范，鼓励金融创新。金融科技创新带来的高风险容易快速蔓延，并且金融创新有很高的失败风险，这些风险可能会影响创业者和消费者的利益，若不能对这些风险进行有效控制，甚至会导致系统性风险，破坏整个金融系统的稳定，进而对国民经济造成冲击。我国目前的金融规则的出台与金融科技创新发展的速度之间还存在差距。监管沙盒机制的推出，能够在一定程度上形成对现行的金融监管规则的有益补充，将金融风险保持在可控范围内，降低金融创新的风险性。结合中国金融创新发展趋势和金融监管体系，推出适用于我国的监

---

① FSB，Financial Stability Implications from FinTech，Supervisory and Regulatory Issues that Merit Authorities' Attention，资料来源：http://www.fsb.org/wp-content/uploads/R270617.pdf，2020 年 2 月 21 日访问。

② 中国人民银行：《金融科技（FinTech）发展规划（2019—2021 年）》，资料来源：http://www.pbc.gov.cn/zhengwugongkai/127924/128038/128109/3886683/index.html，2020 年 2 月 14 日访问。

管沙盒制度,有助于寻找到鼓励金融创新与实现风险防范之间的平衡点。

3. 促进金融科技理想发展,提高金融服务包容性。首先,监管沙盒机制有助于实现监管促进创新。监管沙盒可以减少将创新技术推向市场的潜在成本,为创新者提供更大的融资机会,使更多创新产品得以实现。消费者将得到更多选择、更有针对性的服务和更准确的定价,因此可以确保在新产品和服务之上建立适当的消费者保护措施。中小企业将获得新的信贷,银行将降低交易成本,提高资本效率,增强运营弹性。金融体系本身也将更富弹性,增加广度和深度。这些监管沙盒实施后的有利影响,都将促进金融科技的长远发展。其次,监管沙盒有利于提高金融服务的包容性。监管沙盒可以使金融服务更具包容性,以满足那些可能无法被金融体系覆盖的消费者的需求。英国上议院特别委员会在2017年3月发表报告中指出,监管沙盒是一项鼓励金融科技解决金融服务覆盖不足问题的积极探索,其使更多的人能够使用到更优的金融产品和服务,更好地实现普惠金融。[①]

世界主要国家和地区的监管者相继提出监管沙盒机制以应对金融科技发展所带来的挑战。各国推行的监管路径都在一定程度上遵循金融科技发展的包容理念。首个提出监管沙盒的国家是英国。澳大利亚、新加坡等国家及我国的香港地区、台湾地区也在英国实践的基础上建立了自己的监管沙盒机制。只有对我国的监管沙盒制度进行更好的设计和构建,才能更好地实现对金融机构和金融科技初创企业的创新产品和服务的监管和有效保护,进而更好地促进金融科技的理想发展,提高金融服务的包容性。

二、中国的监管沙盒测试应当采用区域性测试

英国监管沙盒的监管主体是金融行为监管局(Financial Conduct Authority, FCA),澳大利亚"监管沙盒"的监管主体为澳大利亚证券和投资委员会(Australian Securities and Investments Commission, ASIC)。ASIC是澳大利亚金融服务、市场的法定监管机构,对公司、投资行为、金融产品和服务行使监管职能。ASIC设立了创新中心(innovation hub)协助金融科技企业在监管框架下运作。[②] 新加坡监管沙盒的监管主体是新加坡金融管理局(Monetary Authority of Singapore, MAS),负责管理所有新加坡的金融、银行体系等方面有关的事务,职能范围相对更广。香港地区的监管主体是香港金融管理局(Hong Kong Management Association, HKMA),负责香港的金融政策,维持货币和银行体系稳定。台湾地区的监管主体是金融监督管理委员会,其是台湾地区保险、证券、金融等一元化监督机构,维持金融稳定、落实金融改革、协助产业发展、加强消费者

---

① Mark Carney, The promise of FinTech – something new under the sun?,资料来源:https://www.bankofengland.co.uk/-/media/boe/files/speech/2017/,2020年2月21日访问。

② 参见范云朋、赵璇:《澳大利亚金融科技"监管沙盒"的经验与启示》,载《财会月刊》2020年第1期。

与投资人保护和金融教育。

监管沙盒测试内容涉及不同行业的机构和产品,甚至涉及无法穿透和归类的监管客体,在我国现行监管框架内,由单独某一个机构实施均无法胜任,有学者提出"'一行三会'与省级地方金融管理部门双层管理结构"的设想,① 也有学者提出"可由人民银行牵头,会同银监会、证监会和保监会及其他相关部门,以部门规章的形式制定、出台监管沙盒制度"的建议。②

然而,由于我国地区差异性大,在全国范围内直接进行监管沙盒测试可能牵动太大,区域性的监管沙盒试点可能更符合中国现实,主要有以下三个方面原因。

第一,我国各地经济和金融科技发展水平有较大差异,区域的差异性决定了当地的金融资源应用程度也会有很大不同。③ 同时,国家对各区域的发展规划也有所区别。国务院出台的《全国主体功能区规划》(以下简称《规划》),从国家战略层面对我国不同区域的经济和科技发展进行了差异化的定位。例如,《规划》对核心区域的规划就进行了差异化定位:将江浙沪,即长三角地区作为全国的科技与技术研发基地,规划发展南京的金融科教、杭州的科技创新现代服务、沪宁高新技术产业带等;对珠三角地区的规划则是广东与港澳地区互补错位发展,建立科创中心等;而对环渤海地区也提出强化北京首都功能,建立国家创新型城市等规划。④ 各地金融科技的发展规划、发展水平和发展侧重点都表现出差异性。区域性试点使测试范围和领域更加集中,更有利于经验的积累,能够使各地的金融科技监管在垂直领域做得更为深入。

第二,从金融安全角度出发,区域性测试不会影响整体金融安全,使得风险更加可控。金融安全是金融创新的前提,在维护系统性金融安全的前提下鼓励创新是监管沙盒设计的初衷之一。观察域外实践,英国、澳大利亚、新加坡等都将"安全""风险控制"列为首要考虑因素。2017年,国际货币基金组织(International Monetary Fund)在对中国金融体系稳定评估报告中已经关注到金融科技可能引发金融系统性风险,认为中国需要更加完备的法律规制和监管框架。⑤ 中国采用区域性试点的方式逐步推进监管沙盒,则可以在一定程度上避免系统性风险。测试只在特定的区域内小范围进行,有利于维护国家整体的金融安全。

第三,从可借鉴的经验角度出发,区域性测试也符合中国的习惯做法。深圳经济特区和上海自贸区等都采用了局部试点、先行先试的方式。中国改革开放时,开放了四个特区进行试点,试

---

① 参见李有星、柯达:《我国监管沙盒的法律制度构建研究》,载《金融监管研究》2017年第10期。
② 参见张景智:《"监管沙盒"的国际模式和中国内地的发展路径》,载《金融监管研究》2017年第5期。
③ 参见徐忠:《区域金融改革探索与实践》,中国金融出版社2018年版,第6页。
④ 参见《国务院关于印发全国主体功能区划的通知〈加快推进上海金融科技中心建设实施方案〉》(国发〔2010〕46号)。
⑤ IMF, People's Republic of China Financial System Stability Assessment, 资料来源:https://www.imf.org/en/Publications/CR/Issues/2017/12/07/people–republic–of–china–financial–system–stability–assessment–45445,2020年2月15日访问。

点取得了成效后,向其他地区进行了推广。中国有力推动了上海自贸区的试点,现在自贸区的数量已经扩大到 11 个,很多先行先试的经验推向全国。2015 年,上海银监局在上海自贸区内探索的自贸区银行业务监管创新,是最早的监管沙盒试点模式。① 2019 年 7 月,上海临港新片区《总体方案》提出了"参照经济特区管理",也是我国在区域性试点方面的一次可借鉴经验。②

三、监管沙盒区域性测试的体制设计

区域性的监管沙盒测试在理论和实践中面临以下几个问题:

第一,在地方层面的监管沙盒测试,可能以地方金融局为主导,但如何协调中央与金融监管机构的地方派出机构的关系,取得相关的配合,是值得我们研究的问题。以加拿大为例,其是由 3 个地区和 10 个省组成的联邦国家,因此,加拿大实行联邦与省两级平行的监管模式,两级部门协调配合,并无垂直领导关系。为了实现有效监管简化流程,加拿大成立了包括金融机构监督委员会、高级顾问委员会、机构首脑委员会、加拿大存款保险公司董事会和加拿大证券管理委员会等机构协调地方和国家两级各监管机构。而澳大利亚则是成立了创新中心进行协调协助工作。借鉴域外经验,我国也可以成立创新中心、专家委员会、顾问小组等协调中央和地方派出机构等关系。

第二,在地方层面的监管沙盒测试,如何取得全国性的可推广可复制的经验,考虑到区域性差异,可能需要仔细研究。需要寻找一些科技金融发展较好的地区,探索监管政策、措施的效益。③ 在总的监管政策框架下,针对各区域的不同特点在其金融科技发展的优势行业展开试点。例如,杭州在金融科技发展方面可更偏向于支付,深圳可以偏向小微金融,而重庆则偏向消费金融等。经过测试成功后的经验,可进一步在全国范围内进行借鉴、复制和推广。

第三,区域性的监管沙盒测试,需由中央监管机构批准验收之后,才能向全国推广。具体的评估过程可以经中央监管机构批准,邀请第三方独立机构参与评估。第三方独立机构可以设立中央和地方两个层面。经评估机构评估通过的项目,才可以向全国推广。为贯彻落实《国务院金融稳定发展委员会办公室关于建立地方协调机制的意见》(金融委办发〔2020〕1 号)要求,目前已有内蒙古、广东、江苏、山东、甘肃、四川、陕西、吉林、福建、上海、天津、江西、湖南、重庆、云南、山西、辽宁、湖北和安徽、深圳等省、直辖市、经济特区宣布该项机制在地方

---

① 参见姚辰:《"监管沙盒"的国际探索与中国选择——以上海自贸区为试点探索建立中国式"监管沙盒"》,载《浙江金融》2019 年第 1 期。
② 参见《中国(上海)自由贸易区试验区临港新片区总体方案》(国发〔2019〕15 号)。
③ 参见徐忠:《区域金融改革探索与实践》,中国金融出版社 2018 年版,第 20 页。

成功落地。① 金融稳定委员会（以下简称金融委）办公室地方协调机制的建立，将有利于我国金融监管机制的全国协调。

因此，在中央应当设立一个统筹机构，由国务院金融稳定发展委员会作为中央层面的机构较为合适，并协调"一委一行两会"，对金融科技进行统筹协调监管。国务院金融稳定发展委员会办公室设立在央行之下，被认为是"一委一行两会"的监管架构开始按照"统筹协调监管、有力有效"的要求进行方向性调整，具体实施办法细则以及执行可授权金融委负责。同时，可借鉴域外经验，专家顾问委员会进行金融政策的制定和前瞻性的研究等。金融委可下设金融科技中心或工作小组，配套科技、金融、法律领域的专业人才，对制定监管沙盒运行细则、准入评定、事中监督、事后救济等全程进行把握和指导，建立与国内金融创新发展特点和定位相匹配的沙盒监管实施主体。金融活动不仅包括监管机构和测试企业，还涉及工商、司法机构等，这就意味着监管沙盒的实施更可能是从区域性沙盒开始。

在地方层面，由地方金融监督管理局进行监管，由金融委办公室地方协调机制对中央和地方监管进行协调，负责中央和地方机构之间的信息交换和协调、确立地方监管的自主性，实现中央监管和区域协同。目前在北京、上海、杭州等城市率先开展的区域性试点，需要监管主体与沙盒所在区域的各有关部门积极协调配合，构建更为真实的运行环境，也为之后推行创新项目提供了更为有效、全面、可行的反馈。

四、监管沙盒的机制设计

我国监管沙盒的机制设计，具体包括以下六个方面：

（一）准入标准

监管沙盒的准入条件应当包括两个方面：一是准入主体，即哪些企业或个人可以进入沙盒监管；二是准入的对象，即哪些产品或服务可以进入沙盒。表1为不同国家、地区监管沙盒的准入标准。

表1　不同国家、地区监管沙盒的准入标准

国家/地区	准入主体	准入对象（产品）
英国	适用于传统金融机构以及包括金融科技创新机构在内的非金融机构	"真正、颠覆性"的金融性产品服务的所有创新，需要在《金融服务和市场法案》范围之内

---

① 金融委办公室地方协调机制接受金融委办公室的领导，定位于指导和协调，不改变各部门职责划分，不改变中央和地方事权安排。这一协调机制主要协调中央金融管理和地方金融管理事项，主要通过加强统筹协调，推动落实党中央、国务院及金融委有关部署，强化金融监管协调，促进区域金融改革发展和稳定，推动金融信息共享，协调做好金融消费者保护工作和金融生态环境建设。

续表

国家/地区	准入主体	准入对象（产品）
澳大利亚	金融业与非金融企业均可，个人也有权申请	禁止设计复杂、流动性差、回报期很长以及针对弱势消费者的金融产品
新加坡	金融机构、科技公司和专门为这些企业提供技术支持或相关服务的企业	适用于金融科技方面的技术创新及新方法应用
中国香港	香港本地银行或其合作的科技公司	银行业相关业务，包括移动支付服务、生物认证、区块链及机器人等
中国台湾	包括自然人、独资、合伙企业以及法人，并限制所属行业	以科技创新方式从事的业务

资料来源：作者整理。

从表1中已有规则可见，监管机构偏好于风控能力较强的金融机构，对于非金融机构较为审慎，但也有诸如中国台湾地区采取非常宽泛的将自然人都包括在内的标准。对于产品准入，监管机构用了较为原则性的规定，澳大利亚采用了禁止性条款排除不可以参加监管沙盒的产品类型。

我国在制定监管沙盒机构和产品的准入标准时，建议考虑下列几个方面：一是制定动态的、原则性的准入标准；二是对于准入机构，可以考虑从较为稳健的金融机构逐步扩展至类金融机构以及特定科技公司等，在此框架内，具体审核标准由监管机构根据当地监管沙盒的需求制定；三是准入产品应当符合"提高金融消费者福祉，满足实体经济之需求"的特点，特别在如今层出不穷的"创新"环境下，监管者应当有能力甄别产品的实质是否能够降低金融消费者的成本、提供金融消费便捷度、促进实现金融普惠并且为实体经济发展提供更加有效的金融工具。对于那些为创新而"创新"的金融产品，应当避免浪费监管成本和实验成本。对于标准的把控应当由独立的专家评审团或委员会作出评估并给出建议供监管机构参考。考虑区域差异和地方特色，应当先报中央机构批准后，由地方实施测试，并由金融委地方办公室协调机制进行协调。

（二）信息披露标准

在信息不对称的情况下，强制的信息披露被认为对保护投资者利益大有裨益，在金融监管领域被各国普遍采用。在金融科技快速创新发展的时代，其开放性、互联互通性、科技含量更高的特征，使得金融风险更加隐蔽，信息科技风险和操作风险问题更为突出，潜在的系统性、周期性风险更加复杂。① 此时信息不对称问题越发突出，从现有规则观察来看，信息披露在沙盒监管中也被高度重视。英国FCA要求公司履行信息披露义务，包括汇报公司每周关键事件和完整的

---

① 参见朱太辉、陈璐：《Fintech的潜在风险与监管应对研究》，载《金融监管研究》2016年第7期。

最终测试报告。澳大利亚 ASIC 要求获测试企业在测试结束后的两个月内向 ASIC 上报一份简短报告，报告应列出测试期间测试业务的详细情况，[①] 若非涉必要的或符合公众利益，报告提供的细节将不会公布于众。报告所提供的信息将用于协助 ASIC 审查金融科技豁免申请的运作和有效性，以及识别测试企业和消费者所面临的主要风险和问题。[②]

参加监管沙盒的测试产品一般都具有较高的复杂性、创新性和科技性的特点。在我国的监管沙盒规则机制设计中，应设置信息披露标准，使得测试能够接受公众监督，确保监管沙盒实施的信息透明度。监管规则中除了明确参与者需要披露信息的事项、频率、方式和可获得性等，还应当要求披露者使用监管者和金融消费者可明白的语言和方式，避免晦涩难懂的表达使信息披露流于形式，监管沙盒区域性测试应遵循信息披露标准。

（三）退出标准

从目前各国和各地区的监管沙盒制度来看，退出条件主要包括：一是针对测试成功的企业的退出方式；二是针对测试失败企业的退出方式。不同国家、地区监管沙盒的退出标准见表2。

表2 不同国家、地区监管沙盒的退出标准

国家/地区	测试期限	测试成功企业的退出方式	测试失败企业的退出方式
英国	3~6个月后即退出	通过监管部门评估通过后，可更大范围推广	
澳大利亚	12个月后即退出		测试期满前向 ASIC 申请个别豁免，延长其测试期，申请期限最长为12个月，在测试12~18个月内对豁免牌照进行评估，决定其应该扩大范围推广或被改变

[①] 该报告要求提供：（1）测试期间的客户数量；（2）客户的一般信息（如年龄与地点）；（3）收到和处理投诉的数目和性质；（4）上升到外部争议处理的投诉数量和性质；（5）说明测试期间查明或面临的问题并阐述问题的解决方案；（6）发展障碍的可行性的监管要求；（7）收入和支出信息（如财务报告信息）。ASIC, Regulatory Guide 257: Testing fintech products and services without holding an AFS or credit license, 资料来源：https://www.asic.gov.au/media/4420907/rg257-published-23-august-2017.pdf, 2020年2月14日访问。

[②] ASIC, Regulatory Guide 257: Testing fintech products and services without holding an AFS or credit license, 资料来源：https://www.asic.gov.au/media/4420907/rg257-published-23-august-2017.pdf, 2020年2月14日访问。

续表

国家/地区	测试期限	测试成功企业的退出方式	测试失败企业的退出方式
新加坡	达到法律和监管规定的测试时间后即退出（未给出具体的测试时长）	如果企业在监管沙盒期间的测试结果非常满意，企业在退出沙盒后将继续享有更大范围内部署相关技术的解决方案的权力	测试期满前向MAS提出申请并说明理由
中国香港（以证监会监管沙盒规则为例）	持牌机构没有具体的测试期限；非持牌机构：最少12个月测试期	持牌机构产品推向市场；非持牌机构，向证监会申请移除或更改部分或全部发牌条件	持牌机构：证监会将撤销其资格；非持牌机构：不能更改对其施加的发牌条件，产品也不能推向市场
中国台湾	12个月		可在实验期间届满一个月前，申请延长一次、最长不得超过6个月，但当创新实验内容涉及应修正法律时，延长不以一次为限。即若涉及修法，实验期最长三年

资料来源：作者根据不同国家、地区监管规则整理。

我国监管沙盒制度，应设计金融科技企业项目退出标准，可以包括：一是监管沙盒的测试期限，部分金融创新产品和服务在短期内无法完成实验，过短的实验期不利于监管部门对产品或服务的充分考察，也会增加金融科技企业申请"监管沙盒"实验的频率，增加其申请成本。可参考我国台湾地区的做法，将基本期限规定为12个月。二是通过沙盒测试企业的牌照获取规则和方式，可以参考我国香港地区证监会的做法，对持牌机构和非持牌机构采用不同的方式。三是规定测试期满前未通过沙盒测试的企业，可向金融稳定理事会提出延长申请，沙盒退出机制要求金融科技企业在测试期内必须有计划地管理申请牌照、申请个人救济或停止经营的时间，如果在测试期即将结束时，企业还没能够获得金融牌照或个别豁免，那么其就应开始准备停止公司运作。在延长期限内仍未通过测试的企业应在延长期限届满后退出并对停止其公司运作进行公示。考虑到区域差异，我们在机制设置时，对不同区域的测试的延长期限设定可以有所区分，对于金融科技发展水平较弱的区域，可以给予较长的延长期，以鼓励区域内科技企业发展。

(四) 豁免机制

监管沙盒需要豁免适用某些金融监管规则，如英国的监管沙盒就豁免了金融科技准入的某些监管要求。① 提供了有条件的救济，允许金融科技企业在不持有许可证的情况下，对某些产品和服务进行为期 12 个月的测试。英国 FCA 认为推行豁免机制的益处在于将使金融科技企业不在 FSMA 的范围内，因此企业在沙盒测试时不受授权要求或金融监管的约束，这将比其他选择更具灵活性。② 澳大利亚的豁免机制规定，金融科技企业，产品和服务可以享受金融科技许可豁免，主要分为两大类：一是金融服务和信贷活动；二是金融产品和信贷合同产品。允许金融科技企业在不持有《澳大利亚公司法》或《国家信贷法》许可证的情况下，对某些产品和服务进行为期 12 个月的测试。③ 并规定金融科技许可豁免不适用于以下范围：发行金融产品或提供信贷、复杂产品（如衍生品）、针对弱势消费者的产品（如消费者租赁）、长期关注的产品（如退休金和人寿保险）和不易逆转的非流动性产品。④

我国制定监管沙盒相关规则时，也需要考虑到一定的配套豁免机制，可以通过允许金融科技企业在 12 个月（测试期）内不持有许可证的情况下测试某些金融产品和服务，促进金融服务和信贷创新。尤其是在我国已开展试点的情况下，各地情况必将存在差异性，对各地区的豁免机制可有所不同，对区域内的特色和核心金融产品和企业给予更多的豁免，以有利于这些科技产品和科技企业的创新。同时，通过金融委办公室地方协调机制，进行中央与地方监管沙盒的协调，进一步实现中央和地方的互通制度，进而向全国进行推广。

(五) 项目评估机制

从域外和部分地区的经验来看，项目评估机制可以从评估阶段与内容和评估机构两个方面来总结。

1. 评估阶段与内容。项目评估阶段一般分为准入、测试期和测试后三个阶段，目前主要国家和地区进行项目评估的阶段和内容稍有不同。

英国的项目评估针对准入和测试后两个阶段。测试前，FCA 在准入阶段对金融创新企业进行评估并给出结果，若申请获批，随后企业开始进行沙盒测试。测试后，测试企业向 FCA 提交总结报告，FCA 根据测试结果予以正式评估，决定是否在更大范围内推广。澳大利亚的项目评估针对测试期和测试后两个阶段。测试期内的评估以对企业运行情况监控为主；测试后，ASIC

---

① 参见周仲飞、李敬伟：《金融科技背景下金融监管范式的转变》，载《法学研究》2018 年第 5 期。
② FCA, Sandbox Regulatory, pp. 14 – 20, 资料来源：https://www.fca.org.uk/publication/research/regulatory-sandbox.pdf，2020 年 2 月 14 日访问。
③ ASIC, Regulatory Guide 257: Testing fintech products and services without holding an AFS or credit license, 资料来源：https://www.asic.gov.au/media/4420907/rg257-published-23-august-2017.pdf，2020 年 2 月 14 日访问。
④ 参见范云朋、赵璇：《澳大利亚金融科技"监管沙盒"的经验与启示》，载《财会月刊》2020 年第 1 期。

要求依赖金融科技许可豁免的测试企业在测试期结束后 2 个月内向其提供一份详细报告，该报告协助 ASIC 进行项目评估。新加坡的项目评估发生在测试前和测试结束后两个阶段。测试企业向 MAS 提交申请和技术说明等文件，经审核后，MAS 在 21 个工作日内给予回复，对适合的项目进行评估，根据评估结果决定该项目是否进入测试。测试结束后，MAS 对测试结果进行评估并向申请机构反馈，合格的项目可在更大范围内推广。我国香港地区，测试结束时由 HKMA 对项目进行评估，HKMA 并未提出明确的评估标准，而是针对金融科技产品的具体条件制订个性化的评估方案，HKMA 将出具评估报告，根据报告决定项目是否通过测试及是否准予更大范围的推广。①

我国的"监管沙盒"机制设置，可以考虑在测试前、测试期、测试后对项目进行评估。测试前，由评估机构对项目进行评估，决定其可否进入测试；测试期，对测试的实施情况进行评估并出具报告；测试后，由评估机构进行评估，并出具报告，决定该项目可否推向市场。我国监管沙盒的区域性试点中，也可在这三个阶段进行评估。

2. 评估机构。英国由监管机构 FCA 对项目各个阶段直接进行评估。澳大利亚的项目评估机构则是 ASIC，新加坡的项目评估机构为 MAS，我国香港地区的项目评估机构为 HKMA。域外主要国家和地区的监管机构都采用了由本监管机构对项目进行评估的方式。

然而，若由监管机构直接进行项目评估，监管机构和被监管机构的直接互动则更为频繁和紧密，更易发生监管俘获。因此，监管沙盒需要由第三方独立评估。② 这就要求我们在设计监管沙盒的制度时，对项目的评估由第三方进行而不是由监管机构自行评估。在我国监管沙盒的机制中，我们可以借鉴域外各国经验，建立专业评估机构。该评估机构由与监管机构和被监管机构无利害关系的金融科技专家组成，针对不同的创新产品和项目，由专家委员会来评估决定产品或项目是否准入、测试实施和退出。根据在监管沙盒测试期间内收集的数据，对进行测试的产品和业务是否扩大实验或者完全放开，或者是否需要限制、禁止等作出评估，适时反馈真实的测试情况。并且，构建监管沙盒机制，应注重项目评估机制与信息披露标准相结合与互动，同时在整个监管沙盒机制的设计中，应注重项目评估机制与信息披露标准相结合与互动。由金融稳定委员会来评估，可邀请第三方独立机构参与。第三方独立机构可以有中央和地方两个层面。在区域性测试时由报中央监管机构批准后，再由地方第三方独立机构进行评估。

（六）金融消费者权益保护机制

消费者的信心和信任能够增强良好运转的金融市场的稳定性、增长、效率和创新，对金融消

---

① 香港金融监管局：《金融科技监管沙盒》，资料来源，https：//www.hkma.gov.hk/gb_chi/key – functions/international – financial – centre/fintech/fintech – supervisory – sandbox – fss/，2020 年 3 月 2 日访问。

② 参见周仲飞、李敬伟：《金融科技背景下金融监管范式的转变》，载《法学研究》2018 年第 5 期。

费者的保护同时有助于金融系统的稳定。把消费者利益保护作为沙盒监管遵循的原则已是惯例。监管沙盒使事后救济的内容得以一定程度提前，从而促进了对金融消费者的保护。英国 FCA 强调了参与沙盒测试的企业提供的产品创新点应当为消费者利益保护提供很好的方式，并且提出了四种方式用来保护沙盒测试的客户。① 澳大利亚 ASIC 为金融消费者可能带来的风险进行评估，不仅规定了整套的企业诚信措施，还提供了可能发生争端的解决方式，确保参与的金融消费者权利受损后有充分救济的途径。

我国的监管沙盒机制同样应当将金融消费者保护作为其机制之一，使金融创新产品或服务在上市前具有相应的金融消费者权益保障措施，② 具体应当体现在：首先，应当将"提高金融消费者福祉"作为筛选和评价产品体系指标中的一项指标，加强客户适当性管理、帮助消费者更好地理解和使用金融产品，当出现纠纷时，应有便捷、高效的纠纷解决机制确保金融消费者基本权益得到保障。其次，应向有意参加产品测试的金融消费者告知，其项目通过监管沙盒进行测试可能出现的风险。再次，金融消费者应是自愿参与测试，并且需要签署书面同意书。禁止以捆绑、强制等方式强迫消费者参与。最后，参与测试的消费者有一般金融消费者同等的财产安全权和依法求偿权，测试企业还需制订经监管部门审核的详细金融消费者权益保护及补偿方案。我国区域性测试中，因核心产品和企业的不同，接受保护的金融消费者也会有所区别。例如，杭州地区偏向于支付金融的消费者、深圳地区更多的是小微金融的消费者、重庆则偏向消费金融的消费者等，应设置更有区域针对性的保护机制。

五、结语

金融科技的快速发展，要求金融监管应更具主动性、灵活性和响应性等特征。我国监管沙盒可以采用先行先试的办法，通过地区性试点，发现区域性适用的沙盒机制中的优势与不完善之处，进而逐步向全国进行进一步的推广。也正是基于此，本文选择"区域性适用"这个角度进行研究，尝试性地提出构建一个基于中央和地方联动发展的沙盒监管模式框架和机制标准，包括设立准入、信息披露、退出、豁免、评估及消费者保护等机制，希望对我国监管沙盒的地方试点及未来全国范围的复制、推广和适用有所参考或启发。

---

① 这四种方式分别是：（1）在试验中，沙盒公司只能针对已经知情且同意被纳入测试的客户测试他们的新解决方案。客户被告知潜在风险和可得补偿；（2）金融行为监管局同意在个案基础上将披露、保护和赔偿适用于测试活动；（3）客户与同其他授权公司解除的客户享有相同的权利；（4）进行沙盒测试的企业需要赔偿客户的任何损失，并且需要证明他们具有这样做的资本。FCA, Sandbox Regulatory, pp. 9 – 10, 资料来源：https://www.fca.org.uk/publication/research/regulatory - sandbox.pdf, 2020 年 2 月 14 日访问。

② 参见 21 世纪经济报道：《央行金融稳定局局长王景武：试点推进"监管沙盒"机制，有利于金融创新监管》，资料来源：https://m.21jingji.com/article/20190304/herald/818d6e0d8a1031fe4eb8ebdd8c7ce19e.html, 2020 年 3 月 2 日访问。

资本市场法制

Financial Law Forum
金融法苑
2020 总第一百零三辑

我国证券交易异常之规制探析
——评新《证券法》第一百一十一条、第一百一十七条

■ 朱子琳*

摘要：2019年新修订的《中华人民共和国证券法》（本文简称新《证券法》）对证券交易异常条款作出修改，反映出光大证券乌龙指事件后立法者对交易异常规制困局的回应。在引发因素上，新《证券法》新增重大技术故障和重大人为差错，填补了对错误交易规制的空白。在处置措施上，新《证券法》新增暂缓交收和取消交易措施，对交易结果不得改变条款设置例外，为交易所应对交易结果重大异常提供依据。在民事责任上，新《证券法》规定了交易所民事责任相对豁免原则，有利于交易所行使自由裁量权，但豁免标准的具体内涵尚需明晰。新《证券法》对证券交易异常的修订总体值得肯定，但在具体适用上还需出台细化规定，方能实现对证券交易异常的妥善处置。

关键词：交易异常　重大人为差错　暂缓交收　取消交易　民事责任

2019年12月28日，新《证券法》经立法程序通过，并于2020年3月1日正式实施。新《证券法》对实践中的许多问题作出了回应，其中就包括证券交易异常条款：第一百一十一条增加了证券交易异常的引发因素、交易所可以采取的处置措施，并对错误交易和交易所责任的承担作出明确规定，第一百一十七条则为第一百一十一条专设除外条款。①

证券交易异常在我国并不鲜见，从1995年2月23日万国证券以大量的空单让327合约暴跌，到2000年3月16日虹桥机场转债上市首日开盘后100元面值被按照1元多的价格卖出，到2010年11月5日上海证券交易所（以下简称上交所）系统故障导致ETF交易申购赎回业务暂停，再到2013年8月16日因交易软件故障引发的光大证券乌龙指事件，② 证券交易异常就像是隐藏在证券市场的不定时炸弹，或因外部原因，或因人为因素，就可能会出现并导致整个市场的

---

* 北京大学法学院2020届法学硕士研究生。
① 新《证券法》与修订前《证券法》交易异常规定的对比，请参见表1。
② 参见陈亦聪：《证券交易异常情况的法律规制》，法律出版社2014年版，第2-3页。

混乱。而证券交易异常条款界定着交易异常的类型、应对措施及程序、交易所法律责任等内容,其内涵不仅承载着众多投资者的利益,也关乎公众对证券市场的信心。

然而,历次乌龙指事件也暴露出修订前的《证券法》(以下简称旧法或原《证券法》)对证券交易异常的规制存在缺失,例如,尽管法律没有规定交易所可以取消交易,上交所却早在"327 国债事件"中就宣布最后 8 分钟交易无效。① 但在 2013 年的光大证券乌龙指事件中,上交所又声称"现有法律依据不充分"而没有采取措施,让许多错误交易得到执行,不仅为光大证券相关负责人带来大笔罚单,也让投资者由此踏上漫漫维权路。②

基于旧法对证券交易异常的规制不足,学者们考察境外交易异常制度,并提出了许多改进建议。③ 而实践中屡屡出现的乌龙指事件,也考验着立法者设立符合中国证券市场情况的交易异常制度的智慧。在此背景下,新《证券法》中对证券交易异常条款的全面修改,凝聚着近年来理论界和实务界对证券交易异常的研究与实践成果,有必要对修改内容细加检视,以探求其值得肯定之处和相应的实施路径,并寻找可能的完善空间。

本文从上述问题出发,围绕新《证券法》对证券交易异常的修订内容,从以下四个部分展开论述:第一部分,梳理新《证券法》对证券交易异常情况的修订情况,主要包括增加交易异常的引发因素、增加交易所可以采取的处置措施、明确交易所的民事责任;第二部分,分析新《证券法》新增的交易异常情况的引发因素,包括"重大技术故障"和"重大人为差错";第三部分,分析新《证券法》新增暂缓交收、取消交易措施的合理性、行权后果与行权程序;第四部分,分析证券交易所在交易异常情况处理中的民事责任,探讨新《证券法》规定的民事责任豁免的边界;最后是一个简短的结论。

一、 修订内容: 新 《证券法》 对证券交易异常制度的改进

证券交易异常并非严格意义上的法律概念,而更多来自实践认知,是指证券市场中发生的

---

① 参见陈亦聪:《证券交易异常情况的法律规制》,法律出版社 2014 年版,第 2—3 页。
② 参见上海证券交易所:《取消交易不适用于光大乌龙事件》,资料来源:http://www.gov.cn/jrzg/2013-08/26/content_2473645.htm,2020 年 9 月 2 日访问。另参见中国证监会:《内幕交易民事赔偿案首现"胜诉"维权仍任重道远》,资料来源:http://www.csrc.gov.cn/jiangsu/xxfw/tzzsyd/201510/t20151027_285631.htm,2020 年 9 月 2 日访问。
③ 现有研究都或多或少地检讨现有制度,在此基础上,有的侧重于证券交易异常的原理介绍和整体制度设计,例如,卢文道、陈亦聪:《证券交易异常情况处置的原理及其运用》,载《证券法苑》2011 年第 5 期;顾功耘:《证券交易异常情况处置的制度完善》,载《中国法学》2012 年第 2 期;陈亦聪:《证券交易异常情况的法律规制》,法律出版社 2014 年版。有的则侧重于介绍证券错误交易和相应的撤销规则,例如,王东光:《证券错误交易撤销权研究》,载《法学评论》2013 年第 2 期;张才琴、金琦雯:《论我国证券错误交易撤销制度的构建》,载《法商研究》2014 年第 5 期。

影响正常交易秩序的现象,包括全部或部分交易不能正常进行的情形。① 下文首先介绍新《证券法》对交易异常规则的修订内容,进而在此基础上分析修订背景。

(一)新《证券法》对交易异常制度的规定

新《证券法》对交易异常的规定体现于第一百一十一条、第一百一十七条,表1对新《证券法》与旧法中对证券交易异常的规定进行了对比。可以发现,新《证券法》保留了旧法中交易异常的含义,即影响证券交易正常进行的突发性事件,同时又新增若干内容。首先,在交易异常的引发因素上,新《证券法》新增"意外事件""重大技术故障"和"重大人为差错"。其次,在交易异常的处置措施上,新《证券法》规定交易所应"按照业务规则"采取措施,并新增"取消交易"和"暂缓交收"两项应对手段,在第一百一十七条为旧法的交易结果不得改变条款设置除外规定。最后,在交易所法律责任上,新《证券法》明确交易所在交易异常处置中不承担民事赔偿责任,除非其存在"重大过错"。

表1　原《证券法》与新《证券法》对交易异常规定对比

原《证券法》	新《证券法》
第一百一十四条　因突发性事件而影响证券交易的正常进行时,证券交易所可以采取技术性停牌的措施;因不可抗力的突发性事件或者为维护证券交易的正常秩序,证券交易所可以决定临时停市。 证券交易所采取技术性停牌或者决定临时停市,必须及时报告国务院证券监督管理机构。	第一百一十一条　因不可抗力、意外事件、重大技术故障、重大人为差错等突发性事件而影响证券交易正常进行时,为维护证券交易正常秩序和市场公平,证券交易所可以按照业务规则采取技术性停牌、临时停市等处置措施,并应当及时向国务院证券监督管理机构报告。 因前款规定的突发性事件导致证券交易结果出现重大异常,按交易结果进行交收将对证券交易正常秩序和市场公平造成重大影响的,证券交易所按照业务规则可以采取取消交易、通知证券登记结算机构暂缓交收等措施,并应当及时向国务院证券监督管理机构报告并公告。 证券交易所对其依照本条规定采取措施造成的损失,不承担民事赔偿责任,但存在重大过错的除外。
第一百二十条　按照依法制定的交易规则进行的交易,不得改变其交易结果。对交易中违规交易者应负的民事责任不得免除;在违规交易中所获利益,依照有关规定处理。	第一百一十七条　按照依法制定的交易规则进行的交易,不得改变其交易结果,但本法第一百一十一条第二款规定的除外。对交易中违规交易者应负的民事责任不得免除;在违规交易中所获利益,依照有关规定处理。

资料来源:作者整理。

---

① 参见陈亦聪:《证券交易异常情况的法律规制》,法律出版社2014年版,第8页。

(二) 修订背景：原《证券法》下交易异常制度的困境

新《证券法》的修订来自原《证券法》下交易异常制度的困境，这突出体现在 2013 年 8 月发生的光大证券乌龙指事件中。2013 年 8 月 16 日，光大证券在进行 ETF 申赎套利交易时，因为程序错误，导致其使用的策略交易系统以 234 亿元申购 180ETF 成分股，实际成交额达到了 72.7 亿元，同时引发了沪深 300、上证综指等大盘指数和多只权重股短时间大幅波动。根据证监会的调查，该事件是由于光大证券使用的策略交易系统存在严重的程序设计错误所致。① 而在整个事件中，上交所没有主动发布过提示性公告，也未采取原《证券法》规定的停牌或停市措施。

光大证券乌龙指事件发生后，在该事件中受到损失的投资者郭秀兰针对光大证券和上交所提起诉讼，认为上交所在事件中没有采取有效措施，反而公告称市场交易正常，导致投资者判断失误，应当就其损失承担连带赔偿责任。尽管该案中，法院认定上交所"程序正当、目的合法，且不具有主观故意"，最终判定上交所无须承担相应责任，② 但上交所在光大证券乌龙指事件中的处置方式却难谓令人满意，该事件所暴露出我国当前证券交易异常制度的问题则更值得深思。

首先，在交易异常的引发因素上，光大证券乌龙指的确影响到了"证券交易的正常进行"，理应落入原《证券法》对交易异常的界定之中，但从引发交易异常的因素来看，乌龙指事件却又无法被归入其中任何一项：根据《交易所交易异常情况处理实施细则（试行）》（以下简称《交易所实施细则》），引发交易异常的不可抗力是指出现或可能出现"严重自然灾害、出现重大公共卫生事件或社会安全事件"等情形，意外事件是指"火灾或电力供应出现故障等情形"，技术故障则是指交易所的交易、通信系统出现问题。③ 而券商交易系统设计错误实际上是人为因素导致，并不符合上述分类所列情况。

其次，在交易异常的处置措施上，尽管原《证券法》规定了技术性停牌、临时停市等措施，但是由于乌龙指事件并不能归于原《证券法》上交易异常的情形，上交所没有明确法律依据采取相应措施。④ 即便可以将乌龙指事件归入交易异常，原《证券法》也缺乏对交易所行权程序的规定。

最后，在交易所的民事责任上，郭秀兰案中法院基于程序正当、目的合法判决上交所无责，沪深交易所则在交易规则中对其法律责任一概豁免，这是否意味着交易所无须就交易异常的监

---

① 参见中国证监会：《光大证券异常交易事件的调查处理情况》，资料来源：http://www.csrc.gov.cn/pub/newsite/jcj/aqfb/201310/t20131014_236116.html，2020 年 9 月 2 日访问。

② 参见郭秀兰诉光大证券股份有限公司、上海证券交易所、中国金融期货交易所期货内幕交易责任纠纷案，上海市第一中级人民法院（2013）沪一中民六（商）初字第 30 号民事判决书。

③ 以上内容参见《上海证券交易所交易异常情况处理实施细则（试行）》第四至第六条；《深圳证券交易所交易异常情况处理实施细则（试行）》第四至第六条。

④ 参见上海证券交易所：《取消交易不适用于光大乌龙事件》，资料来源：http://www.gov.cn/jrzg/2013-08/26/content_2473645.htm，2020 年 9 月 2 日访问。

管行为承担任何责任？可能并非如此。实际上，早在 2009 年，日本东京证券交易所（以下简称东京证交所）就因为其在交易异常事件中的处理程序不当，被法院判决应因其过失向遭受损失的瑞穗证券赔偿 107 亿日元。① 可见，交易所的责任豁免并非毫无边界，其合理界限的划定还需要进一步解答。

光大证券乌龙指事件引发了实务与理论界对当前我国交易异常制度的反思，也使得因人为错误诱发的交易异常进入立法者的视野。那么，新《证券法》对交易异常的修订是否合理，又存在哪些问题呢？下文将分别针对交易异常的引发因素、交易异常的应对措施、交易所的民事责任三个方面，对新《证券法》的修订进行讨论和评析。

二、引发因素：证券交易异常的产生原因

对于证券交易异常的引发因素，新《证券法》新增"意外事件""重大技术故障"和"重大人为差错"。其中"意外事件"在《交易所实施细则》中已有规定，② 且并无争议，在此不作分析。下文主要讨论"重大技术故障"和"重大人为差错"。

（一）重大技术故障

"技术故障"是《交易所实施细则》中规定的一类交易异常的引发因素，包括软硬件无法正常运行、程序升级时出现意外、通信系统被入侵等情形。例如在 2019 年 9 月 5 日，香港交易所就因为交易商提供的交易系统软件出现问题，而暂停了衍生品交易市场。③ 新《证券法》则新增"重大"要求，目的可能是排除那些虽存在技术故障但影响相对较小的情况。

对于"重大"的程度，新《证券法》并未指明。与另一因素"重大人为差错"结合来看，两者的"重大"在解释标准上应统一，具体标准可由沪深交易所制定。参考域外规则，交易异常的重大程度多规定于交易所规则中，依据交易价格、数量等进行判断，本文将在第三部分详细介绍。

（二）重大人为差错

"重大人为差错"是新《证券法》新增的引发因素。光大证券乌龙指事件中上交所面临难以将该事件归入原《证券法》的尴尬，在"重大人为差错"规定后能否被化解呢？从字面来看，

---

① 参见新浪财经：《东京证交所因系统问题被判赔偿 107 亿日元》，资料来源：https://finance.sina.com.cn/stock/y/20091204/18437059156.shtml，2020 年 9 月 2 日访问。

② 参见《上海证券交易所交易异常情况处理实施细则（试行）》第三条、第五条；《深圳证券交易所交易异常情况处理实施细则（试行）》第三条、第五条。

③ 参见香港交易所：《香港交易所有关衍生产品暂停的声明》，资料来源：https://www.hkex.com.hk/news/market-communications/2019/1909052news？sc_lang=zh-hk，2020 年 9 月 2 日访问。

"人为差错"应是指因为人为原因而产生的交易错误,可能的情形包括但不限于以下情况。[1]

其一,交易者在通过交易系统发出指令时,申报的价格、数量、买卖方向等可能与行为人的本意发生明显偏差,但在交易系统中得到执行。证券交易本质上是双方制定并履行买卖合同的行为,但在集中竞价的交易方式下,成交的规则都已经事先确定,交易者的意思表示实际上是通过向交易系统发出包括价格、数量、时间和交易方向的指令实现的,[2] 如果这些指令明显有违常规,就可能会导致错误交易。比如2005年12月8日日本瑞穗证券的交易员在对"J-Com"股票下单时,误把"1股61万日元"输入为"61万股1日元",使得瑞穗证券遭受3.4亿日元的损失。[3] 又如1994年1月26日,我国某证券公司交易员将数百万股广州广船股票以20元高价卖出时,将第九笔81万余股错打成了"买入",使得证券公司遭受1200余万元的损失。[4] 在光大证券乌龙指案件中,交易异常是由于光大证券使用的交易系统存在设计错误所引发的,而该设计错误是由人为因素导致,则应可归入人为差错的范围。

其二,可能有人为操作失误间接导致了交易异常。例如2002年2月9日,香港交易所因为外部的电力故障而启动应急电源,结果工作人员不慎开启了该电源的紧急停止功能,导致证券交易的中断。这种情况下引发错误交易者没有直接参与证券交易,但是也存在某种操作上的失误,并间接影响到了市场上其他的证券交易。

此外,新《证券法》还对人为差错加上了"重大"的限定语。对此域外交易所也有类似规定,例如《纳斯达克股票规则》(Nasdaq Equity Rules)规定,只有当交易买入价比参考价格高或者卖出价比参考价格低,且差异值等于或超出了规定的数值范围时,才构成"明显错误的交易"(clearly erroneous transaction)。[5] 类似的还有一些交易所设立的"不破范围"(no-bust range),若错误交易的执行结果落入这一范围,该交易将不被取消。[6] 对此,较为可行的选择是由交易所进行细化,在其规则中规定"重大"的判断标准。

综上所述,新《证券法》对证券交易异常引发原因的修改总体较为合理。

---

[1] 参见卢文道、陈亦聪:《证券交易异常情况处置的原理及其运用》,载《证券法苑》2011年第2期。
[2] 参见陈亦聪:《证券交易异常情况的法律规制》,法律出版社2014年版,第60页。
[3] 参见卢文道、陈亦聪:《证券交易异常情况处置的原理及其运用》,载《证券法苑》2011年第2期。
[4] 参见陈亦聪:《证券交易异常情况的法律规制》,法律出版社2014年版,第2页。
[5] "……只有当被诉交易的买入(卖出)价格大于(小于)参考价格,且差异值等于或超过下文规定的数字准则时,该执行的交易才应被认定为明显错误" See NASDAQ Stock Market, NASDAQ Equity Rules, Rule 11890 (a)(2)(C)(1),资料来源:https://listingcenter.nasdaq.com/rulebook/nasdaq/rules/nasdaq-11000,2020年9月2日访问。
[6] Technical Committee of the International Organization of Securities Commissions, Policies on Error Trades, p9,资料来源:https://www.iosco.org/library/pubdocs/pdf/IOSCOPD208.pdf,2020年9月2日访问。

三、处置措施：证券交易异常的应对方式

在界定了交易异常的内涵后，下面要规定的就是出现交易异常后如何应对。新《证券法》第一百一十一条第一款和第二款分别针对一般的交易异常和交易结果出现重大异常两种情形，规定了不同的处置措施。其中一般交易异常对应的技术性停牌和临时停市在原《证券法》下也有规定，新法增加了"维护市场公平"和"按照业务规则"的行权条件，前者是交易所行权时维护的目标考量，后者则表明交易所应制定相应的程序性规则，让交易异常的规制有规可循。同时，交易结果重大异常对应的取消交易、暂缓交收是新《证券法》所新增的内容，其行权条件、程序及边界均有探讨的必要性。

（一）行权条件：交易结果重大异常

根据新《证券法》的规定，取消交易和暂缓交收的条件是"交易结果出现重大异常，按交易结果进行交收将对证券交易正常秩序和市场公平造成重大影响"。对于这一条件的含义，根据《交易所实施细则》，交易结果异常是交易已经结束，但在结果上出现问题，包括结果出现严重错误、行情发布出现错误、有关指数计算出现重大偏差等可能严重影响整个市场正常交易的情况。新《证券法》则进一步规定异常程度应是"重大"的，足以对市场秩序和公平造成重大影响。参考域外交易所规则，交易结果重大异常可以分为价格、数量、亏损、其他因素四个方面。①

在价格上，如果证券交易价格偏离正常参考值较多，可能构成结果重大异常。例如《纳斯达克股票规则》中，要构成"明显错误的交易"必须满足特定的数值标准，只有价格变动超出相应标准的才属于明显错误的交易。②

在数量上，东京证交所业务规程实施细则规定，若一笔交易在数量或者金额上超过规定，且由于错误订单而产生严重的结算困难，发出错误订单的交易参与者可以申请取消该笔交易。③ 在光大证券乌龙指案件中，因交易系统错误导致光大证券的申购成交额达到72.7亿元，实际上就是交易数量的异常。

在亏损程度上，伦敦证券交易所将会员公司损失的严重程度作为衡量是否取消交易的考量因素之一。如单一市场股票交易产生的可能损失应在100000英镑及以上，多重市场股票交易产

---

① 参见吴伟央：《证券错误交易撤销制度的比较分析：法理、标准和程序》，载《证券法苑》2012年第2期。
② NASDAQ Stock Market, NASDAQ Equity Rules, Rule 11890 (a) (2) (C) (1). 另参见吴伟央：《证券错误交易撤销制度的比较分析：法理、标准和程序》，载《证券法苑》2012年第2期。
③ 参见顾功耘：《证券交易异常情况处置的制度完善》，载《中国法学》2012年第2期。

生的可能损失应在 200000 英镑及以上等。①

对于其他因素,《纳斯达克股票规则》规定,可供交易所参考决定是否构成"明显错误的交易"的因素包括但不限于:系统故障或受干扰程度、证券数量和波动程度、与证券有关的新闻、证券交易最近是否被暂停或终止、是否是首次公开发行证券、是否有市场划分或重组、整个市场的情况等;并且每个因素在被考虑时都应致力于维护一个公平有序的市场,以及保护投资者和公众的利益。②

不论是价格、数量、亏损程度还是其他因素,解释上都可以归入证券交易秩序不正常的情况。且考虑到异常事件的发生往往较为突然,设置较多因素,也有助于交易所根据不同情况及时认定是否出现交易异常并作出反应。因此,上述异常情形都可以作为重要的考量因素。③

(二)措施之一:暂缓交收

在交易结果出现重大异常的情况下,新《证券法》赋予证券交易所作出取消交易、暂缓交收措施的权力。这两项措施都会影响已经成交的交易结果的认定,其内涵、后果与合理性均有待明晰。下文首先讨论使交易暂时中止的暂缓交收,其次讨论对交易作出最终处理的取消交易。

在内涵上,暂缓交收是指对交易异常有关交易进行中止,使其暂时不进入交收程序。证券交收包括证券的交付和收取,是证券交易达成后一方付款、另一方交付证券的过程;暂缓交收就是暂停这一环节的进行,冻结错误交易的成交结果。在此期间,交易所或证券公司可以组织交易双方进行协商,尽量达成调整交易价格和数量等方案,以减少或消除错误交易带来的影响。④

从已有的实践来看,2000 年 3 月 16 日的虹桥机场转债事件中,上交所对当日"虹桥转债"成交价的异常部分实施了暂缓交收措施,该部分成交不计入相关会员的交易当日清算,卖方应收款暂缓计入其资金账户,买方应购入的"虹桥转债"债券也暂存在上证登记结算公司的专门账户,并由上交所组织交易双方协调处理。⑤

暂缓交收为错误交易提供了缓冲期,也给交易双方留出自行调整的空间,一定程度上有利于减轻错误交易的不利影响。但是,该制度在行为性质和行权程序上都还存在着不明确之处。一方面,在行为性质上,暂缓交收对已经完成、尚未交收的交易予以中止,既不是完全承认既成交

---

① London Stock Exchange, Rules of the London Stock Exchange (2019), Rule 2120.4, 资料来源: https: // www. londonstockexchange. com/traders – and – brokers/rules – regulations/rules – lse. pdf, 2020 年 9 月 2 日访问。
② NASDAQ Stock Market, NASDAQ Equity Rules, Rule 11890 (a) (2) (C) (4).
③ 此外,从条文及规制逻辑来看,交易结果重大异常与前文讨论的重大人为差错的主要区别在于,人为差错是引发交易结果异常的原因之一,侧重于触发因素,而交易结果异常可能由人为因素引发,也可能由技术故障引发,侧重于结果的异常性。
④ 参见陈亦聪:《证券交易异常情况的法律规制》, 法律出版社 2014 年版, 第 69 页。
⑤ 参见新浪财经:《"虹桥转债"成交价格异常部分暂缓交收》, 资料来源: http: //finance. sina. com. cn/ stock/marketMsg/2000 – 03 – 17/23861. html, 2020 年 9 月 2 日访问。

易的效力，也不是通过取消交易对错误意思表示进行撤销。而是基于监管需求，人为中止了证券交易。当交易所采取暂缓交收措施时，证券交易达成合同的效力将处于不确定状态，一旦时间过长，必然会影响证券交易正常进行和投资者对市场的合理预期。因此，暂缓交收只能是对交易异常的一种中间处理状态，其时间不可能过长，需要交易所迅速判断如何采取下一步措施。

另一方面，在行权程序上，原《证券法》并未规定暂缓交收措施，仅《交易所实施细则》第十二条有所涉及，①但该条只是确认交易所有权采取暂缓交收措施，而具体方式、后续处理都没有规定，缺乏更为细化的行权程序要求。

比较来看，"暂缓交收"在香港证券交易所中央结算系统运作程序规则中有所规定，但其并非是对交易异常的处理，而是根据交易双方选择采取的结算措施，②主要是指已经配对但暂缓进入交收环节的交收指示，该指示在结算系统内保存的时间不超过交收日后14日。③由此来看，就暂缓交收措施本身而言，其暂停了已达成交易的结算，需要交易双方的授权，并且不得停留过长时间。在证券交易异常的情况下，暂缓交收后交易双方应就证券结算的价格和数量进行协商，且该协商应在一定时间内进行。不过，限于暂缓交收目前在域外交易所规定较少，对交易异常中的暂缓交收程序仍缺乏更为细化的参照。

因此，新《证券法》规定了暂缓交收措施后，有必要由交易所在其业务规则中细化该措施的行权程序，包括适用条件、启动方式、暂停时间和如果协商调整失败的应对方案等，向市场提供稳定预期。

（三）措施之二：取消交易

暂缓交收措施是让交易暂时进入中止状态，交易所必须判断如何采取下一步措施，由此有取消交易的适用空间。当事人或交易所也可以根据情况直接适用取消交易措施，无须暂缓交收措施作为前置程序。

1. 取消交易的内涵。取消交易是撤销已经达成的交易结果，交易双方恢复到交易之前的状态。④ 从效果上理解，考虑到证券交易本质上仍是合同行为，民法上的合同撤销原理可以提供参考。根据《中华人民共和国合同法》第五十八条的规定，合同被撤销后有三种结果：其一，因该合同取得的财产，应当予以返还；其二，不能返还或者没有必要返还的，应当折价补偿；其

---

① 《上海证券交易所交易异常情况处理实施细则（试行）》第十二条规定："交易异常情况出现后，本所将及时向市场公告，并可视情况需要单独或者同时采取技术性停牌、临时停市、暂缓进入交收等措施。本所采取前款规定措施的，及时报告中国证监会。对技术性停牌或临时停市的决定，本所通过网站及相关媒体及时予以公告。"

② 参见中国香港特区《证券交易所中央结算系统运作程序规则》第12.1.2条。

③ 参见中国香港特区《证券交易所中央结算系统运作程序规则》第12.1.4条。

④ 参见陈亦聪：《证券交易异常情况的法律规制》，法律出版社2014年版，第72页。

三,有过错的一方应当赔偿对方因此所受到的损失,双方都有过错的,则各自承担相应责任。① 那么,交易异常情况下的取消交易是否也会导致上述后果呢?

首先,相互返还的效果应可发生。取消交易结果重大异常的交易,目的就在于避免过分不公平的交易结果、取消错误的价格信息。相应地,错误的交易应当恢复到交易之前的状态,则错误卖出的交易者应可重新获得相应证券、错误买入的交易者应可重新获得相应价款。例如,根据德国法兰克福证券交易所的交易规则,当交易所撤销交易时,在电子交易系统中有关交易将被删除。如果不可能删除,执行机构将在电子系统中输入相应的反向交易,② 实际上相当于发生了相互返还的效果。

其次,如果不能相互返还,"折价补偿"也有适用空间。根据国际证监会组织(International Organization of Securities Commissions,IOSCO)的报告,根据部分证券交易所的规定,交易双方有权重新对交易价格进行调整,从而维持本可以被撤销的交易。③ 实际上,尽管我国此前没有规定取消交易,上交所早在 1995 年的"327 国债事件"中就宣布该交易日最后 8 分钟所有的 327 品种期货交易都无效,各会员之间实行协议平仓,给了交易双方协商如何处理错误交易的机会。

最后,因取消交易受到损失的交易者应无获得赔偿的权利,除非可证明相对方存在故意或重大过失。在一般的民事合同中,合同撤销权是一方当事人因重大误解、显失公平或受到欺诈胁迫等情形下缔结合同而获得的权利,主张的对象是相对方,则有过错的一方应赔偿对方因此造成的损失。而在证券交易中,取消交易则是基于证券市场的整体公平和价格发现功能之考量,由证券交易所作为监管者采取的措施,其首要目的在于维护证券市场的正常交易秩序,而非补偿单个交易中受损的交易者。④ 故在一般情况下,取消交易并不发生损害赔偿的结果。但若交易者可以证明相对方作出错误交易时存在故意或重大过失,则由于另一方有不当目的,应对受损失方给予赔偿。这也体现于东京证券交易所的交易规则中。⑤

2. 取消交易的适用范围。取消交易改变了已经达成的交易结果,使双方恢复到交易之前的状态,这似乎与证券交易的特点相违背:证券交易在短时间内集中迅速完成,涉及众多交易主体,此时维护交易安全往往比追求交易公正更为重要。如果合同动辄无效或被撤销,将会使证券的集中交易具有很大不确定性。这体现了证券交易的无因性特点,即通常不会因为交易原因而

---

① 该规则也规定于《中华人民共和国民法总则》第一百五十七条及《中华人民共和国民法典》第一百五十七条。
② 参见吴伟央:《证券错误交易撤销制度的比较分析:法理、标准和程序》,载《证券法苑》2012 年第 2 期。
③ Technical Committee of the International Organization of Securities Commissions, Policies on Error Trades, p. 22.
④ 顾功耘:《证券交易异常情况处置的制度完善》,载《中国法学》2012 年第 2 期。
⑤ Tokyo Stock Exchange Inc., Business Regulation (2019), Rule 13,资料来源:https://www.jpx.co.jp/english/rules-participants/rules/regulations/tvdivq0000001vyt-att/business_regs_20190716.pdf,2020 年 9 月 2 日访问。

影响交易本身的效力。① 原《证券法》第一百二十条规定的交易结果不得改变原则正是基于这一理念。② 那么在交易异常的情况下，取消交易为什么又有了适用的可能呢？

应当看到，证券交易对交易安全的追求，并不代表取消交易没有适用的空间。一方面，特定情况下的交易公平仍有维护的必要性，这突出体现在价格错误的情形中。如果交易者输入了明显错误的价格，比如前文提及的瑞穗证券乌龙指事件，交易员将"1股61万日元"错输入为"61万股1日元"，此时交易者成交的价格和数量都受到了影响，且实际成交价格显著低于证券的市场价格，若维持该交易的效力，意味着允许他人利用相对方的过失获得本不应获得的利益，而错误交易者则要被迫承受由此产生的巨额损失，这不仅有悖于公平原则，也会影响交易者对证券市场的信心。③ 故此时需要取消交易来改变这一不公平的交易结果。

另一方面，取消交易也有助于保证证券市场价格发现功能的正常实现。当价格显著偏离正常值时，明显错误的价格信息会继续在市场上传播，进一步影响到其他交易者的判断和有关衍生品市场上的交易情况，维持该错误交易将会扭曲证券市场正常的价格信息，影响交易者的正确判断。④ 此时也需要取消交易来避免错误信息影响的扩大。

在具体的适用范围上，本文认为，取消交易并非适用于交易结果重大异常的所有情形。如果仅仅是交易数量出现差错，或者其他没有直接影响到交易价格的情况，取消交易适用的合理性就并不充分。例如在光大证券乌龙指事件中，光大证券因系统错误而大量报单，相当于以正常价格买入了超过其预期数量的股票。但一方面，此时成交的价格并未偏离正常市场价格，只是数量与其预期不同，其仍然可以通过后续卖出或买入进行调节。另一方面，此时市场上的价格信息并未直接受到影响，尽管交易数量的大幅上升或下降可能会间接导致证券价格变动，但这也是价格机制正常发挥作用的结果，并非人为直接干预。故此时维护交易稳定性和确定性，比回复错误交易者原本的交易预期更为重要。较之于取消交易，此时采用临时停市、暂缓交收等措施来减少错误指令的执行，或许是更为合理的选择。当然，如果异常情形不仅限于数量异常，还有其他因素，比如东京证交所规则中规定的"严重的结算困难"，则此时由于事实上交易难以继续进行，取消交易也有适用的可能。

从域外交易所的规则来看，价格差错多被作为考量是否取消交易的重要标准，同时交易所

---

① 彭冰：《中国证券法学（第二版）》，高等教育出版社2007年版，第182页。
② 原《证券法》第一百二十条规定："按照依法制定的交易规则进行的交易，不得改变其交易结果。对交易中违规交易者应负的民事责任不得免除；在违规交易中所获利益，依照有关规定处理。"
③ 参见吴伟央：《证券错误交易撤销制度的比较分析：法理、标准和程序》，载《证券法苑》2012年第2期；另参见 Technical Committee of the International Organization of Securities Commissions, Policies on Error Trades, p. 11.
④ 参见吴伟央：《证券错误交易撤销制度的比较分析：法理、标准和程序》，载《证券法苑》2012年第2期；另参见 Technical Committee of the International Organization of Securities Commissions, Policies on Error Trades, p. 8.

还需要考虑其他因素。例如前文提到的《纳斯达克股票规则》规定,只有交易价格达到特定异常标准,才有可能构成"明显错误的交易",进而有被取消的可能性,同时,还要考虑证券波动程度、市场情况等。① 伦敦证券交易所也在其错误交易取消规则中指出,当股票收盘价因错误订单产生重大扭曲时,交易所可以依职权发起取消交易程序。②

因此,取消交易的适用范围需被严格限定,在错误交易导致证券价格出现异常的情况下,或者错误交易因结算困难无法继续进行的情况下,适用取消交易具有正当性。但若仅是数量错误等非直接影响证券价格的情况,则不宜采用取消交易措施。

3. 取消交易的行权程序。对于取消交易的行权程序,新《证券法》并没有给出详细规定,在1995年"327国债事件"中,上交所仅是在事后宣布交易无效。但实际上,如IOSCO在《错误交易政策》中所言,取消交易的程序关乎错误交易在多大程度上可能会被执行,市场需要完善的取消交易政策来确保在该政策下采取措施的可预测性、公平性与一致性。③ 参考域外主要交易所规则,取消交易的程序包括启动方式、告知要求和裁量因素等。

在启动方式上,取消交易可以由交易参与方申请取消,也可以由交易所依职权取消,且启动都应在错误交易发生后较短时间内作出。对于申请取消,《纳斯达克股票规则》规定,因自己或客户错误提交指令而被执行的交易所会员,可以向纳斯达克申请审查该交易(review the transaction),纳斯达克的一位执行官(official)将进行审查并决定该交易是否明显错误。该申请应在交易被执行后30分钟内以书面方式作出,申请内容应包括交易时间、证券标志、交易单位的数量、价格和交易方向等因素,作为认定交易是明显错误的依据。《新加坡交易所交易规则》还允许交易双方约定取消交易,若双方无法达成约定,错误交易的实施方可以在遵守相关程序的前提下申请交易所审查。④

对于依职权取消,例如根据《纳斯达克股票规则》,若发生任何电子通信系统或交易设施的故障,为维护市场公平和秩序、保护投资者利益,纳斯达克主席或资深职员有权自行决定审查错误交易并宣告交易无效。如果必要,甚至可以降低对明显错误的交易的认定标准。⑤

无论是依申请还是依职权启动取消交易程序,都要求当事人和交易所在启动后及处理过程中履行有关告知程序,包括交易者在错误交易发生后告知交易所、申请取消交易后告知对方当事人、交易所作出决定后尽快告知交易参与者和市场等。告知程序是为了确保异常交易能够及

---

① NASDAQ Stock Market, NASDAQ Equity Rules, Rule 11890(a)(2)(C)(1).
② London Stock Exchange, Rules of the London Stock Exchange (2019), Rule 2120.4 and Guidance to Rule.
③ Technical Committee of the International Organization of Securities Commissions, Policies on Error Trades, pp. 6 – 8.
④ Singapore Exchange, Singapore Exchange Securities Trading Rules, Rule 11.3 – 11.4, 资料来源 http://rulebook.sgx.com/entiresection/8454, 2020年2月2日访问。
⑤ NASDAQ Stock Market, NASDAQ Equity Rules, Rule 11890(a)(2) and (b).

时被交易所和市场得知，减少对市场造成的影响。例如，根据《新加坡交易所交易规则》，如果发生错误交易，作出错误交易的成员必须在错误交易发生后 30 分钟内电话通知新加坡交易所，并立即联系对手方以寻求其同意取消交易。若双方达成取消的合意，须将该约定告知交易所；若双方无法达成取消的合意，则应请求交易所审查该错误交易是否应被取消。[1] 若交易所认为的确发生了错误交易，其应向市场告知该错误交易、错误交易是否有效或被取消，并向交易双方告知其对是否取消错误交易的决定。[2]

在裁量是否应取消交易时，如前所述，交易所应以维护市场公平和秩序为目的，综合考虑多种因素。例如《新加坡交易所交易规则》第 11.4.2 条详细列举了交易所可参考的因素，包括错误交易的价格与相关证券此前交易价格之间的差异、错误交易发生时相关证券的市场流动性、交易取消与否可能产生的损失、错误交易指令发出与成交之间的时间差等。[3]

交易所对是否取消交易作出决定后，考虑到这一决定对当事人利益的重要影响，其仍应有进一步审查机制的制衡。例如《纳斯达克股票规则》规定，交易所对会员取消交易申请作出的决定，有关会员或者个人可以向纳斯达克审查委员会（Nasdaq Review Council）申诉（appeal），对于交易所依职权审查后的决定，会员或个人也可以提出申诉，除非作出决定的资深职员认为有必要立即确保交易的终局性。且有关申诉必须在被申诉人获悉有关决定后 30 分钟内或其他特定时间前以书面方式作出。[4]

总的来看，取消交易的程序具有以下特点：其一，取消交易可通过当事人申请或交易所依职权启动，且都应在错误交易发生后迅速作出。其二，当事人及交易所应就错误交易产生、申请取消、交易所决定等事项及时向市场告知。其三，交易所应综合考虑相关因素，以维护市场公平和秩序为目的作出是否取消的决定。其四，交易所的决定存在被进一步审查的空间，且也应在短时间内作出。

上述取消交易的程序规则搭建起了交易异常发生后的应对机制，对于交易异常的妥善处理非常重要。新《证券法》在新增取消交易措施及其适用条件的基础上，可进一步授权交易所对取消交易的程序等进行细化规定，从而填补我国现行取消交易制度的空白。

四、法律责任：证券交易所民事责任豁免的原理与边界

新《证券法》第一百一十一条第三款新增了对交易所民事责任相对豁免的规定。根据该条，

---

[1] Singapore Exchange, Singapore Exchange Securities Trading Rules, Rule 11.3.1 – 11.3.4.
[2] Singapore Exchange, Singapore Exchange Securities Trading Rules, Rule 11.4.3.
[3] Singapore Exchange, Singapore Exchange Securities Trading Rules, Rule 11.4.2.
[4] NASDAQ Stock Market, NASDAQ Equity Rules, Rule 11890（c）.

证券交易所对其依照该条规定采取措施造成的损失不承担民事赔偿责任,存在重大过错的除外。该条弥补了原《证券法》对交易所因交易异常采取措施是否承担责任的空白,也体现在沪深交易所修改后的交易规则中。① 那么,新《证券法》新增的民事责任相对豁免规定是否合理、其边界又应当如何认定呢?

(一)证券交易所的民事责任探析

要讨论证券交易所的民事责任豁免,首先应明确其民事责任来源。交易所因交易异常而采取处置措施后,可能会造成相关交易参与者的损失,并由此产生投资者或其他交易参与者对交易所主张的侵权之诉。典型侵权行为的构成要件包括过错、行为、损害后果和因果关系。在交易异常的处置中,交易所因采取某种措施,导致交易者受到损失(例如丧失有关交易机会带来的利益等),在行为、损害后果和因果关系上相对容易证明,关键在于如何理解交易所的过错。

交易所过错的认定具有一定的特殊性,原因在于交易所本身兼具公和私的双重属性:一方面,交易所履行监管职能,对上市公司、证券交易、会员进行监管,具有"公"的属性。另一方面,交易所又具有企业身份,通过向公司提供给上市服务等产品获得利润。② 如果仅关注交易所的私主体身份,则其在操作中的过错理应承担民事责任。但实际上,交易所侵权纠纷的产生多是由于其履行自律监管职能,此时交易所具有公共主体身份,其监管行为的作出是在行使法律法规授权的公共监管职能,类似于行政行为,故应符合行政法上的相关要求。由此,交易所的民事责任判断,与行政行为的审查产生了内在一致性。③ 这也是光大证券乌龙指案件中法院的审理方式:交易所的行为"程序正当、目的合法,且不具有主观恶意",认定交易所不应因其自律监管行为承担民事法律责任。

但需要注意,尽管交易所民事责任判断同时涉及民法过错和行政行为审查标准,但并不意味着交易所的民事责任仅依赖行政法下的判断。行政法中相关行为的合法、合理性可以为交易所民事责任的过错提供参考,但交易所的民事责任是否成立,仍应回到民法原理本身。对此,美国法基于交易所履行监管职能扮演的准政府角色,发展出了民事责任绝对豁免原则,④ 但我国未有明确的规则。本文认为,赋予交易所民事责任相对豁免的地位,具有合理性与必要性。

一方面,交易所在交易异常情况处置中具有监管者角色,需要自由裁量权以充分发挥监管职能。自由裁量权本身具有相当大的弹性,是事故发生时综合市场因素判断的结果,很难在事后

---

① 参见《上海证券交易所交易规则》(2020年修订)第7.8条;《深圳证券交易所交易规则》(2020年修订)第7.5条。
② 参见卢文道:《证券交易所及其自律管理行为性质的法理分析》,载《证券法苑》2011年第2期。
③ 参见宋悦:《证券交易所监管行为的司法介入研究》,北京大学法学院2019年硕士论文,第32–33页。
④ Austin Mun. Sec., Inc. v. National Ass'n of Sec. Dealers, Inc., 757 F. 2d 676, 689 (5th Cir. 1985); DL Capital Group, LLC v. Nasdaq Stock Market, Inc., 409 F. 3d 93, 98 (2d Cir. 2005).

认定其所作决定在当时合理与否。例如，对于某只股票短时间内价格大幅度异动，到底是采取临时停牌还是事后取消交易、停牌的时间和取消交易的时段如何确定等，并不是那么容易判断。在交易所没有违反程序性规则的情况下，深入探求其某个决定是否确实不尽合理以至于造成损失，不仅难以实现，而且会产生不必要的成本。相反地，通过合理设计应对措施的行权规则，可以最大程度上在事前确保交易所的正当行权。在此基础上对交易所在程序要求内处置造成的损失予以豁免，可以较好地实现程序正义与市场效率的平衡。从其他国家的类似制度来看，德国、英国、法国等欧洲国家对金融监管机构的第三方侵权责任也都或多或少存在豁免责任安排。①

另一方面，交易所责任的绝对豁免不仅可能会对其形成不当激励，降低其履职时的注意水平，也有可能引起中小投资者的误解。② 在我国证券交易异常处置规则尚不完善的情况下，不宜赋予交易所过宽的民事责任豁免范围，而应设置例外，督促其在处置交易异常时尽到应有的注意义务。

（二）证券交易所民事责任豁免的边界

明确了民事责任相对豁免的原则，接下来就需要确定豁免的合理边界。新《证券法》规定交易所承担民事责任的前提是存在"重大过错"，但该标准的内涵并不明确。"重大过错"并非非常用的过错概念，从字面上看，应与一般过错对应。而民法上的过错包括故意和过失，其中过失又可根据违反注意义务的高低分为一般过失和重大过失。③ 由此来看，新《证券法》的"重大过错"似可理解为与一般过失相区别的"故意或者重大过失"。但立法阶段的《证券法（二审稿）》中，交易所民事责任豁免的例外就是交易所存在"故意或者重大过失"，新《证券法》专门对这一表述进行修改，既可认为是用"重大过错"同一表述故意或者重大过失，也有可能是另有新的内涵，无论是哪种情形，都可能因表述上的不清晰造成适用上的困难，有必要在进一步修改中予以澄清。

如果将新《证券法》的规定理解为故意或重大过失，这一限定是否合理呢？本文认为是较为妥当的。从过错程度本身来看，故意是行为人主观上就有追求或放任危害结果发生的意图，交易所若有造成损害的故意，则其目的本身就不正当，应当承担责任。香港《证券及期货管理条例》也有类似规定，当交易所出于真诚而作出或不作出任何行为时，其不为因此产生的损失承担赔偿责任。④ 伦敦证券交易所也将恶意（bad faith）作为交易所承担赔偿责任的前提。⑤

---

① 参见董世坤：《金融监管机构第三方侵权责任：欧盟经验与中国借鉴》，载《辽宁大学学报（哲学社会科学版）》2013 年第 5 期。
② 参见宋悦：《证券交易所监管行为的司法介入研究》，北京大学法学院 2019 年硕士论文，第 29－30 页。
③ 参见叶名怡：《重大过失理论的构建》，载《法学研究》2009 年第 6 期。
④ 参见中国香港特区 2012 年《证券及期货条例》第 22 条。
⑤ London Stock Exchange, Rules of the London Stock Exchange (2019), Introduction.

对于重大过失，其是指行为人连普通人的注意义务都未达到。① 而交易所作为履行自律监管职能的专业组织，其达到的注意程度应当是专业水平，若一般注意义务都没有达到，也难以称为正当履职。对此东京证交所的《业务规则》第 13 条有类似规定：若交易参与者因交易所取消交易而产生损失，交易所不承担赔偿责任，除非交易所存在故意（deliberate action）或者重大过失（gross negligence）。② 该标准在瑞穗证券乌龙指事件中得到了进一步解释。该事件中，东京证交所曾接到过发现了错误的瑞穗证券打来的求助电话，并被请求撤销有关交易，但是东京证交所却拒绝了该请求，声称其不能代替瑞穗证券撤单，须由瑞穗证券自行解决该问题。这一行为被东京地方法院认定构成重大过失，应承担损害赔偿责任，原因是，东京证交所意识到下单的价格和数量都不合常理，却并未履行中止异常交易的职责。③ 由此可见，如果交易所明知交易存在异常，却仍不采取任何措施，就是连最基本的注意义务程度都没有达到，可认为具有重大过失，不再受到民事责任豁免的保护。

因此，在故意和重大过失中，交易所都对危害结果有所了解，却未采取适当应对措施，不再具有责任豁免的正当性。但在一般过失中，交易所可能只是轻微疏忽，落入自由裁量权受保护的范围。基于此，应以故意或重大过失作为"重大过错"的内涵，明确交易所民事责任豁免的边界。

五、 结语

证券交易异常的界定与应对关乎证券市场的正常运转和众多市场参与者的利益，面对我国原有法律体系中有关制度的供给不足，新《证券法》对交易异常的引发因素、处置措施和法律责任都作了补充，并对交易结果不得改变条款设置例外，其为完善证券交易异常制度作出的努力值得肯定。同样重要的是，有关制度还需要在交易所业务规则中细化，规则表达也须更清晰、准确，以实现对证券交易异常的妥善处置。

---

① 参见叶名怡：《重大过失理论的构建》，载《法学研究》2009 年第 6 期。
② Tokyo Stock Exchange Inc., Business Regulation (2019), Rule 13.
③ 参见新浪财经：《东京证交所因系统问题被判赔偿 107 亿日元》，资料来源：https://finance.sina.com.cn/stock/y/20091204/18437059156.shtml，2020 年 9 月 2 日访问。

证券发行中员工持股计划的豁免与监管

■ 白 芸*

摘要： 本文首先梳理了员工持股计划的内容、设立优势及在我国的运行实践；其次从非上市公司实施员工持股计划的法律障碍及近年来规则变迁的历程出发，分析国内对其监管态度的转变，指出完全豁免对非上市公司设立员工持股计划的监管可能会存在风险；再次通过梳理美国对员工持股计划豁免的几种方式和最频繁适用的 701 规则的主要内容，讨论规则背后平衡"豁免"和"监管"的理念，为完善国内对员工持股计划的"替代性监管"做好理论准备；最后在结合美国监管理念和具体规则的基础上，评析我国新修订的《证券法》第九条，并对非上市公司设立员工持股计划的制度完善提出建议。

关键词： 员工持股计划　非上市公司　《证券法》第九条　701 规则

一、 问题的提出

员工持股计划是激励员工与公司共同成长的理想工具，但是一直以来，我国非上市公司实施员工持股计划存在一系列的障碍。新修正的《中华人民共和国证券法》（以下简称《证券法》）第九条在界定公开发行时，将第二款第二项"向特定对象发行证券累计超过 200 人"的情形中增加了对实施员工持股计划的员工人数豁免（见表1），这意味着向计划内的员工发行证券，将不再计入向特定对象发行的"200 人"数量限制，豁免了对非上市公司实施员工持股计划的监管。该条款的修订便利了公司设立员工持股计划并上市，但是这种完全豁免的方式的合理性值得商榷。具体而言，完全豁免对该事项的监管会带来哪些风险？监管层应如何借鉴域外经验，在激励员工和控制风险之间，走好"豁免"与"监管"的平衡木？本文将对上述问题展开研究，以期提供规制员工持股计划的理想方案。

---

* 北京大学法学院 2017 级金融法方向硕士研究生。

表 1　新旧《证券法》第十条第二款的修改对比

旧《证券法》第十条第二款	新《证券法（三审稿）》第十条第二款
有下列情形之一的，为公开发行： （一）向不特定对象发行证券的； （二）向特定对象发行证券累计超过二百人的； （三）法律、行政法规规定的其他发行行为。	有下列情形之一的，为公开发行： （一）向不特定对象发行证券的； （二）向特定对象发行证券累计超过二百人，但依法实施员工持股计划的员工人数不计算在内； （三）法律、行政法规规定的其他发行行为。

资料来源：作者整理。

二、员工持股计划及其运行实践

（一）员工持股计划概述

员工持股计划是指公司根据员工意愿，通过合法方式使员工获得本公司股票并长期持有，股份权益按约定分配给员工的制度安排，员工持股计划的参加对象为包括管理层在内的公司员工。①

员工持股计划是企业鼓励员工持有本公司股票的一种有效方式，有利于建立和完善劳动者与所有者的利益共享机制，提高职工凝聚力和公司竞争力，改善公司治理水平，② 具体而言：

一是能够促进企业的长远发展。实施员工持股可以将公司的业绩、发展前景与员工的利益直接绑定，尤其是科创企业，往往在技术攻关和产品研发期需要投入大量的资本，而收益在后端才会显现，因此其投入和收益在时间上呈现出不匹配的特点，这些企业迫切需要在研发前期将公司未来的盈利潜力与核心员工的利益进行绑定，而员工持股就是理想的绑定工具。

二是能激发员工的工作积极性。通过持股，员工从打工者一跃成为公司的股东，能够分享企业的剩余价值，享受企业的成长红利，所以其无论从心理上还是物质上都会更加重视公司的发展。

三是能够改善企业的公司治理结构。员工持股可以改善企业的股权结构，使劳动者能参与企业的重大决策和经营管理，优化公司治理，促进我国现代企业制度的建立。③

（二）员工持股计划在我国的运行实践

从设立形式上看，员工持股计划在我国有委托管理和自我管理两类。委托管理主要指委托

---

① 参见中国证券监督管理委员会关于公布《关于上市公司实施员工持股计划试点的指导意见》的公告（证监会公告〔2014〕33号）。

② 参见《中国证券监督管理委员会关于公布〈关于上市公司实施员工持股计划试点的指导意见〉的公告》（证监会公告〔2014〕33号）。

③ 朱慈蕴：《员工持股立法应注重人力资本理念的导入》，载《法学评论》2001年第5期，第132页。

专业机构进行管理、备案为金融产品的持股模式,该模式设立成本相对较高,一般要求的封闭期达12个月以上。自我管理指由公司进行自行管理,一般设立成本相对较低。从现行规定上看,我国对上市公司设立员工持股计划有比较系统的规定,而对于非上市公司设立计划就有诸多限制。

党的十八届三中全会决定提出要"允许混合所有制经济实行企业员工持股,形成资本所有者和劳动者利益共同体"。① 早在2014年6月,证监会就发布了《关于上市公司实施员工持股计划试点的指导意见》,规定上市公司设立员工持股计划的基本原则、资金和股票来源、持股期限和规模、计划的管理模式、实施程序及信息披露等内容。② 上海证券交易所(以下简称上交所)和深圳证券交易所(以下简称深交所)也随即配套了对上市公司设立计划的信息披露指引。③ 截至2019年11月,已有72家上市公司实施了员工持股计划,8家公布了董事会议案,34家股东大会已经通过了董事会议案。④

相较于对上市公司的支持与鼓励,非上市公司实施员工持股计划就面临很多的困境,目前仅有《关于国有控股混合所有制企业开展员工持股试点的意见》⑤ 为非上市国有企业设立员工持股计划开辟了通道,但是对试点企业有诸多限制。⑥

随着以互联网为依托的共享经济的迅速崛起,员工持股计划也被国内未上市科创企业广泛采用。根据华为2018年年报,截至2018年12月31日,华为员工持股计划参与人数达到96768

---

① 彭勇:《积极发展混合所有制经济》,资料来源:http://opinion.people.com.cn/n/2014/0915/c1003-25660571.html,2014年9月15日,2019年11月26日访问。

② 参见《中国证券监督管理委员会关于公布〈关于上市公司实施员工持股计划试点的指导意见〉的公告》(证监会公告〔2014〕33号)。

③ 上交所于2014年9月22日发布《上交所上市公司员工持股计划信息披露工作指引》(上证发〔2014〕58号)。深交所于2019年11月3日发布《上市公司信息披露指引第4号——员工持股计划》替代2014年11月其发布的员工持股计划信息披露业务备忘录。

④ 数据来源于Wind金融终端。

⑤ 《关于国有控股混合所有制企业开展员工持股试点的意见》(国资发改革〔2016〕133号)。2016年3月,国务院政府工作报告中提出应大力推进国企改革,推进股权多元化改革,开展员工持股试点,同年8月《关于国有控股混合所有制企业开展员工持股试点的意见》印发,非上市国有企业获得了设立员工持股计划的绿色通道。截至2018年初,全国共选取了首批员工持股试点企业174户,其中中央企业选取了10户首批试点企业,目前已全部完成首期员工出资入股。地方企业上,有28个地方共选取了164户首批试点企业,其中25户已完成员工出资入股。《非上市国企做员工持股计划,红线在哪里?》,资料来源:https://new.qq.com/omn/20181022/20181022A1D91D.html?pc,2019年11月26日访问。

⑥ 对试点国有企业的要求包括主业处于充分竞争行业的商业类企业、公司治理结构健全以及营业收入和利润90%以上来源于所在企业集团外部市场等。

人。对比前两年年报,还可以看出华为员工持股计划参与人数一直在增加。①

三、国内对员工持股计划的监管实践:从"过严"到"过松"

(一)"过严":非上市公司实施员工持股计划的障碍

在旧《证券法》下,向特定对象发行证券累计超过200人即构成公开发行,因此非上市公司设立自我管理型的员工持股计划始终悬着一个"达摩克利斯之剑"。实践中,实施计划的公司很容易出现向员工发行证券超过200人的情况。一旦股东人数超过200人,公司急需履行证监会公告《非上市公众公司监管指引第4号——股东人数超过200人的未上市股份有限公司申请行政许可有关问题的审核指引》②(以下简称《指引4号》)和《非上市公众公司监督管理办法》中规定的信息披露和公司治理方面的特殊义务,这既增加了设立公司信息披露成本,也可能导致其商业秘密被公开。

当已设立员工持股计划的公司谋求上市时,还会面临穿透审核的要求。根据《指引4号》,公司上市前应对员工持股计划还原至个人,即股份公司股权结构中如果存在工会代持、职工持股会代持、委托持股或信托持股等股份代持关系,或者存在通过"持股平台"间接持股的安排以致实际股东超过200人的,在申请行政许可时,应当已经将代持股份还原至实际股东、将间接持股转为直接持股,并依法履行相应的转让程序。

本文认为,监管层以往之所以对非上市公司设立员工持股计划采取非常审慎的态度,是因为非上市公司没有公开进行信息披露的平台,向超过200人的员工发行股票可能存在信息不对称的问题,损害员工作为投资者的利益。具体而言:

一是存在市场监管风险,即非上市公司可能以实行员工持股计划为名,行变相公开发行股票之实,规避证券市场公开发行的核准(或者科创板、创业板注册)要求,甚至进行非法集资。

二是存在投资者保护风险,即公司兼具员工持股计划的发行人和雇主身份,可能基于其在劳资关系中的优势地位,强制员工参与持股计划或者不对员工进行充分的信息披露,欺诈投资者。

然而监管资源毕竟是有限,于是实践中出现了一个怪现象,公司在上市前设立员工持股计划,即使员工人数超过200人,也无人真正监管,但是一旦这些公司谋求上市,又会面临穿透审核、还原持股等种种困难。

---

① 截至2016年12月31日,华为员工持股计划参与人数为81144人,截至2017年12月31日,华为员工持股计划参与人数为80818人。宋星:《华为员工持股计划参与人数达96768人任正非持股降至1.14%》,资料来源:http://www.techweb.com.cn/world/2019-03-29/2729993.shtml,2019年11月26日访问。

② 《非上市公众公司监管指引第4号——股东人数超过200人的未上市股份有限公司申请行政许可有关问题的审核指引》(证监会公告〔2013〕54号)。

（二）对员工持股计划监管态度的转变

目前可以看到监管层对员工持股计划的"200人"限制有所松动，根据2018年6月6日证监会发布的《关于试点创新企业实施员工持股计划和期权激励的指引》，试点企业可以通过公司制企业、合伙制企业、资产管理计划等持股平台间接持股，并且遵循"闭环原则"或在基金业协会备案的员工持股计划可不进行穿透核查与累计计算。同样，上交所《关于发布〈上海证券交易所科创板股票发行上市审核问答〉的通知》，也规定了科创企业申请上市时对遵循"闭环原则"或在基金业协会备案的员工持股计划也视为一名股东，不再穿透计算持股计划的权益持有人数。

所谓"闭环原则"是指员工持股计划不在公司首次公开发行股票时转让股份，并承诺自上市之日起至少36个月的锁定期。试点企业上市前及上市后的锁定期内，员工所持相关权益拟转让退出的，只能向员工持股计划内员工或其他符合条件的员工转让。锁定期后，员工所持相关权益拟转让退出的，按照员工持股计划章程或有关协议的约定处理。

同时，2018年修订的《公司法》第一百四十二条在股份有限公司回购本公司股票的情形中加入了将股份用于员工持股计划或者股权激励。① 而本次《证券法》的修订在第九条将员工持股计划的人数不计入向特定对象发的200人人数限制，为所有非上市公司设立员工持股计划开辟了通道。

抚今追昔，监管层对员工持股计划态度的转变无外乎出于以下两点原因：第一是为了支持非上市公司实施员工持股计划，留住核心人才。在当前经济下行的背景下，有必要鼓励企业——尤其是科创企业减少人力资本、管理成本，同时保证其商业秘密不被公开。第二是便利科创企业上市。目前许多未上市的科创企业已经设立了员工持股计划，但是若其设立时未遵循"闭环原则"，则会在上市时面临穿透核查、转让持股等审核要求，《证券法》修订后可以降低其上市成本，不至于因为股东人数超过200人而影响后续上市安排。

（三）"过松"：《证券法》第九条修订中存在的问题

监管态度的转变是基于现实的需求，值得肯定，但是若按照《证券法》第九条的规定，似乎意味着今后对非上市公司实施员工持股计划一概不予以监管。本文认为这样的做法在豁免和监管之间失去了平衡。

具体而言，从投资者保护的角度出发，员工购买员工持股计划下发行的证券实际具有一定

---

① 与发行新股相比，采用股份回购的方式设立员工持股计划不会稀释未来股权收益，并且有利于提升股价，可以达到维护股东利益和更好地实现员工激励目的的双重效果。同时，本次《公司法》的修订简化了为设立员工持股计划而进行股份回购的决策程序，即可以依照公司章程的规定或者股东大会的授权，经三分之二以上董事出席的董事会会议决议。这一修订有利于公司提高效率，及时把握市场机会，在回购股份后，公司拥有三年的时间根据实际情况适时推行员工持股计划。

的强制性。一方面是员工的经济压力。低价发行的证券实际上是员工收入的体现，员工持股计划中证券的定价低于市价，概因购买价中含有奖金、工资的折算，如果不购买该证券，则其收入并未得到充分体现。另一方面是员工的精神压力。未购买证券的员工在公司的环境里可能会遭受来自单位主管和已购买证券的同事的精神压力，使得购买员工持股计划显得没有那么"自愿"。因此，有必要深入讨论以往监管层担忧的两个风险应当如何控制。

四、美国对员工持股计划的"豁免"与"监管"

本部分梳理美国对员工持股计划发行证券的豁免制度，关注其监管的内在逻辑。

（一）员工持股计划实现注册豁免的四种路径

在美国，员工持股计划被称为"员工薪酬福利计划"（Employee Stock Ownership Plans, ESOP），包括非共担型员工持股计划（non-contributory）和共担型员工持股计划（contributory）。前者投入计划的资金完全由雇主支付，后者由雇主和雇员共同支付购买股票的款项。美国对员工持股计划的注册豁免有以下几种路径：

一是法律解释。对于非共担型的员工持股计划，雇员无须为其购入的股票付出资金成本，因此可以其通过法律解释认定此类股票不构成证券，使其免于繁复的注册程序。①

二是适用《1933年证券法》（Securities Act of 1933）中私募注册豁免（D条例项下的506规则）。但是其适用有严格的限制，包括信息的可获取性、雇员的财富和投资经验都会成为美国证券交易委员会（the U. S. Securities and Exchange Commission, SEC）是否允许豁免的重要考量，这导致采取该方式避免注册登记非常困难。②

三是适用《1933年证券法》中的小额发行豁免规定（D条例项下的504规则和A条例）。然而，504规则的年度发行限额过低，仅为500万美元。虽然A+条例建立了双层发行体系，即第一层级（tier 1）融资每12个月不超过2000万美元，第二层级（tier 2）融资每12个月不超过5000万美元，但是第一层级的发行限额仅为2000万美元，且不能豁免蓝天法上的注册义务，程序繁杂，而第二层级对非合格投资者有投资限额，发行人还负有持续信息披露义务，都不是豁免注册的理想路径。③

四是SEC专门为非公众公司员工持股计划所创设的701规则。目前701规则的立法基础是《国家证券市场促进法》（National Securities Markets Improvement Act of 1996, NAMIS）下的"一般

---

① Employee Benefit Plans, SEC Release No. 33-6188 (Feb. 11, 1980).

② 只有发行对象能够获得本应在注册登记文件中披露的信息才有可能得到豁免，而且还需考虑雇员能否有效识别和承担风险。参见吕雅馨：《美国员工持股注册豁免制度探析》，载微信公众号"北京大学金融法研究中心"，2018年5月28日。

③ 彭冰：《投资型众筹的法律逻辑》，北京大学出版社2017年版，第133-134页。

豁免权",该节授予 SEC 对任何证券发行、交易行为监管要求的豁免。① 总体上看,美国在701规则中对员工持股计划创设了注册豁免制度,但是又予以适当的监管,背后有两层考量:一是"替代性监管",即对证券发行的监管强度应与其风险水平相匹配——有多大风险,施加多少监管;二是允许公司自主进行"成本收益"分析,并确定证券发行规模。

(二)"豁免注册":701 规则下的考量及具体规则

SEC 在 701 规则下对于非上市公司限额内发行员工持股计划予以注册豁免,并在发行对象、发行限额、税收等方面予以便利的安排,而对超限额的员工持股计划予以较高的信息披露要求。SEC 规定,当发行人连续 12 个月依据员工持股计划发行证券的金额或数量超过 1000 万美元的,发行人需要进行特别的信息披露。②

1. 701 规则下豁免注册的考量。SEC 认为让中小企业承担过多的信息披露义务是不合理的,因此对员工持股计划进行豁免。其考量的因素有以下三点:

一是员工持股计划发行证券不具有融资性。从发行目的上看,公司通过员工持股计划来保留有价值的员工(而不是采用借钱或其他方式),同时这种递延薪酬安排可使发行人获得税收优惠,所以发行人主要关心对员工投资者的激励作用,而不是发行利益的最大化。③

二是员工持股计划发行证券不具有外部性。对于实施了员工持股计划的公司而言,其在册股东人数和交易活跃度不成正比,而且公司为了避免员工短期套利,通常会设置股权转让的锁定期。所以公司虽然股东人数多,但是并不意味着股权流动性大,若单从股东人数考量迫使中小企业公众化会剥夺其自由发展的空间。④

三是通过对员工持股计划总发行金额限制的要求,可以将发行证券的风险保留在可控的范围内。

2. 豁免注册考量下的具体规则。701 规则项下主要有如下四项具体制度:

一是赋予员工持股计划(compensatory benefit plan)宽泛的定义,将任何购买、储蓄、期权、

---

① 1996 年 10 月,美国国会颁布 NAMIS,首次授权 SEC 为此类交易提供超过 500 万美元的豁免救济。NSMIA 的立法资料明确指出,SEC 应该使用这一新权力来解除 701 规则的 500 万美元的上限。See Rule 701 Adopting Release, Securities Act Release No. 33-7645 (Feb. 25, 1999)。

② 发行人信息披露的门槛原为 500 万美元,2018 年 6 月 19 日美国国会在《经济增长、监管放松与消费者保护法案》(Economic Growth, Regulatory Relief and Consumer Protection Act)第 507 节是要求将门槛提升为 1000 万美元。其后,SEC 据此修改 701 规则,并于同年 7 月 23 日生效。See Economic Growth, Regulatory Relief and Consumer Protection Act, Pub. L. 115-174, 132 Stat. 1296 (2018)。

③ Rule 701 Adopting Release, Securities Act Release No. 33-7645 (Feb. 25, 1999)。

④ 吕雅馨:《美国员工持股注册豁免制度探析》,载微信公众号"北京大学金融法研究中心",2018 年 5 月 28 日。

奖金、股票增值、利润分享、节俭、激励、延期补偿、养老金或类似计划都纳入其中。①

二是仅对非报告公司发行员工持股计划进行注册豁免。依照《1934 年证券交易法》第 13 或 15（d）条的规定承担报告义务的公司和应当依照《1940 年投资公司法》注册的投资公司不能适用该豁免。② 2012 年美国通过了《工商创世企业推动法》（Jumpstart Our Business Startups Act），修订了 12（g）条，扩大了非报告公司的范围。原先定期报告公司（公众公司）的认定标准是公司资产达到 1000 万美元而且在册股东人数（held of record）达到 500 人。修订后保留 1000 万美元的标准，但是对在册股东人数的要求作出调整：要求股东人数达到 2000 人或者非合格投资者人数达到 500 人，并规定通过员工持股计划豁免持有证券的发行对象不计算在股东人数内。③ 这一修订增加了可以适用 701 规则的主体。

三是员工持股计划发行对象的广泛。701 规则的发行对象包括本公司或其母公司、控股子公司、母公司的其他控股子公司（即兄妹子公司）的一般合伙人、董事、高级管理人员、咨询专家和顾问（consultants and advisors）④、受托人（如果发行人是一个商事信托）、雇员，以及基于赠予或继承接受上述人员股权的家庭成员。⑤ 雇员还包括发行人、发行人的子公司或母公司的独家代理人，或其年收入的 50% 以上来自上述实体的保险代理人。⑥

四是设置多样化的发行限额要求，满足不同类型公司的需求。发行人每连续 12 个月依照 701 规则销售的证券总额不超过以下三者中的最高额：（1）100 万美元；（2）最近一个资产负债表日总资产的 15%；（3）最近一个资产负债表日已发行的该类股份的 15%。取三者的最高额有利于企业根据需求机动选择发行数额，比单一的固定限额更具有灵活性，而对发行额度采用年度累计计算的方法有利于公司控制员工持股计划发行的节奏，保证市场平稳运行。⑦

（三）"监管"：701 规则下的考量及具体规则

1. 701 规则下的监管考量。701 规则下的具体规则包括额外的信息披露要求、公允对价要求以及对证券转售限制三个方面，这些监管要求是出于投资者保护的考量。

---

① 17 C. F. R. § 230.701（c）（2）.

② 公众公司可以通过向 SEC 提交 S-8 表格来授予其雇员股票期权和认股权证等薪酬福利计划。

③ Securities Exchange Act of 1934, ch. 404, § 12（g）; Jumpstart Our Business Startups Act, Pub. L. No. 112-106 § 502（2012）.

④ 对咨询专家顾问的要求是：（1）自然人；（2）向发行人、其母公司、其控股子公司或者发行人母公司控股子公司提供真实的服务；（3）其提供的服务与融资交易中的证券发行或者销售无关，不直接或者间接地促进或者维护发行人的证券市场。See 17 C. F. R. § 230.701（c）（1）.

⑤ "家庭成员"的内容非常广泛，包括任何亲生子女、非亲生子女、孙子、继父或继母、祖父母、配偶、前配偶、兄弟姐妹、侄子（女）、岳母、岳父、女婿、媳妇、姐夫和小姨子，还包括收养关系等。

⑥ 17 C. F. R. § 230.701（c）.

⑦ 17 C. F. R. § 230.701（d）（2）.

701 规则下若发行人认为在未来 12 个月内依据员工持股计划发行证券金额将会超过 1000 万美元的，有义务向所有投资者披露更多信息，否则当发售额超过 1000 万美元门槛时，发行人将失去整个发行的豁免。这一监管要求背后的逻辑在于，虽然员工与普通投资者相比有更多获取公司信息的机会，但这并不意味着持股员工有平等地获取并理解信息的机会。在证券数额超过 1000 万美元标准的情况下，SEC 认为有必要向发行人施加更多的信息披露要求以保护投资者。但是也正基于发行人与员工特殊的劳动关系，发行人仅被要求进行 A 条例下的信息披露。

SEC 认为，要求这些公司进行额外的信息披露并不会大幅增加成本，原因在于：第一，对于一直利用 701 规则进行豁免并继续将发行规模控制下 1000 万美元以下的公司，其合规成本不会发生变化。第二，对于规模大到足以超过 1000 万美元的发行人，它们要么已经提供了所需的信息，要么已经为员工准备好了披露所需的信息，因为这些公司很可能会同时寻求 A 条例或 D 条例下的豁免。第三，对于那些决定在 12 个月内发行超过 1000 万美元证券的发行人，虽然可能面临成本的增加，但是发行人可以自行进行成本收益分析，评估准备披露文件、聘请律师和会计师以及印刷的费用，最后决定发行规模是否超过 1000 万美元。① 而要求发行人依据市场价格或者公允价格认定员工付出的非现金对价，是避免发行人利用劳资关系中的优势地位压榨作为投资者的员工。对员工持股计划下发行证券的转售限制是为了避免发行人滥用 701 规则规避公开发行监管制度，鼓励发行对象长期持股。

2. 701 规则监管考量下的具体规则。首先是员工持股计划的超额信息披露要求。在发行限额内，发行人只需向投资者提供一份员工持股计划的说明或合同副本。但是若发行人在连续 12 个月内出售的证券总售价或总金额超过 1000 万美元，② 则必须在出售日期前合理的一段时间内，向所有投资者③披露下述资料：（1）员工持股计划的主要条款。如该计划受 1974 年颁布的《雇

---

① 从发行人角度，SEC 于 1999 年修订 701 规则后带来的收益包括：第一，每个发行人可获得豁免的最低数额已从 50 万美元增加到 100 万美元，这一加倍豁免对那些无法有效利用其他豁免标准的小公司尤其具有吸引力；第二，对销售额不超过 1000 万美元的公司不要求具体的信息披露；第三，修订后的规则没有规定总发行价格上限，因此大型私营公司可能发行超过 1000 万美元的证券。如果这些公司不愿向其所有投资者披露有关的资料，它们可以在 12 个月内把发行的证券数额限制在 1000 万美元以下，该情况下它们将不必提供具体的披露。
② 2018 年 7 月 18 日，SEC 根据《经济增长、监管救济和消费者保护法案》（*Economic Growth*, *Regulatory Relief*, *and Consumer Protection Act*）的规定，颁布了《1933 年证券法》修正案，将发行人向投资者披露额外信息的门槛从 500 万美元提高到 1000 万美元。资料来源：https：//www.sec.gov/news/press-release/2018-135，2019 年 11 月 12 日访问。
③ 根据 SEC 的监管问答，当员工持股计划超过规定的额度时，公司应当向所有投资者，而不是发行人在超过股东门槛后购买证券等额投资者披露信息，否则发行人将失去整个发行的豁免。SEC, Securities Act Rules, Question 271.12，资料来源：https：//www.sec.gov/divisions/corpfin/guidance/securitiesactrules-interps.htm，2019 年 11 月 12 日访问。

员退休收入保障法》（the Employee Retirement Income Security Act，以下简称《保障法》）约束①，则应披露简要计划说明的副本。反之，若该计划不受《保障法》规制，则须概述该计划的主要条款。（2）与A条例要求相同的财务报告。（3）披露该计划的投资风险。（4）对于外国公司，需要提供在计划发行前180天以内根据美国会计准则（GAAP）编制的财务报告，并披露投资风险和重大信息。②

其次是员工持股计划中股权的定价规则。员工持股计划的销售总价是购买者应付的全部现金、财产、票据、允许抵销的债务和其他对价的总和。发行人应当依据市场价格认定员工付出的非现金对价，若该非现金对价没有市场价格，则应当评估其公允价值。具体而言：（1）员工以服务获得证券的，应评估其服务的价值。期权的价格必须基于期权的行权价格评估。（2）购买证券的期权，在授予期权时确定总销售价格（不考虑期权何时可执行）。（3）其他有价证券的价格则按出售日计算。（4）对于递延资产、负债或类似的计划，在作出不可撤销的递延选择时计算。易言之，发行人应当将所有可执行或可转换的期权、认股权证、权利或其他证券计算在已发行证券的总额度以内。③

最后是转售限制。员工持股计划下发行的证券属于144规则下的"受限证券"，对受限证券进行转售必须进行注册或者寻求豁免。在发行人变成报告公司的90天后，通过该豁免获得证券的非控股股东可以不受第144（c）和144（d）条的固定转售证券，控股股东无须遵守第144（d）条的规定即可转售证券。④

如上所述，从"豁免"角度，SEC豁免了非报告公司发行员工持股计划的证券注册，从"监管"角度，SEC为此类公司设置了三种发行限额，并赋予发行超出特定金额的公司更高的信息披露义务。美国正是通过"豁免"与"监管"并行的方式，为员工持股计划进行制度设计。

五、对国内规制员工持股计划的展望

此次新修订的《证券法》为公开发行中员工持股计划的人数豁免开辟了通道，但这并不意味着监管层可以完全放任其自由发展，借鉴美国"替代性监管理念"，仍需要在激励员工和控制风险之间寻求平衡。因此，实践中不仅需要做好相关制度衔接，还应出台具体的细则和指引，规范公司尤其是非上市公司设立员工持股计划。

（一）《证券法》第九条修订的不足

《证券法》第九条的修订完全放开了对非上市公司设立员工持股计划的监管，不利于对雇员

---

① 29 U.S.C. §1104–1107.
② 17 C.F.R. §230.701 (e).
③ 17 C.F.R. §230.701 (d) (3).
④ 17 C.F.R. §230.701 (g).

投资者的保护。若今后再次修订《证券法》，可以在第九条第二款加上"依照前款规定向员工发行证券的，由国务院证券监督管理机构制定相应的管理办法，并报国务院批准"。

（二）《证券法》第九条与现行规则的衔接

《证券法》修订后，还应做好如下两个方面的衔接：

第一，公司若因设立员工持股计划导致股东人数超过 200 人，无须履行《公众公司办法》规定的信息披露与公司治理方面的特殊义务。

第二，对于证监会的《指引 4 号》而言，若公司股权结构中存在员工持股计划安排以致实际股东超过 200 人的，在申请行政许可时，建议无须将代持股份还原至实际股东、将间接持股转为直接持股，但是仍需遵守"闭环原则"，即员工持股计划不在公司首次公开发行股票时转让股份，并承诺自上市之日起至少 36 个月的锁定期。公司上市前及上市后的锁定期内，只能在员工持股计划内员工或其他符合条件的员工之间转让股份。

（三）建议配套细则和指引规范公司设立员工持股计划

通过梳理美国对员工持股计划豁免注册的理论和具体规定，本文认为，701 规则从控制计划的发行限额、设立计划的定价规则、对员工持股的转售进行限制，以及对超出固定限额的计划予以更多的信息披露义务等方面控制风险。因此，我国也可以从相关角度入手，对于非上市公司设立员工持股计划进行规制。具体而言：

第一，建议就员工持股计划采取更为灵活的证券发行总额限制。借鉴美国法经验，可以考虑从具体数额、公司最近一期总资产的百分比和最近一期已发行股份比例等方面设立多种指标，并以孰高为准，这样可以满足不同行业、不同资产规模的公司发行员工持股计划的需求。

第二，建议对设立员工持股计划超过发行限额的非上市公司施加更高的信息披露要求。因为此时持有股权的员工人数多、数额大，为减少信息不对称，保护投资者利益，有必要对所有投资者员工进行额外的信息披露。

第三，建议进一步拓宽员工持股计划的发行对象，最大程度实现激励目的。上述对象既应包括本公司或其母公司、控股子公司、母公司和其他控股子公司的一般合伙人、董事、高级管理人员、咨询专家和顾问，还应包括基于赠予或继承接受上述人员股权的家庭成员。

第四，建议设立员工持股计划发行和认购的价格评估机制，保障作为在劳资关系中相对弱势的员工的合法权益。

第五，建议规定对通过员工持股计划持有股权的限售要求，满足规定年限或条件才能解除限售，从而鼓励员工长期持股，真正与公司共同成长。

第六，建议我国出台相关政策，对公司设立员工持股计划予以更多的税收优惠。[①]

---

① 美国法下根据 701 规则员工持股计划享有免税待遇。

(四) 结语

"豁免"与"监管"是规制非上市公司设立员工持股计划的两个关键词,若监管过严,会导致非上市企业失去这种理想的员工激励工具,增加上市成本,从而阻碍科创企业的发展壮大。然而,若放任其自由发展,又会产生对雇员投资者保护不足的风险。随着员工持股计划的价值越来越受到境内企业的认可,监管者也面临对其监管艺术的考验,在此方面,借鉴美国701规则背后成熟的监管理念,有助于完善我国员工持股计划的制度设计。

美国投资者适当性规则修订溯因

■ 刘力帆*

摘要：投资者适当性规则在各国被广泛采用，但美国证券交易委员会的新规却对其提出了挑战。根据新规，经纪商对零售投资者的推销行为，将受到最佳利益规则而非适当性规则的调整。梳理其背后的商业逻辑和法律逻辑可知，此次"反转"的伏笔早已埋下。基于经纪商和投资顾问商业模式的不同特点，美国法对二者进行了区分规制：经纪商承担适当性义务，而投资顾问承担信义义务。但由于场外经纪商确实因证券推销获得了许多隐性的额外收入，零售投资者的利益仍可能因此受损。尽管法理上存在种种差异，但分析此前适当性规则的制定和执行，不难发现其与最佳利益规则背后信义理论的相似性。故新规不仅体现出加强零售投资者保护的政策取向，也是监管实践演进下的自然结果。

关键词：投资者适当性 最佳利益 经纪商 柜台市场 信义义务

引言

投资者适当性规则是金融中介推销金融产品时须遵守的行为规范。在向客户推荐或销售金融产品时，其有义务对金融产品和客户进行合理调查，以推荐适于该客户风险识别能力以及承担能力的产品。该规则在各国金融监管法中均有一席之地，在我国新《证券法》中也得到广泛关注，但在适当性规则诞生并发展的美国，却见证了这一规则的重大变革。2019 年 6 月，美国证券交易委员会（the U. S. Securities and Exchange Commission，SEC）公布了规范经纪商向零售投资者推荐证券行为的最佳利益规则（regulation best interest，Reg BI），要求经纪商在推荐证券时为零售投资者的最佳利益行事。[①] 作为适当性规则的制定与执行机构，美国金融业监管局（Financial Industry Regulatory Authority，FINRA）也随之进行了修订，明确对零售投资者的推荐行为

---

* 北京大学法学院经济法学硕士研究生。

① SEC, Regulation Best Interest: The Broker‐Dealer Standard of Conduct, 资料来源：https://www.sec.gov/rules/final/2019/34‐86031.pdf，2020 年 9 月 1 日访问。后文引用该文件时不再一一标注资料来源和访问时间。

将不再适用适当性规则,而是适用 Reg BI。① 自此,在适当性规则原本的规范领域,呈现出两套规则并行的局面。

那么,美国投资者适当性规则为何会迎来这种变化?这是法理上的必然,还是特殊商业实践或历史因素作用下的结果?本文将借此次修法之机,探析美国投资者适当性规则诞生背后反映出的商业逻辑和法理逻辑,厘清该规则在美国的整体面貌的同时,分析其在面对零售投资者时转向最佳利益规则的原因。

一、适当性规则何以产生:从商业逻辑出发

(一)区别规制的基本背景

在美国,适当性义务的主体是经纪商—交易商(broker - dealer)。经纪商(broker)是指代理他人账户买卖证券产品的任何人,交易商(dealer)是指使用其自己的账户买卖证券产品的任何人。② 经纪商—交易商必须在 SEC 注册③并成为 FINRA 的成员。④ 其处于金融活动的中心地位,发挥着代理投融资双方买卖证券、为做市活动提供流动性和向投资者提供投资信息的多样化职能。而在证券交易中,投资顾问(investment advisor)也扮演着重要的角色。它们同样会为投资者提供信息,但受《1940 年投资顾问法》(*Investment Advisers Act of* 1940,以下简称《投资顾问法》)规制,被要求为客户的最佳利益服务。

假设一开始就将经纪商置于《投资顾问法》的规制之下,则 Reg BI 就没有必要制定,适当性规则也无从产生。但是,《投资顾问法》第 202(a)(11)(C)条将经纪商—交易商排除出投资顾问的定义。⑤ 于是,才形成了经纪商—交易商承担适当性义务,投资顾问承担信义义务的区分规制格局,即投资顾问被 SEC 和美国联邦最高法院认为根据投资顾问法享有受托人地位,为客户的最佳利益行事。这一标准比适当性标准更高。其要求投资顾问评估其客户的最佳利益,而

---

① FINRA, Proposed Rule Change to FINRA's Suitability, Non - Cash Compensation and Capital Acquisition Broker (CAB) Rules in Response to Regulation Best Interest,资料来源:https://www.finra.org/rules - guidance/rule - filings/sr - finra - 2020 - 007,2020 年 9 月 1 日访问。

② FINRA, Brokers,资料来源:http://www.finra.org/investors/brokers,2020 年 9 月 1 日访问;Investopedia, Broker - dealer,资料来源:https://www.investopedia.com/terms/b/broker - dealer.asp,2020 年 9 月 1 日访问。

③ 15 U.S.C. § 78o.

④ FINRA, Brokers,资料来源:http://www.finra.org/investors/brokers,2020 年 9 月 1 日访问;Investopedia, Broker - dealer,资料来源:https://www.investopedia.com/terms/b/broker - dealer.asp,2020 年 9 月 1 日访问。

⑤ SEC, Commission Interpretation Regarding the Solely Incidental Prong of the Broker - Dealer Exclusion from the Definition of Investment Adviser,资料来源:https://www.sec.gov/rules/interp/2019/ia - 5249.pdf,2020 年 9 月 1 日访问。

不仅是提供满足适当性的投资选择。① 而经纪商不受《投资顾问法》规制，通常不会被视为法律上的受托人，对投资者不负有信义义务，其推荐的证券不违反适当性规则即可。即便违反适当性规则，主要引发的也是 FINRA 的自律处罚。② 根据联邦层面的普通法，券商仅在全权控制客户账户的情况下需负信义义务。③

那么为何要区别规制？这就涉及经纪商—交易商的商业模式及其与投资顾问的区别。鉴于在美国适当性规则诞生于柜台市场，因此有必要首先分析柜台市场上经纪商—交易商群体的业务模式及其特殊性。

（二）柜台市场上的经纪商—交易商与零售投资者

回溯历史可知，在美国，投资者适当性规则诞生于柜台市场之中。《1938 年马洛尼法案》（*Maloney Act of* 1938）对《1934 年证券交易法》（*Securities Exchange Act of* 1934）进行修订时，要求对柜台市场进行自律监管。自律组织出台的规则中，应包括促进公平交易和反欺诈的条款。④ 同年成立的国家证券交易商协会（National Association of Securities Dealers，NASD），⑤ 作为柜台市场的监管者，立即出台了《公平交易实践规则》（*Rules of Fair Practice*），其第 3 条第 2 款在 NASD 规则（NASD Rule）第 2310 条（b）款中保留下来，成为适当性规则的核心。⑥ 此后，NASD 也一直在 SEC 的督促下完善适当性规则。相比之下纽约证券交易所就并不积极。其《交易所规则》中类似的规定只有第 405 条第（1）款"了解你的客户"，⑦ 且有论者认为该规则主要旨在让会员避免与那些无法履行债务的"不负责任的投资者"产生联系，而非进行投资者保护。⑧

事实上，柜台市场上经纪商—交易商扮演的角色确有特殊性。在场内，由于证券发行门槛

---

① Fein, Melanie L., Brokers and Investment Advisers Standards of Conduct: Suitability vs. Fiduciary Duty, 资料来源：https://ssrn.com/abstract=1682089，2020 年 9 月 1 日访问。

② Fein, Melanie L., Brokers and Investment Advisers Standards of Conduct: Suitability vs. Fiduciary Duty, 资料来源：https://ssrn.com/abstract=1682089，2020 年 9 月 1 日访问。

③ See Arthur B. Laby, Fiduciary Obligations of Broker-Dealers and Investment Advisers, 55 Villanova Law Review 708 (2010).

④ 15 U.S.C. § 78o-3 (b) (6).

⑤ 该协会主要对场外交易市场（over the counter, OTC）进行自律监管，此后又在 20 世纪 70 年代推动建立了纳斯达克市场，并成为其监管者。

⑥ "在向客户推荐购买、出售或交易任一证券产品时，本组织的会员应当有合理依据以相信该推荐对该客户而言是适当的，且这应基于任何如有的由客户披露的事实的基础之上，包括关于其持有其他证券的情况、其个人财务状况以及需求的信息。" See NASD Rule 2310 (b).

⑦ "每个会员单位……应谨慎尽职地了解由其或其授权的个人接待或承接的每个客户、每项指令、每个现金或融资账户的相关信息。" See NYSE Rule 405.

⑧ Frederick Mark Gedicks, Suitability claims and purchases of unrecommended securities: An agency theory of broker-dealer liability, 37 Arizona State Law Journal 535 (2005).

高，发行人资质较好，信息足够公开透明，证券流动性也很强，零售投资者可以追随市场上的价格信号，更可能基于自己的判断进行投资，故经纪商主要被动执行客户的订单。相反地，柜台市场的特点之一就是低门槛融资，其中交易的证券具有高风险、弱流动性的特征。例如"廉价股票"（penny stock），即通常单位价格在 5 美元以下的低价、高投机性证券，其主要的交易场所就在场外。① 由于普通投资者难以信任这些证券，经纪商—交易商是柜台市场主要的证券持有人和流动性提供者。根据 SEC 发布 Reg BI 时的相关研究，有 52% 左右的经纪商—交易商从事柜台市场上的公司证券零售业务。

但对零售投资者而言，柜台市场交易的证券往往超出他们的风险识别和承担能力。而从 20 世纪 50 年代开始，部分由于经纪商—交易商的推销，大量缺乏经验的零售投资者涌入柜台市场。② 譬如，当时十分盛行的一种推销方式是"高压电话交流"（high‑pressure telephone conversation），销售人员通过电话方式直接联系他实际并不了解的个人投资者，向客户以模糊的语言推销廉价证券，引导客户形成有利的预期，在信息不充分的情况下，诱使客户当即作出决策。③ 立法者认识到此种欺诈性销售行为的横行，在 20 世纪 80—90 年代推动了"廉价股票改革"，规范场外经纪商—交易商的推销行为，④ 其间颁布的 15g‑9 规则也被学界认为是适当性规则的一部分。⑤ FINRA 也运用其制定的适当性规则来保护非机构投资者。

总之，美国的适当性规则主要作为柜台市场中经纪商—交易商的行为规范而存在。那么，为何这种"不适当推荐"成为柜台市场上经纪商—交易商的特有行为？推荐过程中出现机会主义行为的原因又是什么？这就需要探讨经纪商—交易商的商业模式。

（三）经纪商—交易商的商业模式与固有利益冲突

经纪商—交易商的收入大致可分为四个部分：一是来自客户的交易佣金，二是来自交易本身的买卖价差，三是来自客户以外的第三方的销售佣金，四是其他额外收入。⑥ 分析可知，在这些收入模式下，经纪商—交易商与客户存在固有的利益冲突，柜台市场则是这些冲突得以"显性化"的场所。

---

① Investopedia, Penny Stock, 资料来源：https：//www.investopedia.com/terms/p/pennystock.asp，2020 年 9 月 1 日访问。
② SEC File No. 8‑5702, In the Matter of MAC ROBBINS & CO., INC.
③ Robert H. Mundheim, Professional Responsibilities of Broker‑Dealers: The Suitability Doctrine, 14 Duke Law Journal 445（1965）.
④ SEC, Amendments to the Penny Stock Rules, 资料来源：https：//www.sec.gov/rules/final/34‑51983.pdf，2020 年 9 月 1 日访问。
⑤ Lewis D. Lowenfels & Alan R. Bromberg Suitability in Securities Transactions, 54 Business Lawyer 1557（1999）.
⑥ James J. Angel & Douglas M. McCabe, Ethical Standards for Stockbrokers: Fiduciary or Suitability? 115 Journal of Business Ethics 183（2013）.

1. 来自客户的交易佣金。客户买卖证券，需要通过经纪商开立账户。每次客户买卖证券，都会向经纪商下达指令，经纪商代客户到证券市场上购买或出售标的证券，并收取一笔佣金（commission），具体金额通常取决于交易规模，譬如是交易规模的一定百分比。① 值得注意的是，这构成了经纪商向客户推荐证券的动机，也构成了经纪商与客户之间直接的利益冲突，因为只有在发生交易时，经纪商才能拿到报酬。而如前述，在场外，零售客户更可能依赖券商，甚至将账户交由券商全权控制，而后者即可能操纵账户进行"过度交易"②（excessive trading/churning），因为客户的交易越频繁、数额越大，他们收到的佣金就越多，但这未必符合客户的利益。如下文所述，对过度交易的规制正是美国适当性规则中的重要内容。

此外，经纪商收取的交易佣金，可能不仅是"执行交易"的对价。在美国，经纪商所提供的服务通常分为两类——全服务经纪和折扣经纪（full-service and discount brokerage）。全服务经纪商可以控制客户账户，代客户处理所有金融交易，通常会为每笔交易收取更多费用。折扣经纪商则更便宜，一般仅负责执行客户发出的交易指令。有些经纪商可能会宣称自己能提供有用的信息，从而收取更高的佣金。③ 虽基于投资顾问和经纪商两分的监管格局，经纪商不能为"投资建议"收取专门费用并将之作为主要业务，④ 但二者的界限十分模糊，这也为两分规制格局的打破埋下了伏笔。

2. 来自交易本身的买卖价差。由于柜台市场的流动性较差，经纪商为避免向其他主体支付订单流付款，也为了提高订单执行速度，通常会持有一定数量的证券。当客户发出订单时，经纪商很可能将交易"内部化"⑤（internalization），也就是从自己的账户向客户出售或购买标的证券。可想而知，经纪商可能试图从买卖价差中获利，这构成了经纪商向客户推荐证券的动机和新一层的利益冲突。

对于这种利益冲突，SEC 和自律监管组织都要求经纪商为客户提供"最佳执行"，也即经纪商应尽到合理的努力以寻找标的证券的"最佳市场"（best market）。⑥ FINRA 也不时会对收取过

---

① SEC, Regulation Best Interest: The Broker-Dealer Standard of Conduct.
② Fein, Melanie L., Brokers and Investment Advisers Standards of Conduct: Suitability vs. Fiduciary Duty, 资料来源：https://ssrn.com/abstract=1682089, 2020 年 9 月 1 日访问。
③ James J. Angel & Douglas M. McCabe, Ethical Standards for Stockbrokers: Fiduciary or Suitability? 115 Journal of Business Ethics 183 (2013).
④ SEC, Commission Interpretation Regarding the Solely Incidental Prong of the Broker-Dealer Exclusion from the Definition of Investment Adviser, 资料来源：https://www.sec.gov/rules/interp/2019/ia-5249.pdf, 2020 年 9 月 1 日访问。
⑤ James J. Angel & Douglas M. McCabe, Ethical Standards for Stockbrokers: Fiduciary or Suitability? 115 Journal of Business Ethics 183 (2013).
⑥ Regulation NMS, Exchange Act Release No. 51808; FINRA Rule 5310.

高加价的经纪商的行为进行处罚。① 但即便订单价格是合理的，经纪商也可能为了获取较高的价差，向客户推荐不适当的证券，或控制客户账户进行过度交易。

3. 来自客户以外的第三方的销售佣金。经纪商可能具备"投资银行"的身份，提供金融产品的承销和分销服务。在柜台市场上，发行人更是愿意为促进证券销售支付更多佣金。根据 SEC 发布的 Reg BI 相关研究，有 62.7% 的经纪商参与私募证券的配售，31.2% 的经纪商会作为公司发行的证券的承销商或承销团成员。为从证券销售中获得可观的销售佣金，经纪商有动机将其中的一些推荐给投资者。

在共同基金市场上，经纪商也发挥着重要的作用，有 55.4% 的经纪商会作为共同基金份额的零售商。② 实践中，基金管理人会向基金份额持有人收取专门用于市场营销的费用，如"12b-1"年费③（12b-1 fees），该费用的全部或部分往往被支付给出售基金份额的经纪商。④ 尽管对场内交易的股票、债券等证券产品，佣金的安排通常不会因产品而异，但不同共同基金的销售佣金可能不同，这促使经纪商推荐佣金更高但对客户未必适当的基金。在 NASD 处罚的案件中，就不乏经纪商为获取更高的共同基金佣金收入而违反适当性规则的案例。⑤

4. 其他额外收入。在美国，证券经纪商也可能像银行一样经营。它们会为客户存储的现金余额支付利息，然后以更高的利率把钱贷出去，通常是贷给其他客户。如果客户使用 Visa 或 Master Card 的借记卡关联其账户，公司将收取商户支付的部分手续费。⑥ 此外，当经纪商没有将订单内部化，而是将客户的订单发送给交易所或其他经纪商，其可能会因这笔订单收到一笔订单流付款（payment for order flow）。不过，订单流付款的数额很小，例如每股一美分，并且也被要求向客户披露。⑦ 前述收入引发的问题或许并不突出。

5. 小结。总之，在场内市场，由于证券产品本身的规范化和高流动性，经纪商通常仅担任订单执行者。但在柜台市场，由于信息的不透明、证券产品本身可能的复杂性和投机性，零售投资者更依赖经纪商—交易商，后者也受到更强的经济激励去进行推销，双方的利益冲突得以显

---

① James J. Angel & Douglas M. McCabe, Ethical Standards for Stockbrokers: Fiduciary or Suitability? 115 Journal of Business Ethics 183 (2013).
② SEC, Regulation Best Interest: The Broker-Dealer Standard of Conduct.
③ 其合法性为 SEC 的 12b-1 规则所承认。
④ James J. Angel & Douglas M. McCabe, Ethical Standards for Stockbrokers: Fiduciary or Suitability? 115 Journal of Business Ethics 183 (2013).
⑤ SEC Adm. Proc. File No. 3-10888: In the Matter of the Application of WENDELL D. BELDEN.
⑥ James J. Angel & Douglas M. McCabe, Ethical Standards for Stockbrokers: Fiduciary or Suitability? 115 Journal of Business Ethics 183 (2013).
⑦ James J. Angel & Douglas M. McCabe, Ethical Standards for Stockbrokers: Fiduciary or Suitability? 115 Journal of Business Ethics 183 (2013).

性化。由于零售投资者对高风险投资的识别能力、抵抗能力较弱,保护柜台市场上的零售投资者就成为适当性规则发展的重要动因。当然,这也是一个双赢的选择。通过提高零售投资者保护水平,维护其对经纪商的信任,也能间接为柜台市场输入流动性。

(四)投资顾问的商业模式及其与经纪商——交易商的关系

在许多方面,投资顾问提供的服务都类似于经纪商。其同样会为客户开设账户、执行交易和推荐证券,并从中获得佣金,包括来自第三方的佣金。但是,二者的不同在于,投资者聘用投资顾问,通常是为了进行自有资产的投资组合管理,投资顾问会为投资者提供持续的、定期的咨询和服务,可能以对账户行使自由裁量权的形式,也可能以账户监控(account monitoring)的形式,① 并根据管理下资产的价值(asset under management)、固定费用(flat fee)或其他安排获得报酬,被称为"基于费用"(fee-based)的薪酬模式。② 从而在服务存续期间,必然有费用的产生,不以有无交易为标准。

但经纪商对客户收取佣金时,通常是"基于交易"(transaction-based)的。③ 没有交易,就没有佣金。尽管经纪商曾经推出"打包账户"(wrap account),鼓励客户支付固定的年费,由此获得无限制的交易次数,同时也消除自己"过度交易"的激励,SEC 也曾允许将其视为经纪账户,但这被 2007 年的一个法院裁判所推翻。④

对投资顾问和经纪商区别规制的根本原因,正在于二者商业模式的不同。尽管它们都能从第三方获得帮助推销证券的佣金,但在投资者这一端,投资顾问的收入直接来自对投资者提供的资产管理服务,也即来自投资者对其专业投资建议的信任。从而,投资顾问对客户当然负有信义义务。而经纪商对投资者的推荐通常限于特定的单次证券交易。在后者的情形下,立法者无法从一开始就假定投资者对经纪商存在依赖的关系,投资者没有为经纪商的投资建议支付专门的费用,可以听从经纪商的建议,也可以不听从,经纪商也并没有持续地为投资者提供建议。从而,立法者无法直接适用信义义务,但必须承认,二者的区别没有理论上那么清晰,对此将于第四部分再述。

(五)小结

经由前述讨论可知,虽然无法为证券推荐直接收取费用,但经纪商可以从推荐证券的行为

---

① SEC, Commission Interpretation Regarding the Solely Incidental Prong of the Broker-Dealer Exclusion from the Definition of Investment Adviser, 资料来源:https://www.sec.gov/rules/interp/2019/ia-5249.pdf, 2020 年 9 月 1 日访问。

② SEC, Regulation Best Interest: The Broker-Dealer Standard of Conduct.

③ SEC, Regulation Best Interest: The Broker-Dealer Standard of Conduct.

④ James J. Angel & Douglas M. McCabe, Ethical Standards for Stockbrokers: Fiduciary or Suitability? 115 Journal of Business Ethics 183 (2013).

中获取来自客户的"基于交易的佣金"和来自第三方的"销售佣金",具有推荐证券的经济动机。但这种经济动机与客户的利益存在冲突,经纪商可能作出不利于客户的推荐行为。在柜台市场上,由于经纪商能从与投资者的交易中获取不菲的收入,其作出不适当推荐的动机更加显著。

这一问题在零售投资者的语境下无疑更为突出,因为他们更可能信赖经纪商—交易商的推荐。但是,由于经纪商与投资顾问的商业模式存在不同,立法者对于"信义义务"的可适用性存在犹豫,由此造成了立法上对"经纪商推荐行为"的规制"罅隙"。适当性规则正是在这一"罅隙"中存在的。

二、适当性规则的法律逻辑:法律责任的构成之难

生长在夹缝中的适当性规则,其适用一直偏于审慎,表现之一就是《1934年证券交易法》将适当性规则的制定和执行交给了自律监管组织(从而成为一项道德责任)。反之,长期以来SEC和法院启用"法律责任"追究经纪商的情形非常有限,由下文可以看出,其法理基础本身即构成了内在的限制。

(一) 适当性规则的法理基础

根据学界已有的概括,以违反适当性义务为由追究法律责任的法理基础有三,即代理理论(agency theory)、特殊情况理论(special circumstances theory,实质上是借用衡平法上的信义义务理论)和"招牌"理论(shingle theory)。[1]

代理理论认为经纪商与客户间存在委托代理关系,故自然可以推知经纪商应为委托人的利益服务。但由前文可知,金融中介可能扮演单纯的交易商。很难认为交易商与客户间存在委托代理关系,因此该理论应用范围有限。

特殊情况理论则运用更灵活的信义义务(fiduciary duty)弥补了这一不足。在衡平法上当特定主体被授予某种权力以实现委托人的需要,信义义务即产生。[2] 认定信义关系的要素之一是委托人存在对受托人的依赖。[3] 如前述,尽管经纪商—交易商不是法定的受托人,但在特殊情况下,SEC可能认定经纪商—交易商与客户间存在一种"信任与信赖"(trust and confidence)关系。譬如,经纪商可能在经营活动中持续地向客户灌输信心,让客户相信自己是为其利益而行事。特别在客户将账户委托给经纪商全权控制的场合,SEC处罚经纪商对账户的过度交易,正是

---

[1] Frederick Mark Gedicks, Suitability claims and purchases of unrecommended securities: An agency theory of broker-dealer liability, 37 Arizona State Law Journal 535 (2005).

[2] Tamar Frankel, Fiduciary Law, 71 California Law Review 795 (1983).

[3] Cheryl Goss Weiss, A Review of the Historic Foundations of Broker-Dealer Liability for Breach of Fiduciary Duty, 23 Journal of Corporation Law 65 (1997).

运用了这一理论。①

但由于特殊情况理论强调投资者与经纪商之间关系的特殊性,在偶然发生的证券推荐中,很难认为客户存在值得法律保护的信赖。如此解释的后果就是,前文提及的"高压电话推销"这一类偶然发生的推销行为很难被追究法律责任。事实上,20世纪60年代就有学者提出,根据信赖与信任的标准,高压电话推销不能构成欺诈,而只能引发道德责任,②而这可能不是监管者希望看到的结果。

基于这一背景,SEC在一些案件中放宽了对"特殊关系"的要求,被概括为"招牌"理论。其含义是,鉴于《马洛尼法案》明确要求自律监管组织制定公平交易规则,经纪商在亮出其招牌之时,即默示地保证自己将秉持专业的知识公平地对待客户,而对公平交易义务的违反将构成一种"欺诈"行为。③ 招牌理论不要求经纪商与客户间存在代理关系,但其与特殊关系理论之间没有明确的界限。有学者即指出,信义这一概念在历史上和实质上都是一个公平的概念。④ 因此,"招牌"理论可以被视为通过"挂出招牌"这一依据,构造了一种隐含的"信义关系"。

"招牌"理论看起来像是"道德责任"法律化的利器,但考察适用招牌理论的案件会发现其同样是受限的。"招牌"理论一直被用于处罚了一些经纪商故意未披露发行人的重要信息、误导投资者的案件。⑤ 而在适当性案件中,SEC主要运用"招牌"理论处罚的是"电话交易案件"(boiler room cases)和一些未必构成高压推销但不适当地推销廉价投机性证券的案件。⑥ 在这些案件中,经纪商的行为都伴随着对不利信息的隐瞒,甚至完全错误的陈述,显然构成一项欺诈行为,而不只是"不适当推荐"那么简单。事实上,前文述及的所有案件,最终落脚点都是"欺诈行为"的成立,并且是对反欺诈条款的故意违反。因此,即便是所谓"招牌"理论,似乎也没有突破原有的规制框架。

(二)困难重重的民事救济

除了SEC的执法,法院也是适当性规则落实为法律责任的渠道。但联邦法院对适当性规则的适用更为保守。尽管"不适当性诉讼"可获受理,但多数诉讼也以反欺诈条款为依据。法院

---

① Lewis D. Lowenfels & Alan R. Bromberg Suitability in Securities Transactions, 54 Business Lawyer 1557 (1999).
② Robert H. Mundheim, Professional Responsibilities of Broker-Dealers: The Suitability Doctrine, 14 Duke Law Journal 445 (1965).
③ Roberta S. Karmel, Is the Shingle Theory Dead?, 52 Washington and Lee Law Review 1271 (1995).
④ Frederick Mark Gedicks, Suitability claims and purchases of unrecommended securities: An agency theory of broker-dealer liability, 37 Arizona State Law Journal 535 (2005).
⑤ SEC: In the Matter of CHARLES E. BAILEY & COMPANY,; SEC File No. 8-2697: In the Matter of D. F. BERNHEIMER & CO., INC.; Kahn v. SEC, 297 F. 2d 112 (2nd Cir. 1961).
⑥ Lewis D. Lowenfels & Alan R. Bromberg Suitability in Securities Transactions, 54 Business Lawyer 1557 (1999).

均要求原告证明，一方面，被告存在违反 10b-5 规则的行为，存在误导或虚假陈述。另一方面，被告的该行为存在主观故意（scienter）。① 具体而言，法院要求原告必须证明五个要素：（1）购买的证券不符合买方的需要；（2）被告人知道或合理地认为证券不符合买方的需要；（3）被告为买方推荐或购买了不合适的证券；（4）基于主观故意，被告人对证券的适用性作出了重大的错误陈述（或者，对买方有义务，而未能披露有关的资料）；（5）买方有理由依赖被告的欺诈行为并因此受到损害。②

显然，第（4）要素是诉讼的争议焦点。违反适当性义务的客观行为本身很难自然推出被告人具有主观故意。即便是被一些文献称为"不适当诉讼第一案"的 1978 年 Clark v. Lamula Investors, Inc. 案，也未完全豁免原告对第（5）要素的证明义务。联邦法院在该案中模糊地声称，法官存在这样一种趋势，即将对 NASD 的适当性规则的违反，直接视为构成违反 10b-5 规则的欺诈行为，但又仅局限在"某些情况下"。该案中，原告 Clark 之所以得到支持，主要原因还是证明了被告有意地购进相关高风险债券，并以过高的价格出售给原告，存在欺诈的故意。法院也一再强调其没有放弃对故意（scienter）的证明要求。③ 第（5）要素中"信赖关系"的证明也存在障碍。在 1992 年 O'Connor v. R. F. Lafferty & Co. 案中，法院即明确指出，原告未能证明其有理由依赖被告的购买行为从而被告有违信义义务。④ 尽管确实有州法院直接承认经纪商负有信义义务，⑤ 或通过"过失侵权"支持原告诉请⑥，但在联邦层面似乎仍无类似案例。

总之，联邦法院尽管在行政诉讼中可能支持 SEC 的处罚决定，但在民事诉讼中由于"主观故意"的证明责任在于原告，民事救济可谓困难重重。

（三）基于欺诈的法律责任

概括来看，前文述及的所谓违反适当性义务的案件，有一个明显的共同特征，就是裁判者会花费更多篇幅描述经纪商的欺诈行为。譬如，在推销廉价证券的案件中，经纪商通常也同时隐瞒了其知道的有关发行人的重要不利信息，甚至在明知客户偏好低风险证券的情况下，仍误导客

---

① Ernst & Ernst v. Hochfelder, 425 U. S. 185 (1976).
② Lewis D. Lowenfels & Alan R. Bromberg Suitability in Securities Transactions, 54 Business Lawyer 1557 (1999).
③ Clark v. John Lamula Investors, Inc., 583 F. 2d 594 (1978). 在该案中不要求原告证明被告的不法行为与自身的损失之间的因果关系，但法院之后的裁判否定了该做法。See Abbey v. Ernst & Young LLP (In re Lehman Bros. Sec. & Erisa Litig.), 266 U. S. Dist. 312 (2015).
④ O'Connor v. R. F. Lafferty & Co., 965 F. 2d 893 (10th Cir. 1992).
⑤ Duffy v. Cavalier, 215 Cal. App. 3d 1517 (1989).
⑥ Vucinich v. Paine, Webber, Jackson & Curtis, Inc. (Vucinich I), 739 F. 2d 1434 (9th Cir. 1984).

户相信这是安全的投资。① 要言之，经纪商存在明显的主观故意和欺诈行为。有学者指出，SEC和联邦法院一直将适当性案件置于《1934年证券交易法》的反欺诈条款，即10b-5规则之下进行裁决，二者的连接点就是经纪商在推荐证券时所作的"半真半假"的陈述。② 鉴于此，真正触发法律责任的恐怕不是"适当性义务"的违反，而是通常与其伴随的经纪商的故意欺诈行为。因此，反欺诈条款中设置的门槛才会影响适当性案件中法律责任的追究。

（四）成文法中适当性规则法律化的准备

尽管长期以来，经纪商原则上无须（仅）为适当性义务的违反承担法律责任，但针对一些特殊的证券产品，SEC还是颁布了相应的法律规则，直接明确对这些产品的适当性行为标准。如前文提及的15g-9规则，违反这些行为标准本身就构成欺诈。

15g-9规则是专门针对廉价证券的推销颁布的要求。如前述，由于廉价股票交易的特殊性，经纪商违规行为高发，投资者保护也变得尤为重要。鉴于此，SEC推动了"廉价股票改革"，15g-9规则即是改革的一部分。其对经纪商推荐廉价股票时的行为所提出的要求包括：要求经纪商—交易商从客户处获取有关本人财务状况、投资经验、投资目标的信息，合理确定廉价股票的交易适合该名人士，或其有能力独立评估该风险，并向当事人送达书面陈述，对前述状况和法律依据进行主动说明，并要求当事人签署相关声明。③ 如前所述，这也被学界认为是适当性规则的一部分。④ 相关规则梳理如表1所示。

表1 相关规则梳理

适用情况	相关法条	具体内容
销售廉价股票时须遵循的要求	17 C. F. R. § 240.15g-9	从客户处获取有关本人财务状况、投资经验、投资目标的信息，合理确定低价股的交易适合该名人士或其有能力独立评估该风险，并向当事人送达书面陈述，对前述状况和法律依据进行主动说明，并要求当事人提供相关声明

---

① SEC File No. 8-6342, In the Matter of BARNETT & CO., INC.; SEC File No. 8-5702, In the Matter of MAC ROBBINS & CO., INC.; SEC Admin. Proc. File No. 3-785, In the Matters of RICHARD N. CEA, JAMES C. CONKLIN, KENNETH E. FISHER, ROBERT E. KNESS, FRANK P. WAYHART, C. A. Benson & Co., Inc..

② Robert H. Mundheim, Professional Responsibilities of Broker-Dealers: The Suitability Doctrine, 14 Duke Law Journal 445 (1965).

③ 17 C. F. R. § 240.15g-9.

④ Lewis D. Lowenfels & Alan R. Bromberg Suitability in Securities Transactions, 54 Business Lawyer 1557 (1999).

续表

适用情况	相关法条	具体内容
豁免该义务的交易行为（行为/主体豁免）	17 C.F.R. § 240.15g-9（c） 17 C.F.R. § 240.15g-1	客户是机构型认可投资者； 客户是发行方、发行方董事、高级管理人员、普通合伙人或持有廉价股发行方任何类别股票证券的5%以上直接或间接实益拥有人； 经纪人或交易商并未进行推荐的交易； 其他（例如SEC提出额外动议豁免的行为）。
不属于廉价股票的证券类型（客体豁免）	17 C.F.R. § 240.3a51-1	在满足特定条件的全国性证券交易所登记、核准上市的证券，譬如要求上市证券在申请上市前连续90天的市值为5000万美元、已连续经营一年等； 已根据投资公司法案注册的投资公司发行的证券（即公募基金份额）； 期权结算公司发行的看跌或看涨期权； 证券交易单位价格为5美元以上（包含5美元）。

资料来源：作者整理。

笔者认为，15g-9规则为Reg BI将适当性规则法律化埋下了伏笔。它为经纪商提供了更明确的事前要求，为SEC的监管提供了直接的武器。它的出现表明适当性义务不仅是一种商业道德，也可能引发明确的法律责任。

（五）小结

综上所述，基于传统信义理论中的"特殊关系"要件，很难直接将信义义务推广适用到经纪商身上，真正触发法律责任的并非适当性义务的违反，而是通常与其伴随的经纪商的故意欺诈行为。但是，成文法特别规定了一些特殊情形，特别是15g-9规则这一廉价股票推销的行为标准，为下文所述的适当性规则法律化也埋下了伏笔。

三、作为商业道德的投资者适当性规则：与信义义务的趋同

如前所述，自律监管组织中的适当性规则最早诞生于柜台市场。次贷危机前夕，SEC着手整合纽交所和NASD的监管职能，成立了FINRA，负责监管全美的股票市场。FINRA对纽交所和NASD的适当性规则进行吸收合并后，制定了2111规则。该规则基于"公正与公平交易原则"

（just and equitable principles of trade）产生，实际上就是"招牌"理论的内容。但如前所述，招牌理论与信义义务理论之间的区别，不过是对于"特殊关系"认定上的宽严之分。这也为自律组织立法和执法中，投资者适当性义务向"信义义务"的趋近埋下了伏笔，具体可以从投资者分类制度、适当性义务内容、风险警示义务和民事救济四个方面观察。

（一）投资者分类制度：安全港问题

不同于用于区分公募与私募证券的"获许投资者"（accredited investor，用于识别根据 D 条例豁免注册的私募证券）①和"合格购买者"②（qualified purchaser）等，投资者适当性规则中的投资者分类，主要是为了对机构账户（institutional account）和非机构账户适用不同的适当性标准，即为经纪商提供安全港。对于机构账户，经纪商无须对其进行调查，也无须承担下文所述的客户特定化义务。

根据 FINRA 的 4512 规则，机构账户的范围包括：（1）银行、存款组织、保险公司、投资公司等金融机构；（2）注册的投资顾问；（3）任何资产超过五千万美元的主体（包括机构或个人）。可见，非机构账户的范围大致上宽于 Reg BI 中的零售投资者，后者仅限于为家庭或个人目的进行投资的自然人（或其合法代表）（但不论其资产多少）。不过，绝大多数零售投资者确实在适当性规则的保护之下。

上述二分法隐含的思想是机构投资者具备专业知识，对经纪商不存在依赖，而非机构投资者则相反。因此，不难从中窥见信义理论的影子。信义关系的要素之一就是委托人存在对受托人的依赖。③因此，在适用主体这一层面，适当性义务与信义义务的逻辑存在相似性。由于适当性规则已经为绝大多数零售投资者提供了倾斜性保护，Reg BI 将适用范围局限于零售投资者，可谓顺水推舟。

（二）适当性义务的内容

经纪商—交易商的推荐行为会触发适当性义务，因此首要问题是何为"推荐"。根据 SEC 针对廉价股票规则的解释，适当性规则不适用于经纪商仅作为订单执行者的情况，也不适用于没有向投资者提出特别推荐的"一般广告"。④ 这也为 FINRA 所认可，其指出确定"推荐"时，应强调交流过程的特定化程度。经纪商发送的一般财务信息、基本的投资概念信息等，如果不包括

---

① 17 C. F. R. § 230.501.
② 15 U. S. C. § 80a-2-80a-3. "合格购买者"是美国证券投资基金法中用于区分公募与私募的投资者准入门槛之一，份额全部由合格购买者持有的基金（不受人数限制）无须注册为投资公司。另一门槛是份额由 100 名以下的认可投资者购买。
③ Tamar Frankel, Fiduciary Law, 71 California Law Review 795 (1983).
④ Lewis D. Lowenfels & Alan R. Bromberg Suitability in Securities Transactions, 54 Business Lawyer 1557 (1999).

对特定证券的建议，一般不被视为推荐。①

对适当性义务的内容，FINRA 概括出了三项要素：（1）获取合理依据义务（reasonable-basis obligation），即会员及其相关人员必须勤勉尽职，以获得合理确信所做的推荐至少适合部分投资者。这要求经纪商—交易商对产品本身进行调查；（2）客户特定化义务（customer-specific obligation），即会员及其工作人员应当能合理确信所作的推荐适合某特定投资者，这要求经纪商—交易商对投资者进行调查。对于非机构客户，FINRA 要求经纪商或交易商详细了解客户的财务状况、纳税情况、投资目标和它们认为合理的其他信息；（3）数量方面的适当性（quantitative suitability），即对那些实际上控制投资者账户的证券经纪自营商，必须有合理理由确信在参考了投资者的投资组合后，仍能确保其特定期间内向投资者所作的推荐数量并非过度。此项旨在防止那些有权控制投资者账户的经纪商，为获取交易佣金进行的"过度交易"行为。

容易看出，在施加前述要求时，FINRA 的假定也是非机构客户对于经纪商存在信赖，其会相信经纪商确实了解自己的财务状况和投资需求，是在为客户的利益着想。因此，经纪商—交易商在进行推荐时，应了解客户，以合乎其预期的方式行事。FINRA 甚至在其针对适当性规则的监管问答中也提到了"最佳利益"的说法，要求经纪商—交易商的行为符合客户的最佳利益（be consistent with the best interest of customers），不能将自身利益置于客户利益之上。② 由此可见，源自公平交易规则的适当性义务与信义义务有所趋近。

（三）风险警示义务

虽然场内市场中的经纪商主要扮演订单执行者的角色，但必须注意到柜台市场的经纪商也可能仅作为订单执行者。在后一种情形下，假设客户发出指令要求购买超过其风险承担能力的证券，经纪商似乎无须承担适当性义务，也就不需要对客户进行风险警示。然而，实务界和学术界对此仍有争议，存在两种观点：其一，仅在客户与经纪商之间形成了信任和信赖关系的情况下，经纪商执行订单时有必要对证券产品的风险进行警示。③ 其二，对账户进行全面控制和管理的全服务经纪商和一般的折扣经纪商都有机会获得客户的财务信息，也都在服务期间负有信义义务，都有责任对超过客户风险承担能力的产品进行警示。④

FINRA 似乎支持前一种观点，其指出保持沉默不构成推荐。只有经纪商代表客户操纵账户

---

① FINRA Regulation Notice 11-02.
② FINRA，Rule 2111（Suitability）FAQ，资料来源：www.finra.org/industry/faq-finra-rule-2111-suitability-faq，2020 年 2 月 1 日访问。
③ Robert H. Mundheim, Professional Responsibilities of Broker-Dealers: The Suitability Doctrine, 14 Duke Law Journal 445 (1965).
④ Frederick Mark Gedicks, Suitability claims and purchases of unrecommended securities: An agency theory of broker-dealer liability, 37 Arizona State Law Journal 535 (2005).

而未通知的情形下才存在一种"默示的推荐"。① 基于这种认识，前文述及的全服务经纪商由于与客户关系更为紧密，受到客户更多的信任，从而比折扣经纪商更有可能承担风险警示义务。但这种区分并不绝对，如果客户对订单执行者确实存在一定程度的信任关系，则折扣经纪商应负有风险警示义务。这一对于风险警示义务的分析，再次体现了适当性义务逻辑与信义义务逻辑的相似性，即强调客户与经纪商之间是否存在特殊的信任关系。

（四）自律组织仲裁提供的民事救济

如前所述，关于适当性的民事救济在联邦法院困难重重，但间接打破这一僵局的是 20 世纪 80 年代联邦最高法院的两个判例。② 这两个判例其承认了经纪账户协议中的强制性仲裁条款的效力，使得更多此类案件进入 NASD 和纽交所等自律组织设置的仲裁部门。原本仲裁是券商用以降低纠纷解决成本的工具，但在自律组织的仲裁中，仲裁员可以选择忽视判例法中运用的法律标准，执行 NASD 的 2310 规则以及 FINRA 的 2111 规则中的适当性标准，因为仲裁中"公正和公平的贸易原则可以成为救济的基础"。由于适当性仲裁的决定一般不会在法院中被驳回，根据适当性规则而请求私人损害赔偿的案件已经呈指数级增长。③ 由此，违反适当性义务的责任由"道德责任"向"准法律责任"演变，"招牌"理论或者说"放宽的信义义务理论"在仲裁机构得到了广泛适用，似乎也为最佳利益规则的引入做好了准备。

四、最佳利益规则下，适当性规则何去何从？

如前所述，美国法遵循投资顾问和经纪商—交易商两分的规制框架。但从规则内容和监管实践来看，二者是否有显著区别，存在一定疑问。最佳利益规则即是解决这一问题的最新方案。

对于投资顾问和经纪商的区分，《投资顾问法》第 202 条（a）款（11）项（C）目及相关规则提供了两项标准。一是是否收取特别报酬（special compensation），即一项可以清楚地界定出来的费用（a clearly definable charge）。但由于全服务经纪商可能整体地提高佣金费率，因此未必会构成特别报酬。二是"仅附属于其业务"（solely incidental to the practice）。根据 SEC 的解释，投资咨询业务的频率和对经纪商的重要性，都不是决定性的因素，判断的标准是"该建议的提

---

① FINRA, Rule 2111 (Suitability) FAQ, 资料来源：www.finra.org/industry/faq – finra – rule – 2111 – suitability – faq, 2020 年 2 月 1 日访问。

② Shearson/American Express Inc. v. McMahon, 482 U.S. 220 (1987); Rodriguez de Quija v. Shearson/American Exp., Inc., 490 U.S. 477 (1989).

③ Frederick Mark Gedicks, Suitability claims and purchases of unrecommended securities: An agency theory of broker – dealer liability, 37 Arizona State Law Journal 535 (2005).

供与经纪商—交易商进行证券交易的主营业务相关"。① 如果经纪商—交易商提供的投资建议与其证券销售无关，或本就是主营业务的一部分，则应被视为投资顾问。但所谓"主营业务"是非常形式化的标准。经纪商即便不直接从客户处获得交易佣金，也可能基于证券的推荐，获得其他许多隐性收入。从市场本身的反应来看，越来越多的经纪商开始同时注册为投资顾问，以获得投资顾问项下的稳定收入。② 商业实践上的趋同和并行，反映出二者的相似性和可替代性。

站在零售投资者立场，这种区分规制也引发了很大的困惑。在 Infogroup 的一项调查中，被调查投资者有 34% 认为股票经纪人的主要业务是提供建议，有 66% 认为股票经纪人对客户负有信义责任。③ 事实上，由于许多经纪人自称为财务顾问，进一步加深了投资者的困惑，因此《多德—弗兰克法案》(Dodd – Frank Wall Street Reform and Consumer Protection Act) 的早期版本取消了这一区别，将信义务的主体扩展至经纪商。尽管最终版本并未采取这一模式，但也督促 SEC 考虑是否更改这一规则。2011 年 SEC 在据此发布的报告中提出了统一信义义务标准的要求，④ Reg BI 即是这次改革的成果。

从主体来看，该规则仅适用于零售投资者，即自然人或自然人的合法代表，且接受推荐的目标是为个人、家庭或家族的利益。最佳利益义务的内容则分为一般义务和四项构成义务。一般义务是指经纪自营商在作出推荐时，必须为零售投资者的最大利益行事（act in the retail customer's best interest），不能将自身利益置于客户利益之上。一般义务的满足取决于构成义务的满足，后者包括四项内容。

一是信息披露义务。在推荐前或推荐时，就该推荐以及零售客户与经纪自营商之间的关系提供书面的信息披露，包括披露其经纪商—交易商身份，披露客户将产生的重要费用和成本；披露提供服务的种类和范围等。此外，经纪自营商必须披露与推荐相关的所有重大事实，主要是可能会促使经纪自营商作出不公正推荐的利益冲突的事实，譬如第三方的支付和补偿安排。

此前，《证券交易法》下的 10b – 10 规则要求经纪商在每笔交易完成之时或之前，向每位客户提供一份确认书，让投资者知悉经纪商的身份，核实其交易条款，并提醒投资者注意潜在的利

---

① SEC, Commission Interpretation Regarding the Solely Incidental Prong of the Broker – Dealer Exclusion from the Definition of Investment Adviser, 资料来源：https://www.sec.gov/rules/interp/2019/ia – 5249.pdf, 2020 年 9 月 1 日访问。

② Fein, Melanie L., Brokers and Investment Advisers Standards of Conduct: Suitability vs. Fiduciary Duty, 资料来源：https://ssrn.com/abstract = 1682089, 2020 年 9 月 1 日访问。

③ James J. Angel & Douglas M. McCabe, Ethical Standards for Stockbrokers: Fiduciary or Suitability? 115 Journal of Business Ethics 183 (2013).

④ Barry R. Temkin & Michael R. Koblenz, New Suitability and Fiduciary Standards for Financial Advisors Under the Dodd Frank Wall Street Reform and Consumer Protection Act, 2010 Securities Arbitration Commentator 21 (2011).

益冲突。① 这种披露可以在交易完成后立即发出，但 Reg BI 将 10b-10 规则中披露的时点提前至推荐之前或之时，而非交易完成之前或之时。此外，在披露的具体内容上，Reg BI 也有了更多细化的要求。

二是勤勉义务（care obligation），即在提出推荐时合理地实现勤勉、谨慎和专业。这一义务的具体构成与适当性规则相似，包括了解产品、了解客户和数量方面的适当性，但 SEC 指出其与适当性义务相比有明确的增强。第一，该规则明确要求经纪商不得将自己的利益置于零售客户的利益之上。第二，该规则要求经纪商—交易商"有合理的理由相信该推荐是为了客户的最佳利益"，不只是符合客户的最佳利益。② 例如，要求经纪商—交易商合理地考虑推荐产品之外的其他选项，而不再只考虑推荐本身是否适当。第三，重视与数量相关的适当性，不再考虑经纪商—交易商是否对账户存在全权控制。其四，规定在经纪商与零售投资者间达成了类似投资顾问的"账户监控"合意的情况下，经纪商就有义务保证客户持有的证券符合其最佳利益，即包含了"默示的推荐"。

三是避免利益冲突义务，即制定、维持和执行旨在解决利益冲突的合理政策和程序。例如，经纪商应当努力消除那种激励销售人员在有限时间内出售特定证券的销售竞赛、销售配额、奖金和非现金补偿，以减少"高压推销"行为。

四是合规义务，即制定、维持和执行完成 Reg BI 合规义务的合理政策和程序。

不难看出，SEC 的此次修法一方面将适当性规则拔高为最佳利益规则，另一方面将勤勉义务直接法律化。但根据 SEC 在新规文件中的解释，其并没有直接统一经纪商与投资顾问的行为标准，也没有要求经纪商承担信义责任，原因是其仍认可二者商业模式存在区别。SEC 认为，零售投资者可能无法满足市场上投资顾问账户的最低标准，或者并不需要长期、持续的投资咨询服务，只需要偶然地参考中介的意见。换言之，站在消费者的角度，其未必可以相互替代。如果适用信义标准，可能显著减少零售投资者获得不同类型投资服务和产品的机会，增加零售投资者获得投资建议的成本。因此，至少从形式上来讲，SEC 的修法没有统一标准，而是由原先的双轨制变为了三轨制。由此，投资顾问、为零售客户服务的经纪商和为非零售客户服务的经纪商将分别面对不同的规则体系。

---

① 17 C.F.R. § 240.10b-10.
② FINRA 此前在其针对适当性规则的监管问答中提到了"最佳利益"的说法，只不过当时使用的是"符合最大利益"（be consistent with the best interest）而非"为最大利益行事"（act in the best interest）。FINRA, Rule 2111 (Suitability) FAQ, 资料来源：www.finra.org/industry/faq-finra-rule-2111-suitability-faq，2020 年 2 月 1 日访问。

Reg BI 的内容本身也有不少保守的成分，它甚至没有规定最佳利益的含义。① 规则通过后，在政府与民间引发了一定争议，有论者认为 Reg BI 与适当性规则相比没有实质变化，② 甚至有总检察长及国会议员谋求撤销或限制该规则的实施，③ 这为该规则的未来命运埋下了一丝不确定性。此外，SEC 也指出该规则的经济影响难以预测。不同学者对修法前已采用信义责任的各州进行了实证研究，结论也各不相同。④ 由于勤勉义务"个案个判"和"事后确定责任"的特征，目前还很难确认 Reg BI 是否会加重经纪商责任。

尽管有前述不确定性，FINRA 还是按部就班地开始了修订工作。其根据 Reg BI 修订的适当性规则，主要改动有两处：一是对数量方面的适当性，删除了"账户控制"要件；二是增加了一个分款，明确该规则不适用于 Reg BI 规制的、对零售投资者的推荐行为。但是，对于机构投资者和非为个人、家庭目的而投资的个人投资者（如小企业主），仍然适用 Reg BI。⑤ 此外，FINRA 指出期权、变额年金这两种特殊产品的适当性规则不会受此影响。⑥ 显然，FINRA 限缩了自律监管的范围，而 SEC 扩大了执法权力。2020 年 6 月 30 日，这一适当性新规已生效，与 Reg BI 分工对经纪商—交易商的推荐行为进行规制，前者适用于非零售投资者，后者适用于零售投资者。

五、结语

考察美国适当性规则的起源与流变，会发现此次修法的伏笔或早已埋下。基于对经纪商和投资顾问的商业模式的不同认识，美国法上建立了对二者的区分规制，前者遵循适当性标准，后

---

① SEC Chairman Jay Clayton, Regulation Best Interest and the Investment Adviser Fiduciary Duty: Two Strong Standards that Protect and Provide Choice for Main Street Investors, 资料来源：https://www.sec.gov/news/speech/clayton-regulation-best-interest-investment-adviser-fiduciary-duty, 2020 年 9 月 1 日访问。

② Sarah O'Brien, SEC's New Investor Protection Rule Won't End the Fiduciary Debate, 资料来源：https://www.cnbc.com/2019/07/30/sec-new-investor-protection-rule-wont-end-the-fiduciary-debate.html. , 2020 年 9 月 1 日访问。

③ Gary Shorter, Regulation Best Interest (Reg BI): The SEC's Rule for Broker-Dealers, 资料来源：*HeinOnline*, https://heinonline.org/HOL/P? h=hein.crs/govblvu0001&i=1, 2020 年 9 月 4 日访问。

④ Vivek Bhattacharya, Gaston Illanes, & Manisha Padi, Fiduciary Duty and the Market for Financial Advice, National Bureau of Economic Research Working Paper No. 25861, 资料来源：https://www.nber.org/papers/w25861.pdf; Finke, Michael S. and Langdon, Thomas Patrick, The Impact of the Broker-Dealer Fiduciary Standard on Financial Advice, 资料来源：https://ssrn.com/abstract=2019090, 2020 年 9 月 1 日访问。

⑤ FINRA, Proposed Rule Change to FINRA's Suitability, Non-Cash Compensation and Capital Acquisition Broker (CAB) Rules in Response to Regulation Best Interest, 资料来源：https://www.finra.org/rules-guidance/rule-filings/sr-finra-2020-007, 2020 年 9 月 1 日访问。

⑥ FINRA, Legal Chief Clarifies Suitability Rule Status After Reg BI, 资料来源：https://www.thinkadvisor.com/2020/05/20/finra-legal-chief-clarifies-suitability-rule-status-after-reg-bi/, 2020 年 9 月 1 日访问。

者遵循信义义务下的最佳利益标准。但适当性规则之所以产生，本就是因为经纪商开始如投资顾问一般提供投资建议。其尽管不直接收取咨询费，却获得了许多隐性的额外收入，投资者则可能因背后的利益冲突蒙受损失。由于零售投资者在风险识别和承受能力的劣势，适当性规则本就给予了倾斜性保护，进而与信义理论日渐趋近。不论是最佳利益规则还是适当性规则，都体现了对零售投资者放松信义关系成立要件的法理。新规不仅体现出加强零售投资者保护的政策取向，也是监管实践演进下的自然结果。

苏嘉鸿内幕交易威华股份案评析

——兼议内幕交易认定中的证明标准

徐 蕾*

摘要： 在2018年判决的苏嘉鸿案中，作为"常胜将军"的证监会可谓"完败"，该案值得关注与反思。判决不但重申了重组方案的改变不影响内幕信息的认定这一观点，而且对内幕交易调查流程的要求进行了新的塑造，法官否认了证监会对"传递型"内幕交易案件中内幕信息知情人进行调查了解的自由裁量权，认为其必须找到内幕信息传递者的调查标准。此外，尽管判决支持了内幕交易"推定"的认定思路，却对证监会证明基础事实是否达到相应的证明标准提出了质疑。证监会处罚内幕交易的证明标准是"基本吻合"和"高度吻合"，二者含义不明，在实践中的适用较为混乱。本文结合市场实践提出了判断案件事实的证明是否达到相应证明标准需要考虑的要素，并在此基础上，对苏嘉鸿案进行反思。

关键词： 内幕交易 内幕信息 调查规则 证明标准

引言

2018年7月17日，北京市高级人民法院（以下简称北京高院）依法公开宣判被上诉人中国证券监督管理委员会（以下简称证监会）对上诉人苏嘉鸿作出的行政处罚决定和行政复议决定一案。至此，这一历时3年，历经行政处罚、行政复议、一审、二审的内幕交易案终以苏嘉鸿胜诉落下帷幕。北京高院撤销了证监会作出的行政处罚、行政复议决定以及北京市第一中级人民法院（以下简称北京一中院）的一审判决。[①]

苏嘉鸿案的罚没金额达到人民币130752465.28元，但是巨额的罚款并非其引发广泛关注的原因，该案是近年来证监会首例被法院撤销处罚的内幕交易案件，也打破了证监会在行政处罚

---

* 北京大学法学院2018级商法方向法学硕士。
① 二审判决参见北京市高级人民法院（2018）京行终445号行政判决书。

诉讼案中连续3年保持"实体零败诉"的纪录。① 北京高院的判决理由主要是事实不清、程序违法：证监会认定殷卫国为内幕信息知情人，他在获知内幕信息之后将其传递给苏嘉鸿，此后苏嘉鸿利用该信息从事内幕交易行为。但是在调查过程中，证监会并未找到殷卫国，核实清楚殷卫国的身份信息，也未对殷卫国的情况展开调查，因此认定其属于内幕信息知情人事实不清，法律依据不明，苏嘉鸿构成内幕交易事实不清；同时，证监会的行政处罚程序也存在未履行全面、客观、公正调查搜集证据职责的问题，对于苏嘉鸿与殷卫国的通信记录，证监会以"涉密"为由不予保障苏嘉鸿在行政程序中的质证权利，也构成对苏嘉鸿合法享有的陈述申辩权利的侵害。

在案件宣判后，学界的关注焦点多集中于内幕交易的调查规则和证明标准中。② 本文也将从苏嘉鸿案的案情出发，简要探讨重组方案的变化对内幕信息认定的影响，重点分析证券行政调查流程中的基本要求以及内幕交易"推定"过程中的证明责任和证明标准问题。

一、案情介绍③

自2013年年初起，广东威华股份有限公司（以下简称威华股份）时任董事长、控股股东李某华开始筹划威华股份重组。2013年1月底，殷卫国（行政处罚决定书中为"殷某国"，判决中披露为"殷卫国"）拟到威华股份求职。2月23日，殷卫国与李某华商议向威华股份注入铜箔、覆铜板制造和销售业务等IT资产，并于当天与长江证券承销保荐有限公司（以下简称长江证券）负责人等开会对该资产重组事项进行了筹划。此后，威华股份及长江证券相关管理人员对拟注入资产进行了实地查看和筛选。在3月15日④的会面上，双方认为IT资产的规模和盈利能力偏弱，经过实地调研，威华股份将云南丽江文通铜矿项目作为其并购IT产业的备选项目。殷卫国参与了上述并购项目的筹划。

2013年4月16日，威华股份公告称公司控股股东、实际控制人正在筹划涉及公司的重大事项，公司股票停牌。12月19日，威华股份发布的自查暨复牌公告表明停牌原因是资产注入事项。但早在3月底，广东新价值投资有限公司罗某广就向李某华介绍了赣州稀土集团有限责任公司（以下简称赣州稀土）拟借壳上市的情况，李某华对该项目较为认可，此后多次与赣州稀土

---

① 参见皮海洲：《对证监会首次败诉天价内幕交易案的思考》，载《国际金融报》2018年7月23日，第3版。

② 参见黄江东：《苏某某涉嫌内幕交易案二审判决若干法律问题探讨》，载《投资者》2019年第1期；缪因知：《苏嘉鸿案：司法为证券执法再次划界》，载《经济参考报》2018年7月25日，第8版；皮海洲：《对证监会首次败诉天价内幕交易案的思考》，载《国际金融报》2018年7月23日，第3版。

③ 参见《中国证监会行政处罚决定书（苏嘉鸿）》（〔2016〕56号）。

④ 《中国证监会行政处罚决定书（苏嘉鸿）》中为"3月10日"，在第一次庭审中，证监会明确表示："……存在笔误，其中的'3月10日'应为'3月15日'"，参见北京市高级人民法院（2018）京行终445号行政判决书。

相关负责人进行磋商。大约在 4 月 18 日至 19 日,威华股份决定参与赣州稀土重组的选壳投标。4 月 21 日至 22 日,威华股份组成工作团队前往江西赣州进行会面、谈判。威华股份于 4 月 23 日和 5 月 3 日先后发布两次重大事项继续停牌公告,5 月 9 日,发布筹划重大资产重组的停牌公告。11 月 4 日,威华股份正式披露收购赣州稀土资产的重大资产重组报告书等文件,并于当日复牌。

苏嘉鸿的手机号码与殷卫国手机号码在 2013 年 2 月至 4 月期间有过 45 次通话记录和 71 次短信联系。苏嘉鸿称,殷卫国曾来到上海与其见面,那段时间两人经常联系一起去娱乐。苏嘉鸿使用"浦江之星 12 号""马某强""朱某海"账户于 2013 年 3 月 11 日至 4 月 12 日期间持续买入威华股份。基于上述事实,证监会认定威华股份重大资产重组事项至迟不晚于 2013 年 2 月 23 日已经构成内幕信息,苏嘉鸿在内幕信息公开前与内幕信息知情人员殷卫国联络、接触,其交易时点与威华股份筹划注入 IT 资产与收购铜矿事项的进展情况高度吻合,且上述三账户在此之前从未交易过该股,相关交易行为明显异常,苏嘉鸿没有提供充分、有说服力的理由排除其涉案交易行为系利用内幕信息。综上所述,证监会认定,苏嘉鸿的行为构成内幕交易,依据《中华人民共和国证券法》(2014 修正,以下简称《证券法》)第二百零二条的规定,没收苏嘉鸿违法所得 65376232.64 元,并处以 65376232.64 元罚款。

二、 重组方案的改变不影响内幕信息的认定

本案的特别之处之一在于涉及两项内幕信息,殷卫国参与并知情的内幕信息是威华股份拟注入 IT 资产或收购铜矿;而随着交易的进展,这一并购思路被放弃,转变为威华股份让壳赣州稀土。资产重组事项的具体方案发生变更可能牵涉内幕信息的认定,从而直接影响到违法所得的计算以及最终的处罚结果。

苏嘉鸿认为 IT 资产注入及收购铜矿事项不构成内幕信息,让壳赣州稀土事项才可能构成内幕信息,主要理由包括注入 IT 资产不具备可行性、相关交易未达成正式方案。证监会在肯定至迟不晚于 2 月 23 日,威华股份管理层已经实质启动资产注入的筹划工作的同时,也明确资产注入事项在停牌后被让壳事项所替代,不影响内幕信息的认定,二者均符合《证券法》第七十五条的规定,构成内幕信息。一审及二审法院也都认可该观点,北京高院认为:

……注入 IT 资产及收购铜矿方案本身构成内幕信息,并不限于该方案的对象或者方式,乃至与该方案是否最后成功完成也并无直接关系。公司重大决策及其讨论实施过程,可能是一个动态、连续、有机关联的过程,只要启动威华股份注入 IT 资产及收购铜矿方案本身符合内幕信息的认定标准,内幕信息即已形成,其后实施对象、方式的变化以及是否成功等都不会实质性改变内幕信息已经形成的事实。[①]

---

① 参见北京市高级人民法院(2018)京行终 445 号行政判决书。

在此前的张海光内幕交易案中，证监会与北京一中院、北京高院也都持有相同的观点。① 因此，在此类案件中，内幕信息事实上是上市公司拟进行并购重组这一整体，并不限于并购重组的对象或者方式，其外延大于且包含具体的重组方案，因此方案内容的变化不影响内幕信息的认定。

但学界也有不同的看法，有学者认为不宜将各并购重组方案视作一个有机关联的内幕信息整体，从而将获取任意一个彼此不相干的信息都认定为构成等效的内幕交易。基于这一理解，本案中，由于 IT 资产注入及收购铜矿交易被上市公司放弃，该内幕信息即使被苏嘉鸿非法利用，对市场不再具有影响力，此后股价的涨跌都与其无关，比照刑法理论，苏嘉鸿属于内幕交易的"未遂"，应以无违法所得论处。② 依照《证券法》第二百零二条的规定，苏嘉鸿的处罚结果为 3 万元以上 60 万元以下的罚款，有别于现有的没收违法所得 65376232.64 元，并处以 65376232.64 元罚款。当然此种观点并非主流，是否能在行政违法中类比适用刑法的"未遂"理论也有待研究，因此本文仅作列示以明确分歧。

三、法院支持内幕交易的"推定"认定思路

认定内幕交易成立，需要逐次讨论内幕信息、内幕交易的主体、内幕交易的行为等构成要件。其中，内幕信息及交易主体的证明较为容易，除非发生类似于本案中内幕信息知情人殷卫国失联的情形，通常证监会能够获得足够的直接证据证明内幕信息的存在以及内幕交易主体的适格性。但是在内幕交易的行为层面，必须首先予以证明的是内幕交易主体知悉内幕信息，如果行为人并不知情，内幕交易就不可能成立，而这一点却往往难以直接证明。尤其是直接知悉内幕信息的知情人向行为人传递内幕信息的情形，即使知情人与行为人在敏感期内联络、接触，执法机关也无从得知联络的具体内容，因此证监会往往缺乏直接证据证明行为人知悉内幕信息。不仅是我国，从世界范围来看，这一问题都是查处内幕交易案件中的难点。实践中，各资本市场法域多采用搜集间接证据，形成牢固且完整的证据链条的形式证明"知悉"要件。正如美国证券交易委员会（the U.S. Securities and Exchange Commission，SEC）执法部的高级官员说的那样：

直接证据在内幕交易案件中非常罕见，没有"冒烟的枪"（smoking gun）或者其他物理证据能够科学地指证违法者；除非内幕交易者承认其知悉内幕信息，否则证监会就只能将支离破碎的信息拼凑在一起，这就要求将并不相关的多个事件——餐馆会面、电话、当事人之间的关系、

---

① 参见《中国证监会行政处罚决定书（张海光）》（〔2016〕8 号）、《中国证监会行政复议决定书（张海光）》（〔2016〕36 号）、北京市第一中级人民法院（2016）京 01 行初 643 号行政判决书以及北京市高级人民法院（2017）京行终 2185 号行政判决书。

② 参见缪因知：《苏嘉鸿案：司法为证券执法再次划界》，载《经济参考报》2018 年 7 月 25 日，第 8 版。

交易模式等联系起来，然后从这些事件发生的时间节点与情形合理地推断出被告是否从事内幕交易。①

利用间接证据进行证明必然涉及推定，它是指经由法律的规定（法律推定），或者通过法官依据经验法则（事实推定），从已知的事实推断出未知的结果，当事人对此结果得以举证推翻。② 对于"知悉"要件的证明反映出了事实推定的运用。

在我国处罚内幕交易的实践中，2011 年最高人民法院《关于审理证券行政处罚案件证据若干问题的座谈会纪要》（法〔2011〕225 号，以下简称《纪要》）具有重要的导向性作用。《纪要》指出，考虑到部分类型的证券违法行为的特殊性，尽管监管机构承担主要违法事实的证明责任，但是它可以通过推定的方式适当向原告、第三人转移部分特定事实的证明责任。结合本案的实际情况，可以从《纪要》第五部分的规定中得出结论：只要证监会提供的证据能够证明当事人苏嘉鸿在内幕信息公开前与内幕信息知情人殷卫国联络、接触，其证券交易活动与内幕信息高度吻合，就可以认定内幕交易行为成立，除非苏嘉鸿作出合理说明或者提供证据排除其存在利用内幕信息从事相关证券交易活动的情形。③ 也即在证明了内幕信息与内幕交易的主体之后，证监会可以采取"敏感期内联络、接触＋相关交易行为明显异常＋没有正当理由或者正当信息来源"的模式推定苏嘉鸿知悉内幕信息，从而进一步认定内幕交易成立。④ 由于苏嘉鸿并非直接知悉内幕信息的人，而是从他人处"非法获取内幕信息"，同时他并不承认自己知道内幕信息，因此执法机关缺乏直接的证据，以推定的方式进行证明是较为可行的做法。

北京高院并未质疑既有的"推定"思路，相反还明确予以肯定。判决认为，内幕交易具有

---

① Thomas C. Newkirk, Speech by SEC Staff: Insider Trading: A U.S. Persepctive, 资料来源: https://www.sec.gov/news/speech/speecharchive/1998/spch221.htm，2020 年 4 月 12 日访问。

② 参见江伟：《证据法学》，法律出版社 1999 年版，第 124 页。

③ 《纪要》第五部分关于内幕交易行为的认定问题指出："会议认为，监管机构提供的证据能够证明以下情形之一，且被处罚人不能作出合理说明或者提供证据排除其存在利用内幕信息从事相关证券交易活动的，人民法院可以确认被诉处罚决定认定的内幕交易行为成立：（一）证券法第七十四条规定的证券交易内幕信息知情人，进行了与该内幕信息有关的证券交易活动；（二）证券法第七十四条规定的内幕信息知情人的配偶、父母、子女以及其他有密切关系的人，其证券交易活动与该内幕信息基本吻合；（三）因履行工作职责知悉上述内幕信息并进行了与该信息有关的证券交易活动；（四）非法获取内幕信息，并进行了与该内幕信息有关的证券交易活动；（五）内幕信息公开前与内幕信息知情人或知晓该内幕信息的人联络、接触，其证券交易活动与内幕信息高度吻合。"

④ 《关于办理内幕交易、泄露内幕信息刑事案件具体应用法律若干问题的解释》第二条规定，具有下列行为的人员应当认定为《刑法》第一百八十条第一款规定的"非法获取证券、期货交易内幕信息的人员"：……（二）内幕信息知情人员的近亲属或者其他与内幕信息知情人员关系密切的人员，在内幕信息敏感期内，从事或者明示、暗示他人从事，或者泄露内幕信息导致他人从事与该内幕信息有关的证券、期货交易，相关交易行为明显异常，且无正当理由或者正当信息来源的；（三）在内幕信息敏感期内，与内幕信息知情人员联络、接触，从事或者明示、暗示他人从事，或者泄露内幕信息导致他人从事与该内幕信息有关的证券、期货交易，相关交易行为明显异常，且无正当理由或者正当信息来源的。这一规定也能够从侧面佐证证监会使用的推定模式。

隐蔽性，如果要求行政执法机关必须掌握内幕交易的直接证据，将会使监管难以有效实施。因此，如果现有证据已经足以推定交易行为是基于获知内幕信息而实施的，就可以认定内幕交易成立，除非当事人提供反证。① 证监会败诉的核心原因是行政调查程序的瑕疵导致用于推定的基础事实尚不清晰，同时对于基础事实的证明也没有达到相应的证明标准，以下详述。

四、"推定"的适用条件

证监会在行政处罚决定中应当证明的基础事实包括：（1）内幕信息存在；（2）殷卫国为内幕信息知情人；（3）苏嘉鸿与殷卫国在内幕信息敏感期内联络、接触；（4）相关交易行为明显异常。证监会需要对基础事实承担证明责任，并达到相应的证明标准，只有基础事实成立，才需要苏嘉鸿对推翻基础事实和推定事实承担证明责任，因此推定的适用条件包括推定的基础事实清楚以及基础事实达到相应的证明标准。证监会未对案涉内幕信息的传递者殷卫国进行询问，且未穷尽必要的调查方式和手段，导致事实（2）认定不清、证据不足。同时，北京高院认为证监会的推定在证券交易行为与内幕信息的吻合问题上没有证明到"高度吻合"的标准。正是这两方面的原因导致证监会对苏嘉鸿知悉内幕信息的推定不成立，进而苏嘉鸿构成内幕交易也同样不成立。

（一）法院确立内幕信息传递者的调查标准

我国行政诉讼制度的基本原则包括合法性审查原则，为了明晰司法与行政的权力边界，法院在审理行政案件时，往往更强调行政行为的形式合法性，从证据是否确凿、是否符合法定程序等要素入手进行审查，不轻易介入行政自由裁量权的领域。②

对于"证监会认定殷卫国为内幕信息知情人是否事实清楚"，北京高院从行政处罚的调查、决定程序要求入手，分析证监会的行政处罚行为是否合法。关于行政处罚机关调查取证过程中的要求，《中华人民共和国行政处罚法》着墨不多，其中第三十六条规定，在行政处罚的一般程序中，行政机关发现公民、法人或者其他组织有依法应当给予行政处罚的行为的，必须全面、客观、公正地调查，收集有关证据。关于何谓全面、客观、公正，北京高院在判决中也作出了阐述。

全面意味着行政机关既要收集有利于相对人的证据，也要收集不利于相对人的证据，行政相对人、了解案件事实的直接当事人和利害关系人都是行政调查不可或缺的对象。客观是指行政机关调查搜集证据必须客观，避免主观随意性，在认定事实的过程中，要将调查来的直接证据和间接证据、直接当事方证言与其他了解案情的证人证言相互比对，通过证据相互印证并排除

---

① 参见北京市高级人民法院（2018）京行终445号行政判决书。
② 参见程琥：《行政诉讼合法性审查原则新探》，载《法律适用》2019年第19期，第82页。

矛盾确保据以定案事实的客观性。公正则要求行政机关调查取证不存在偏私或武断，在相对人提出异议的情况下，让直接当事人参与调查程序并陈述其所知晓的事实，做到调查手段和程序合法化、透明化，通过公开、公平的程序确保调查的公正性。

本案中，证监会据以认定殷卫国为内幕信息知情人的证据主要包括涉案人员的询问笔录以及筹划重大资产重组事项过程中的有关会议记录，这些证据都是间接证据，在无法获取直接证据的情形下，利用间接证据进行证明的做法并不罕见，只要达到了相应的证明标准，法院依旧会判决事实清晰、证据确凿。本案的特殊之处恰恰就在于，知情人殷卫国失联，直接证据缺失，而在一般的内幕交易案中，证监会通常能够较为容易地找到内幕信息知情人，自然也不存在苏嘉鸿案中所面临的证明困境。因此，问题转变为在寻找信息传递的联结人物较为困难的情况下，证监会能否仅仅通过间接证据对该事实进行证明？

北京高院的判决认为答案是否定的，尽管行政机关在具体调查、搜集证据的方法、程序和手段上享有一定的自由裁量权，但并不适用于是否对殷卫国进行调查了解的问题上。证监会想要证明殷卫国为内幕信息知情人，就必须向殷卫国本人调查取证，否则将不满足全面、客观、公正的要求，例外情形是证监会的确穷尽各种调查手段而在客观上无法向内幕信息知情人进行取证与了解。由此，北京高院在苏嘉鸿案中确立了内幕交易调查的新要求：证监会在"传递型"内幕交易案件中认定内幕信息知情人时，必须找到这一信息传递的"关键连接点"并向本人进行调查了解，从取证角度来看，就是需要掌握直接证据（无论是否有利于证明待证事实），并结合间接证据共同对案件事实予以认定，若非客观上的确无法进行调查，证监会不能仅凭间接证据证明内幕信息知情人的相关事实。

至于何种程度才能谈得上"穷尽各种调查手段"，判决中也有所提及。证监会在调查过程中为了找到殷卫国也作了一些尝试，例如前往其可能从业的单位进行了解，拨打电话试图联系等。一般来说，调查的手段无外乎发送调查或询问通知书，具体通知的方式和手段则应当根据实际情况灵活变化，单凭列举无法穷尽。在苏嘉鸿案中，证监会的执法显然过于粗糙，执法人员在寻找殷卫国的相关场所时，没有前往其住所地、经常居住地或户籍所在地等重要地点进行调查；即使是电话联络，证监会也遗漏掉了"139××××××××"这个号码，而这恰恰是苏嘉鸿接受询问时强调的殷卫国的联系方式，苏嘉鸿通过该号码与殷卫国存在数十次电话和短信联络。执法疏漏如此之多，证监会在本案中的败诉实属意料之中。在今后类似的执法情境中，证监会至少应当根据实际情况，调查当事人的住所地、经常居住地或户籍所在地以及当事人的工作场所等地方；在使用电话、传真等便捷方式时，力求做到对已有的调查途径不遗漏，并做好证据留存工作。

此外，证监会还认为，即使找到了相关人员，他们不配合调查的情况也很常见，但是假设本身不足为据，更何况这并不能成为证监会不依法履行调查义务的免责理由。

综上所述，北京高院认为证监会在认定殷卫国为内幕信息知情人时未尽到全面、客观、公正的法定调查义务，事实不清、证据不足。尽管我国并非判例法传统，法院的生效判决也不是法源之一，但是在今后的执法过程中，证监会会在一定程度上受到苏嘉鸿案判决的影响，从而本案在事实上确立起了在类似案件的调查中，找到内幕信息传递者的标准，否定了证监会的自由裁量权。

（二）判断是否达到证明标准需要综合考虑多项要素

对于证监会认定殷卫国为内幕信息知情人是否事实清楚的讨论尚未涉及推定证明标准方面的问题。殷卫国是知情人属于推定的重要基础事实之一，如果他能够证明自己与苏嘉鸿的通话和短信不涉及内幕信息，那么整个案件就有可能被推翻，对于内幕信息的传递、内幕交易的定性等问题也会与现有的认定存在差异。因此，推定的基础事实不清直接导致证监会对苏嘉鸿构成内幕交易的认定不成立，无须进一步说明其对基础事实的证明是否达到相应的证明标准，但该问题仍有探讨的必要。

1. 证明标准包括"基本吻合"与"高度吻合"。证券行政处罚的证明标准，是指证监会在行政处罚的程序中利用证据证明违法案件事实所要达到的程度，① 如果证监会对其主张的事实的证明没有达到法定的证明标准，行政处罚自然不能成立。学界观点认为，执法实践中，证监会主要采用的是明显优势证明标准（也称为"清楚而有说服力"的证明标准、高度盖然性证明标准），② 它是指一方当事人提供的证据的证明力明显优于另一方，适用于行政处罚中，也即在处理内幕交易案件的过程中，证监会执法人员基于自身的经验、知识，遵循一定的职业道德，在已有证据的基础上适用逻辑法则和经验法则，从而在心证上达到认定案件事实真实的程度明显大于不真实，若是用百分比来概括说明的话，明显优势证明标准的优势应当是80%左右。③

但是学界的概念并未体现在规范性文件中，《纪要》第五部分要求，当内幕交易的主体是内幕信息知情人的配偶、父母、子女以及其他有密切关系的人时，证监会提供的证据需要足以证明当事人的证券交易活动与内幕信息基本吻合，如果仅仅是在内幕信息公开前与内幕信息知情人或知晓该内幕信息的人联络、接触，则需要证明到高度吻合的程度。"基本吻合""高度吻合"就是《纪要》对据以推定的基础事实要求达到的证明程度，它们不属于学界的一般概念，甚至只存在于《纪要》中，是中国内幕交易执法实践中特有的表述。《纪要》本身以及权威性的解读文本并没有对二者作出明确的定义，也没有进行实质性的区分。

---

① 高基生：《证券行政处罚证明标准探讨》，载《证券市场导报》2007年1月号，第14页。

② 参见彭冰：《内幕交易行政处罚案例初步研究》，载《证券法苑》第三卷，第121页；陈洁：《内幕交易事实认定中自由裁量权的适用及其规制——以内幕交易"知悉"要件的推定为视角》，载《清华法学》2018年第6期，第19页。

③ 参见高基生：《证券行政处罚证明标准探讨》，载《证券市场导报》2007年第1期，第21页。

"基本吻合"的证明标准显然要低于"高度吻合",因为理论上知情人员的近亲属、关系密切者相对于其他联络、接触人员而言,与知情人员的联系更为密切,对内幕信息内容的知悉程度更高,因而为了保证内幕交易的静态构成标准与动态证明过程的平衡,逻辑上合理的推论是前者实施的相关交易行为的异常程度应当低于后者。但问题是证监会认定的关系密切人员的范围很广,包括部下、老乡、旧同事、老师、同学、舍友、多年生意伙伴和多年朋友等,[①] 如何区分关系密切的人员与普通的联络、接触者,标准十分模糊,这就会导致在相似的情形下,证监会可能适用不同的证明标准。但是更关键的问题在于"基本吻合""高度吻合"的含义不明,它们与明显优势的证明标准之间究竟是什么关系?这些问题都尚未有明确的答案。

苏嘉鸿案中,北京高院认为应当适用的证明标准为"高度吻合",但证监会在行政复议决定中适用了"较为吻合"的标准从而修正了行政处罚决定中的"高度吻合",因此证监会据以推定苏嘉鸿存在内幕交易的基础事实没有达到相应的证明标准。这同样属于本案的特殊情形,法院利用证监会措辞的不严谨而不是从实体角度分析证监会未达到"高度吻合"的证明标准,这也是出于对行政权力的尊重。[②] 但是为了进一步规范证监会的执法,有必要对"吻合"的判断要素进行探讨与总结。

2. 判断"吻合"值得考虑的要素。从实践中看,证监会认定的"吻合"通常是指账户、账户的资金变化、交易时点(包括买入和卖出时间)、交易模式等要素与内幕信息形成、变化、公开的过程以及内幕信息知情人和内幕交易主体的联络时点一致,"基本"或者是"高度"都是一致的程度问题。最高人民法院、最高人民检察院在2012年发布的《关于办理内幕交易、泄露内幕信息刑事案件具体应用法律若干问题的解释》(法释〔2012〕6号)第三条中用于判断"相关交易行为明显异常"的种种情形也可参照借鉴。[③]

通常,判断"高度吻合"值得考虑的要素包括:(1)账户:内幕交易嫌疑人在内幕信息形

---

① 参见张禽:《内幕交易行政处罚案例综述》,载彭冰主编:《规训资本市场:证券违法行为处罚研究(2016)》,法律出版社2018年版,第184–190页。

② 事实上,无论是行政处罚决定还是行政复议决定,都既使用了"高度吻合"的表述,也使用了"较为吻合"的表述。

③ 《关于办理内幕交易、泄露内幕信息刑事案件具体应用法律若干问题的解释》第三条规定:"本解释第二条第二项、第三项规定的'相关交易行为明显异常',要综合以下情形,从时间吻合程度、交易背离程度和利益关联程度等方面予以认定:(一)开户、销户、激活资金账户或者指定交易(托管)、撤销指定交易(转托管)的时间与该内幕信息形成、变化、公开时间基本一致的;(二)资金变化与该内幕信息形成、变化、公开时间基本一致的;(三)买入或者卖出与内幕信息有关的证券、期货合约时间与内幕信息的形成、变化和公开时间基本一致的;(四)买入或者卖出与内幕信息有关的证券、期货合约时间与获悉内幕信息的时间基本一致的;(五)买入或者卖出证券、期货合约行为明显与平时交易习惯不同的;(六)买入或者卖出证券、期货合约行为,或者集中持有证券、期货合约行为与该证券、期货公开信息反映的基本面明显背离的;(七)账户交易资金进出与该内幕信息知情人员或者非法获取人员有关联或者利害关系的;(八)其他交易行为明显异常情形。"

成后开户、在完成案涉交易后销户等。（2）资金变化：交易主体激活长期不使用的资金账户，账户中突然出现大笔资金的转入、转出或者资金的来源与内幕信息知情人有关等。（3）交易时点：行为人在重大利好消息形成后突击大量买入或是在重大利空消息放出前卖出所持证券，买入或者卖出的时间点与股价的变化趋势一致。（4）交易模式：最突出的表现形式是集中买卖上市公司股票，例如行为人不惜亏损卖出现在持有的股票，转而满仓购入内幕信息涉及的股票。交易频率、风格的剧烈变化也值得关注，如果交易主体在过往的投资中为了避免风险而分散持股，但在内幕信息形成之后、尚未公开之前，以绝对数量或者相对比例远超其日常交易风格的资金配置模式操作股票，就会成为被查处的重要依据。这方面的典型案例如岳远斌案就同时具备上述两种情形，其以远低于成本价的价格大量抛售账户内原有股票，并购入内幕信息涉及的股票；另外，案涉账户一般同时持有多只股票，重仓持有一只股票的情形较为少见，但是内幕信息涉及的股票是一定的调查期间内全部交易股票中持仓量最高的股票，因此，岳远斌的买入行为实属异常，① 这也成为认定其构成内幕交易的有力论证之一。背离市场基本面的投资也属于极其异常的交易行为，譬如交易主体对确定亏损的公司进行大额投资，而此后该公司确实放出了利好消息。除了账户和交易的特征外，行为人在调查过程中撒谎或者回避调查、销毁证据、刻意隐瞒接触情形等举动也可以作为执法者的心证依据。②

　　判断"基本吻合"的要素大致相同，区别在于程度。如果"高度吻合"要求交易的时间点与股价的变化一致，"基本吻合"只需要行为人的交易时点位于内幕信息敏感期内，买入或者卖出的时间节点无须紧贴利好消息形成或者利空信息公开之时。其他的情形还包括：行为人以大量资金购入内幕信息涉及的股票，但是资金为自有资金或是以合理成本借贷的资金；行为人集中持有上市公司股票，但是在此期间，股票的基本面没有明显变动并且其一贯的交易风格就是集中持有；行为人在内幕信息形成后进行无亏损或亏损度一般的调仓等。③

　　对于这些要素，不能够仅仅依据特定的某一项就得出结论，例如不能够单纯凭借交易发生的时间紧跟在联络、接触之后，就认为行为人知悉内幕信息，进而认定内幕交易成立，而应当结合其他要素综合考虑，增加说理的信服力。但是要素的列举无法穷尽，随着技术的进步，更为隐蔽的内幕交易手段也会层出不穷，重要的是法律、行政法规等应当对执法人员的自由心证作出必要的限制，例如释明"基本吻合""高度吻合"的含义，通过大量案件的积累总结，形成一定的量化标准，克服自由裁量权的滥用。

---

　　① 参见《中国证监会行政处罚决定书（岳远斌）》（〔2011〕57号）。
　　② 参见曾洋：《"知悉内幕信息"的证明》，载《证券市场导报》2014年第11期，第76页；谢杰：《最新内幕交易犯罪司法解释的缺陷与规则优化》，载《法学》2012年第10期，第144页。
　　③ 参见谢杰：《最新内幕交易犯罪司法解释的缺陷与规则优化》，载《法学》2012年第10期，第144页。

3. 证监会只证明到"基本吻合"的程度。对证明标准的理论进行分析之后,再回到苏嘉鸿案上,即使是从实体层面看,证监会似乎也没有证明到"高度吻合"的标准。"浦江之星12号"账户自2010年5月起就交由苏嘉鸿负责交易操作,"马某强"与"朱某海"两账户也都是2012年上半年就交由苏嘉鸿操作使用,单就账户层面,苏嘉鸿的交易行为没有异常。同时,账户中的资金也并非都是2013年3月前后转入,部分资金在2012年就已经存入,因此苏嘉鸿最主要的异常行为是在2013年3月至4月之间开始集中交易威华股份,而此前三账户从未交易过该股票。但是依照证监会的调查,苏嘉鸿从2月就开始与殷卫国有联系,却在3月11日才开始买入,并且3月12日就有卖出情形。诚然,在知晓信息后观望月余,等待时机购入,并且第二天就试探卖出短期获利,也可以认为是投资者的一般操作,但是此种交易行为很难说达到了与内幕信息"高度吻合"的程度,最多只满足"基本吻合"的证明要求。加上殷卫国并未找到,苏嘉鸿也对从殷卫国处获取内幕信息予以否认,本案被司法机关推翻,实属合理。

五、 结语

苏嘉鸿案中,证监会的执法瑕疵还包括在处罚前的听证和诉讼中均未就通信记录举证,剥夺了苏嘉鸿质证的权利,甚至在张海光案中,北京高院就已经指出了证监会的这一问题,但证监会却并未吸取教训予以改正。本案再一次强调了重组方案的改变不影响内幕信息的认定这一观点,但更重大的意义在于通过法院的司法审查确立了证券行政调查中必须找到内幕信息传递者的调查标准,提示了"推定"认定内幕交易过程中证明标准的重要性,还重申了当事人程序性权利的保障问题等。

"传递型"内幕交易近几年属于证监会重点监管的对象,苏嘉鸿案所涉及的问题在其他类似案件中也或多或少的存在。证监会打击内幕交易的力度逐年增大,与之相随的是执法的激进化,其在诸多处罚中针对一些关键理由及依据语焉不详,对于被处罚者的抗辩也不作出积极的回应,造成整个处罚的说理流于表面,无法深入。苏嘉鸿案无疑敲响了警钟,迫使证监会在行使自由裁量权时三思而后行,依法行政,保障当事人在实体和程序上的各项权利。

证券信息披露中的重大性认定

——以"万家文化案"为例

■ 王彦光*

摘要： 重大性问题虽然是证券信息披露制度的核心问题，但在既有的域内研究中却缺乏探讨，其原因是《证券法》在法律移植过程中的"误译"与实践中的执法需求不彰。借助万家文化案可以辨析欺诈市场理论的原意及其与重大性的差别，分析重大性作为认定虚假陈述行为的独立要件地位，并结合域内外的实践经验，对比各类重大性证明方法的利弊。

关键词： 重大性　万家文化案　虚假陈述　因果关系　股价波动法

一、问题的提出

2018年4月，中国证监会发布行政处罚决定书，针对上市公司浙江万好万家文化股份有限公司（以下简称万家文化，现已改名为浙江祥源文化有限公司），以及原收购方西藏龙薇传媒有限公司（以下简称龙薇传媒）及其相关责任人赵薇等给予行政处罚。① 此后，相关民事侵权赔偿诉讼逐渐展开。在万家文化案中，证监会首次讨论了"不确定信息"的披露问题，并采用"事件研究"的股价波动法对披露信息的重大性予以认定。

万家文化在2016年12月27日公告控股权转让事项，宣布在2016年12月23日与龙薇传媒签订《万好万家集团有限公司与西藏龙薇文化传媒有限公司之股份转让协议》（以下简称《股份转让协议》），向龙薇传媒转售万家文化持有的流通股，占上市公司已发行股份的29.135%，转让后龙薇传媒将成为上市公司的第一大股东。② 两天后的12月29日，万家文化收到上海证券交

---

* 北京大学法学院2018级博士生。

① 《中国证监会行政处罚决定书（万家文化）》（〔2018〕32号）；《中国证监会证券市场禁入决定书（孔德永、赵薇、黄有龙）》（〔2018〕7号）。

② 参见《浙江万好万家文化股份有限公司关于第一大股东签署〈股份转让协议〉暨控制权变更的提示性公告》，载巨潮资讯网，http://static.cninfo.com.cn/finalpage/2016-12-27/1202959366.PDF，2020年8月27日最新访问。

易所(以下简称上交所)的《关于对浙江万好万家文化股份有限公司权益变动信息披露相关事项的问询函》(以下简称问询函)。在14天后的2017年1月12日,龙薇传媒通过万家文化公告披露对上交所问询函的回复(以下简称1月12日公告),说明收购资金来源中,0.6亿元为股东自有资金;15亿元为西藏银必信借款,由赵薇(龙薇传媒执行董事兼法定代表人)担保;14.999亿元为向金融公司质押融资等。其中向金融公司的质押融资正在金融机构审批流程中,若未能融资成功,则会积极与万家文化沟通,并寻求其他金融机构股票质押融资。1个月后的2017年2月13日,万家文化与龙薇传媒签订《关于股份转让协议之补充协议》,减少股份转让比例至5.0396%。次日公告补充协议(以下简称2月16日公告)。

证监会认定1月12日公告和2月16日公告存在虚假记载、误导性陈述及重大遗漏。证监会的论证思路分为两层:第一层,证监会分别以"资金准备不足贸然公告""融资情况与实际情况不符""未披露融资不顺利""未披露无法按期完成融资原因"和"未积极沟通"为由,认定1月12日公告和2月16日公告存在虚假陈述;第二层,证监会列举了涉案期间万家文化的股价波动说明其"严重影响",包括1月12日公告并复牌后的2个涨停日和2个收涨日,2月16日复牌后的2个交易日下跌,以及2017年7月21日的低于最高价63.88%收盘。

万家文化案相较于其他虚假陈述行政处罚案件有两点非常特殊。第一,万家文化案中证监会首次讨论了"极大不确定性"事项的虚假陈述认定。第二,万家文化案首次使用股价波动法来认定虚假陈述信息的重大性。① 两者都涉及证券信息披露制度中的核心要件——重大性要件(materiality),两者也都在行政程序和民事诉讼中有所论辩。

在行政程序中,龙薇传媒等以"股价波动是正常的市场反应""股价波动受多方面影响""涉及信息不具有重大性""'名人效应'导致股价大幅波动没有依据"等理由抗辩。证监会要么未予回应,要么认定举证责任在行政相对人方。总体来看,证监会在论证重大性时混杂了多方面的论证方法,既包括主观判断的诸如"名人效应""全面客观"等论证方式,也使用了股价波动法,以客观证据来证明涉案信息具有的重大性。但是从行文结构而言,论证重大性的方法论意识并不十分清晰。在民事诉讼中,龙薇传媒等也用类似的理由抗辩,认为信息并不具有重大性或质疑股价波动法的合理性,但法院要么直接引用证监会的结论,要么简单使用大盘指数作为参考,要么不予回应。基本上回避了对重大性的讨论。

实践活动中的混乱或许源于长期以来国内学界对于重大性要件的研究存在严重不足。一方面,学界将重大性要件视为侵权责任中因果关系要件的替代品,并将其与"欺诈市场理论"(fraud-on-the-market theory)相连接。然而,在行政程序中,根据《中华人民共和国证券法》

---

① 证监会在昆明机床案中也曾提及股价波动,但未如万家文化案一样作详细阐述。参见《中国证监会行政处罚决定书(沈机集团昆明机床股份有限公司、王兴、罗涛)》(〔2017〕18号)。

（以下简称《证券法》）第一百九十七条第二款，证监会仅需要证明存在违反《证券法》的虚假陈述行为，而无须证明损害的存在，更遑论因果关系了。因此，按照通常的理解，在行政程序中不存在使用股价波动法的空间。但证监会却在万家文化案中使用了这一方法。学界的理解与实践产生了矛盾。另一方面，在论证重大性的方法上，学界认为证明重大性的方法分为"股价波动法"和"理性投资者"两种方法。然而，从比较法源头来看，"股价波动法"只是"理性投资者"标准的证明方式之一，此外还存在诸如财务比例法等其他证明方式。这两种错误理解，都显示出学界欠缺对于重大性要件的研究。因此，借助万家文化案展开重大性要件的研究，可以讨论重大性要件与欺诈市场理论等理论或要件之间的关系，分析重大性要件在证券信息披露制度中的作用，并辨析各类证明重大性的方法。

二、重大性要件的中国法误解

长期以来，学界对于重大性问题的研究都缺乏兴趣，仅有少数的论文在讨论内幕交易时会谈及内幕信息的重大性，[①] 最终虚假陈述问题中诸多误解未被澄清，使证监会在万家文化案中遇到重大性问题时手足无措。重大性要件之所以被长期忽视，其原因在于立法"误译"和执法需求的欠缺。

（一）立法方面的"误译"与混淆

在立法方面，中国《证券法》移植美国法的过程中，"误译"了美国法中 10b-5 规则（Rule 10b-5）的虚假陈述行为类型，从而掩盖了重大性要件的核心地位。[②] 在我国《证券法》中，虚假陈述行为被表述为虚假记载、误导性陈述、重大遗漏这三类。然而在美国法中，10b-5 规则（b）款原文所规定的行为只有两类，即重大错误陈述（material mispresentation）与重大遗漏（omit to state a material fact）。[③] 中国法中多出的第三类行为，是将原文中修饰重大遗漏的定语"在语境下可以避免导致误导"翻译为独立的一类虚假陈述，即误导性陈述。这样的错误翻译，

[①] 相对而言，在内幕信息的认定中，执法者必须论证信息具有重大性，才能够建构内幕交易的不公平性。因此，实践中涉及的重大性问题会催生学界的讨论。有关内幕交易中的重大性问题，可参见李有星、徐鹏炯：《内幕信息重大性标准探讨》，载《浙江大学学报（人文社会科学版）》2017 年第 3 期。

[②] 之所以"误译"需要加引号，是因为从中国内地证券立法的历史来看，还有一种可能是在《证券法》中糅合了美国法和香港法的规则，即上海交易所参考的美国法以"虚假陈述"和"遗漏"为行为类型，而深圳交易所参考的香港法则以"虚假陈述"和"误导性陈述"的二分法为行为类型（参见香港《1974 年证券条例》第 138 条）。中国内地法或许是取二者的并集，但这一可能并不改变本文所论述的"误导性陈述"与"重大遗漏"重叠的问题。

[③] 10b-5 的（b）款 "To make any untrue statement of a material fact or to omit to state a material fact necessary in order to make the statements made, in the light of the circumstances under which they were made, not misleading" 的正确翻译应当是"对于任何重大事实作出虚假表述，或者遗漏陈述重大的必要事实，而该事实在陈述的环境下可以使该陈述不具有误导性"。

使中国法中似乎只有"遗漏"的行为需要满足"重大性",其他两类则无须满足,更掩盖了重大性要件贯穿信息披露制度的地位。同时,也使之后的《证券法》始终在"误导性陈述"错误分类中打转,不仅是虚假陈述的第七十八条第二款,还包括禁止散布虚假信息的第五十六条以及自愿性披露的第八十四条,也造成了实践中如何解释"误导"的困难。①

10b-5 规则的"误译"使《证券法》中的重大性概念十分混乱,除了直接移植 10b-5 规则的第七十八条第二款虚假陈述条款外,还包括:在规定发行阶段的第二十四条中既有"隐瞒'重要'事实"又有"编造'重大'虚假事实";在规定持续性信息披露的第八十条和第八十一条列举了"重大事件",其中又使用了"重要变化"的措辞;在规定信息披露制度的整体信息标准的第十九条第一款和第七十八条第二款中,标准被定义为模糊的"真实、准确、完整"。中国法也并非完全无视重大性问题。在 2019 年,《证券法》第十九条特别增加了"投资者作出价值判断和投资决策所必需的信息",这明显是移植了美国法的"理性投资者标准"(但没有移植"理性"二字)。可是第十九条只是规定了发行阶段时发行人报送申请文件的披露要求,按照文义解释,似乎"投资者标准"只适用于发行阶段。这些规定使我国《证券法》的使用者往往产生混淆。一方面,什么叫"真实、准确、完整"让人无所适从。另一方面,"重要"和"重大"的关系究竟为何?是否应当做《证券法》所列举重大事项的类推解释?又如何类推?这一系列混乱的问题,其实都可以统合在"重大性"的概念中,即将信息披露制度表述为"真实披露全部重大信息"。

(二) 执法行动中的案例欠缺

在执法方面,多年以来中国证监会的虚假陈述行政处罚对象几乎不存在重大性的问题,而司法裁判又因为 2003 年的《最高人民法院关于审理证券市场因虚假陈述引发的民事赔偿案件的若干规定》(法释〔2003〕2 号,以下简称《关于虚假陈述的规定》)而直接引用证监会的处罚,回避对信息重大性的讨论,所以在实践中虚假陈述的重大性问题并不如内幕交易中的内幕信息重大性问题突出。② 多年以来,在排除诸如应披露担保而未披露、未披露关联关系等硬性规定之外,中国证监会虚假陈述类的行政处罚针对的对象具有两个方面的特征。第一个方面是处罚针对的信息都是确定性信息,而非不确定性信息。比如银广夏案、郑百文案等案件,信息披露义务人都凭空创造了客观上并不存在的交易,而非使用会计估计等主观判断的预测性(即不确定性)信息。所以绝大多数虚假陈述案件都是确定的、明显的虚假记载,而非指鹿为马的预测性信息

---

① 有趣的是,《刑法》中的"违规披露、不披露重要信息罪",则变相坚持了虚假与遗漏的二分法,这或许是出于从刑法谦抑性的角度而言,误导性陈述的表述容易被扩张解释的原因。

② 在 2019 年《全国法院民商事审判工作会议纪要》("九民纪要")中,最高人民法院仍未清楚界定重大性要件(第 85 条),仅坚持行政处罚认定的信息披露违法行为即构成重大性,民事审判法庭不予解释,针对重大性的抗辩交由行政复议、行政诉讼处理。

(forward-looking information)。第二个方面是处罚针对的信息都是显然具有重大性的信息。从数据来看，都是绝对值较大或者占比例较大，或者扭亏为盈等改变财务报告性质的信息，而极少触碰介于合法与非法之间的虚假陈述，这甚至导致证券律师认为虚假陈述是非黑即白的问题，而不是从违法到合法连续变化的光谱。

根据笔者统计的从2001年至2019年的310件证监会处罚与重大性有关的信息披露违规案例中，证监会的处罚论证主要分为纯粹数字、对比数字和百分比三类。第一类纯粹数字类，是指证监会仅列出了虚假陈述的金额。例如海龙科技案，证监会仅列出了海龙科技的担保事项的数额1000万元等，而未列出可作对比公司净资产、总资产。① 第二类对比数字类，是指证监会列出了与虚假陈述项目相对应的可比项目。例如大唐电信案，处罚决定书中列出了大唐电信2004年年报的利润总额为62385759.04元，而虚增利润的数额为37186597.53元。② 第三类百分比类，是指证监会直接列出了虚增项目占可比项目的百分比。例如河南天丰案，处罚决定书指明了2010年虚增销售收入占账面收入的10.22%。③ 虽然所有上市公司的财务报告都是公开信息，因此相对应的比例完全可以通过计算得出，但是证监会的处罚决定书内容是否包含比例或者可供计算比例的数据，显示出证监会在判断重大性时的论证思路。

统计证监会的处罚案例，可以略见行政执法者判断财务信息重大性的标准，即绝对数字较大（基本以千万元为单位）或占比极大。从绝对数字而言，证监会处罚的虚增或虚假数额基本以千万元计。从百分比来看，处罚案例中的造假百分比基本在20%以上。虽然也有个别案例中列举的百分比最低达到5.16%，但该数值在中电广通案中只是多个造假数值之一，其余造假部分从12.99%到105.41%不等。证监会较少处罚处于重大性判断边缘（例如5%）的案件。

从历年数据统计发现，除了最开始行政处罚的2001年外，早期证监会针对重大性问题上的表态，主要以披露绝对值的方式展示，而不提及相对占比。除了安硕信息案、广西慧球案等极少数案件外，都不存在重大性的问题（见图1）。

然而，在万家文化案中，上述两个特征——确定性信息与显然重大——都未被满足。第一，万家文化案中的涉案信息是与Basic案④高度类似的具有不确定性的并购信息，只不过违法形态与Basic案恰恰相反：Basic案是因为未披露并购而违法，而万家文化则是披露了并购而违法。第二，证监会在本案中以股价波动法论证了该信息的重大性，是罕见的正面讨论重大性的案例。

---

① 《中国证监会行政处罚决定书（海龙科技、任银光等10名责任人员）》（〔2008〕1号）。
② 《中国证监会行政处罚决定书（大唐电信、周寰等20名责任人员）》（〔2008〕28号）。
③ 《中国证监会行政处罚决定书（河南天丰节能板材科技股份有限公司、李续禄、孙玉玲等19名责任人）》（〔2014〕19号）。
④ See Basic Inc. v. Levinson, 485 U.S. 224 (1988).

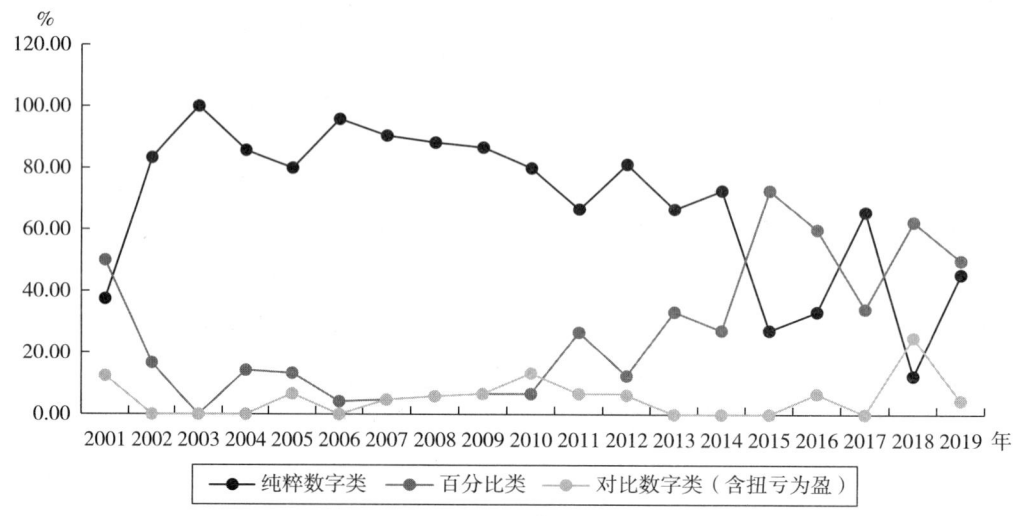

图 1　证监会重大性类案件的裁判标准趋势

（资料来源：作者整理）

三、独立存在的重大性要件

（一）独立于欺诈市场理论的重大性要件

2003 年《关于虚假陈述的规定》被视为中国法采纳了欺诈市场理论的标志，而欺诈市场理论被理解为用重大性要件替代了依赖要件用以证明侵权责任中的因果关系，并将这一理论与有效市场假说链接，最终形成了"欺诈市场—重大性—有效市场—股价波动法"四位一体的理解。然而实际上，这四者虽然互相有所关联，却相互独立。

中国法"四位一体"的理解来源于虚假陈述侵权责任中证明因果关系要件的困难。按照一般的侵权法结构，原告方需要证明被告方存在侵权行为、原告方遭受损失，侵权行为和损失之间存在因果关系。在虚假陈述侵权责任中，侵权责任的构成要件则表现为信息披露义务人存在虚假陈述行为，受害人因信赖虚假陈述而进行了交易，受害人遭受了损失。但是，由于投资者是否阅读了虚假陈述的信息披露，或者说投资者是否依赖了虚假陈述而进行交易难以证明，因此中国法院学习了美国的欺诈市场理论，制定了《关于虚假陈述的规定》第十八条，采用了推定的方式认定信赖的默认存在。相应地，在法庭的辩论中，除非信息披露义务人能够根据《关于虚假陈述的规定》的第十九条提出反驳意见，否则即视为证明了依赖。之后的损害赔偿，也以虚假陈述揭露前后的股价波动为损害的计算标准。

中国学界认为《关于虚假陈述的规定》是学习了 1988 年美国 Basic 案所确立的证明信赖要

件的方式,① 即因为上市公司股价在虚假信息披露前后产生剧烈的股价波动,以此证明被告的虚假陈述或遗漏具有重大性,同时根据投资者交易行为信赖股价,股价形成依赖上市公司的信息披露的间接依赖逻辑,推定投资者的交易行为依赖股价。换言之,是以股价的剧烈波动证明信息的重大性,从而替代信赖证明。② 这一方式被称为欺诈市场理论,在中国学界的理解中,重大性要件是在作为依赖要件的替代要件而存在的。然而,这一说法并不符合虚假陈述违法行为的基本原理,也不符合行政程序中的论证需要,更不符合作为借鉴来源的美国司法历史。

第一,在原理上,重大性要件是与依赖要件相互独立的要件,是从属于虚假陈述行为的构成要件。在证明虚假陈述的侵权责任中,原告需要证明以下三个要件(见图2):(1)存在虚假陈述行为;(2)原告依赖虚假陈述而作出交易行为;(3)原告相应受有损失。③ 在证明存在虚假陈述行为时,原告则需要证明虚假性与重大性。所谓虚假性,是指原告陈述了错误信息(misrepresentation,即虚假记载)或未陈述信息(omit,即遗漏)。所谓重大性,则是指信息本身具有重大性,足以使理性投资者在投资者决策中予以考虑。举例而言,如果原告方(投资者)认为金牛座在近一段时间的运势较好,而由于上市公司披露信息的董事长生日为4月21日,即董事长为金牛座,因此原告方购买了股票,以期待股价上涨。结果后来公司更正,董事长生日为4月20日,是白羊座。那么原告能否主张上市公司虚假陈述而造成的侵权损害赔偿?这显然不符合理性投资者在投资决策中应当考虑的因素。董事长的生日即便是错误的,也因为不具有重大性而不构成虚假陈述。④ 所以从虚假陈述的基本原理来看,重大性并不是依附于依赖要件的要件,而是从属于虚假陈述行为要件的子要件。

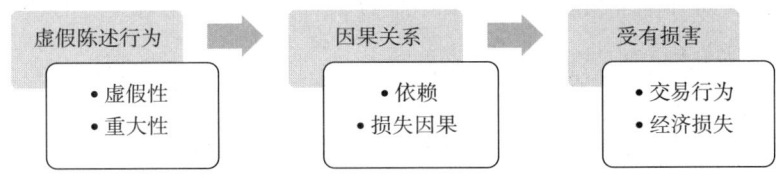

图2 虚假陈述侵权责任的证明过程

(资料来源:作者自制)

第二,重大性要件不止于民事侵权诉讼。重大性不从属于依赖要件的另一个证据,是行政程

---

① See Basic Inc. v. Levinson, 485 U. S. 224 (1988).
② 参见焦津洪:《"欺诈市场理论"研究》,载《中国法学》2003年第2期。
③ 完整的内容应该包括重大性、虚假性、故意(scienter)、关联性(connection)、依赖(reliance)、经济损失与经济损失的因果关系。See Glickenhaus & Co. v. Household Int'l Inc. 787 F. 3d 408 (7th Cir. 2015).
④ 星座说虽然看似荒谬,但在万家文化案中,证监会就将信息披露义务人演员赵薇的名人效应作为了论证依据,属于变相的星座说。

序和民事诉讼之间的区别。在民事诉讼中，原告需要证明虚假陈述、受有损害和因果关系，然而在行政程序中，行政机关无须证明损害和因果关系，仅需要证明存在虚假陈述即可。在不需要证明依赖要件的行政程序中，行政机关仍有必要证明披露信息的重大性才能予以处罚。因此，重大性要件不从属于欺诈市场理论。

第三，美国司法历史中不存在用重大性标准替代因果关系要件的实践。在建立重大性标准的判例中，美国法院也未曾表达过以虚假信息披露的重大性标准来取代因果关系标准的态度。用以证明依赖要件的欺诈市场理论，肇始于 1972 年的 Affiliated Ute Citizen 案。判决书中 Blackmun 法官的表述是"在本案的环境下，特别是其中没有披露的行为，积极证明依赖要件并不是获得赔偿的先决条件"。① 换言之，法庭只是豁免了证明依赖要件的举证责任。在之后被视为正式确立欺诈市场理论的 Basic 案②中，重大性要件依然是独立于欺诈市场理论的要件。在 Basic 案的判决书中，Roberts 大法官将论证过程分为了三个问题，即"重大性标准是什么""认定不确定性信息重大性的方法是什么"和"如何证明依赖"。在这三个问题上，答案分别是"理性投资者标准""概率/规模法"和"欺诈市场理论"。"重大性"要件仍然独立于依赖要件。

在有关重大性的另一里程碑案件，也是 Basic 案所引用案件 TSC 案中，则根本无须讨论依赖要件的问题，因为 TSC 案中的虚假陈述是记载于委托投票说明书（proxy statement）中。依据的也不是 10b-5 规则，而是 14a-3 规则和 14a-9 规则。在 TSC 案中，代理委托书本身满足了依赖要件，但仍需讨论信息的重大性问题。③

所以，与其说欺诈市场理论是用重大性标准替代了因果关系标准，倒不如说是欺诈市场理论用推定的方式举证责任倒置，豁免了依赖要件的证明，而损害因果关系的证明则属于另一要件，用有效市场假说进行了证明。

（二）"欺诈市场—有效市场—重大性—股价波动法"的关联与区别

回到欺诈市场理论的问题上，欺诈市场理论到底解决了什么问题？与有效市场假说有怎样的关系？股价波动法（市价波动法/事件研究法）又在其中起到怎样的作用？重要性与其有何关系？

第一，有效市场假说只是支持欺诈市场理论的理由之一。按照 Basic 案的论述，欺诈市场理论是基于一个假设，即公司的股票价格由公司及其营业相关的重大性信息所决定。④ 这一说法并不等同于有效市场假说。在 Basic 案的法庭论证中，法庭分别从多个角度论证了适用欺诈市场理

---

① "Under the circumstances of this case, involving primarily a failure to disclose, positive proof of reliance is not a prerequisite to recovery." See Affiliated Ute Citizen v. United States, 406 U. S. 128 (1972).
② See Basic Inc. v. Levinson, 485 U. S. 224 (1988).
③ See TSC Indus. v. Northway, 426 U. S. 438 (1976).
④ See Basic Inc. v. Levinson, 485 U. S. 224 (1988).

论的合理性,包括市场作为评估股价的中介、合理分配举证责任、公平性的考量以及有效市场假说的相关实证论文。有效市场假说只是支持欺诈市场理论的一个理由。

  Basic案中法庭给出的推翻欺诈市场理论的方法也可证明这一论点。法庭所举的例子包括原告已经知道了被遗漏的信息(不依赖)、并购信息已经通过新闻进入了市场(truth on the market,即信息已进入市场)等。① 这两点都不否定有效市场,但却能推翻欺诈市场理论。因此,可以看出欺诈市场理论只关注于解决依赖要件的证明,而有效市场假说只是欺诈市场理论的支撑理由之一。综上所述,欺诈市场理论的原意仅仅为:出于公平、公共政策、法律经济的考量以及参考实证研究,法庭认为投资者的投资决策依赖证券市场价格,而证券市场价格受信息披露的影响,因此,推定投资者的投资决策依赖信息义务人披露的信息。

  第二,欺诈市场理论、有效市场假说、中国司法实践是三种不断递进的逻辑。《关于虚假陈述的规定》中损害赔偿额的计算,所依据的是有效市场假说,而非欺诈市场理论。如同之前讨论的,欺诈市场理论并不以有效市场假说为要件,那么为什么长期以来的学界讨论,都将欺诈市场理论与有效市场假说绑定呢?其原因在于,中国的《关于虚假陈述的规定》的第十八条和第十九条,同时处理了依赖要件与损失规模两个问题,其中欺诈市场理论用以证明依赖要件,有效市场假说则用以计算损失规模。混合的表述使学界对欺诈市场理论与有效市场假说产生了混淆。《关于虚假陈述的规定》第十九条的第一项和第二项,处理的是"有依赖,无损失"的情况;第三项处理的是"无依赖,有损失"的情况;第四项处理的是"有依赖,有部分损失"的情况;第五项则是法律上对原告否定评价所产生的免责。正是这四类不同的情况都被纳入同一条款中,才使欺诈市场理论与有效市场假说之间产生了混淆。

  欺诈市场理论所证明的只是投资者依赖了股价,而股价受信息披露影响,但并不表示股价的全部波动完全受涉案信息影响。例如信息A和信息B同时影响股价,股价下跌6元。下跌的原因中,或许3元来源于信息A,2元来源于信息B,1元来源于市场随机波动。在有效市场假说中则更进了一步,不承认市场随机波动的存在,即最后的1元必然要么归属于A,要么归属于B。② 在司法实践中,由于无法确定6元中究竟哪部分属于虚假陈述信息A,因此法庭作了比有效市场假说更进一步的推定,即若被告能够指出信息B时,则6元都由信息B造成;若被告不能,则6元都由信息A造成。因此,欺诈市场理论、有效市场假说和中国司法实践是三种不断递进的逻辑。

---

  ① See Basic Inc. v. Levinson, 485 U.S. 224 (1988).
  ② 实际上,在证券法领域所说的有效市场假说,其实只是指半强式有效市场,即股价反映全部公开信息。有关有效市场假说的具体内容,可参见 Eugene F. Fama, Efficient Capital Markets: A Review of Theory and Empirical Work, 25 The Journal of Finance 383 (1970).

第三，在损害赔偿额计算和证明重大性中都使用了股价波动法，但两者的证明逻辑并不相同，只是共享了股价波动的证据外观而已。在损害赔偿额计算中，股价波动法的适用逻辑是"根据有效市场假说，虚假陈述会导致股价波动"，因此用股价的波动来计算损害的规模。借用侵权法中的概念，是一种法律上的因果关系，是责任范围的因果关系。但是在证明重大性时，股价波动法的逻辑是"股价波动的现象，证明了信息具有重大性"，是一种事实因果关系，是责任成立上的因果关系。[①] 损害计算和重大性证明是本命题与逆命题的关系，是"因为信息重大所以造成股价波动"和"股价波动证明信息重大"的对向逻辑。两者的逻辑方向是相反的。

综上所述，欺诈市场理论和损害赔偿额共享了有效市场假说作为支持理由，重大性要件与损害赔偿额则共享了股价波动的证据外观。欺诈市场理论与重大性要件之间相互独立，两者也都并非以有效市场假说为前提。欺诈市场理论、有效市场假说、重大性要件和股价波动法是有区别但相互关联的不同概念。

（三）重大性要件的地位与概念

重大性要件本身并不仅限于虚假陈述，而是贯穿整个信息披露制度的核心要件。由于信息披露制度的目的在于使投资者能够准确评估上市公司的价值，因此似乎披露上市公司有关信息越多越好。然而，信息披露也存在着过犹不及的问题。首先，过多的信息披露会造成上市公司的披露压力。试想，如果公司董事买一杯咖啡都需要做信息披露，那么上市公司势必只能淹没在穷无尽的信息披露义务中，而无法正常经营。其次，过多的信息披露也会造成投资者无法获取有效信息，即信息过载（buried fact）。[②] 因此，在《1933 年证券法》（Securities Act of 1933）和《1934 年证券交易法》（Securities Exchange Act of 1934）中，法条的规定都强调了应当披露的事实必须具有重大性（material）。[③] 之后的 10b-5 规则的第 2 项也强调了所涉信息必须具有重大性。此外，在两部证券法律中的其他部分，例如委托投票说明书、内幕交易等部分，也都以重大性为要件。重大性要件还贯穿于其他的补充披露制度的法规中，例如 408 规则（a）款指明"除了所

[①] 有关于侵权法上的因果关系区分，参见程啸：《侵权责任法》，法律出版社 2015 年版，第 221 页。

[②] Basic 案判决的第 II 部分指出过多的信息"仅会把股东们掩埋在琐碎信息的雪崩中"。See Basic Inc. v. Levinson, 485 U.S. 224（1988）.

[③] 《1933 年证券法》第 8 条（d）款规定："任何对重大事实的虚假陈述或遗漏陈述任何重大信息，而该重大信息在此种情况下会让陈述不具有误导性"（any untrue statement of a material fact or omits to state any material fact required to be stated therein or necessary to make the statements not misleading）；《1934 年证券交易法》第 13 条（g）款（2）项规定："任何对重大事实的虚假陈述或遗漏陈述任何重大信息，而该重大信息在此种情况下会让陈述不具有误导性"（if any material change occurs in the facts set forth in the statement filed with the commission, an amendment shall be filed with the Commission）.

要求的注册文件信息，其他的具有重大性的信息也应当披露"。① 因此，重大性要件是信息披露制度的核心，而并非虚假陈述侵权责任中因果关系的替代品。

那么什么是重大性？美国立法者和证交会（the U. S. Securities and Exchange Commission, SEC）始终都不肯言明，最终是美国联邦最高法院给出了定义。虽然美国联邦证券法的反欺诈条款和披露要求条款中反复使用重大性的概念，但《1933 年证券法》和《1934 年证券交易法》都没有界定重大性的概念。作为美国联邦证券法的执法部门，美国证交会采用了列举的方式，通过一系列披露表格中应包含内容清单的方式，说明了重大性信息至少包含了哪些内容，但仍没有正面解释重大性概念，仅在具有兜底性质的条款中，要求披露"对避免误导而言必要的信息"。②

真正定义了重大性的事件，是 1976 年的 TSC Industries, Inc. v. Northway, Inc. 案（TSC 案）。③ 本案中 TSC Industries 公司在一份代理委托书中涉嫌披露重大误导性信息。信息的内容有关于 TSC Industries 与 National Industries 两家公司合并的事项。该案中，美国联邦最高法院认为，重大性的标准不是简单的是否影响理性投资者的投票行为，而是对于理性投资者在决策过程中，被遗漏的事实会"明显改变可得信息完全混合的样貌"（significantly altered the "total mix" of information made available）。自此以后，美国证交会的规则都沿用了 TSC 案的标准，例如之后美国证交会的 405 规则和 12b-2 规则中都以理性投资者作为重大性的定义。

从立法目的的角度而言，理性投资者标准也符合信息披露制度的基本原理。美国《1933 年证券法》和《1934 年证券交易法》创造强制性信息披露制度的目的，就是为了抑制投机行为与欺诈行为，能够鼓励价值投资、长期投资。价值投资者需要得到充分的信息以判断公司的价值，以决定自己的行为，如买卖或者投票。然而，法律要求信息披露义务人针对每一位投资者的个性化披露要求而去披露信息既不经济也不合理，所以需要一个面对整个市场而言适用的标准，理性投资者标准十分恰当。

长久以来在虚假陈述问题中的重大性要件替代因果关系要件的理解，以及欺诈市场理论、有效市场假说、股价波动法相互绑定的观念，产生了一个副作用，即欺诈市场理论中的重大性信息会对股价产生影响理论，会被反向使用，即如果股价有变化，那么信息就具有了重大性。从逻辑上而言，这是将命题为真推理为逆命题为真的逻辑谬误，即将"如果天气炎热，那么冰淇淋

---

① 原文为"除了所要求的注册文件信息，其他具有重大性的信息也应当披露，只要该信息在此种语境下，若想让陈述不具有误导性而言，该信息是必需的"（In addition to the information expressly required to be included in a registration statement, there shall be added such further material information, if any, as may be necessary to make the required statements, in the light of the circumstances under which they are made, not misleading）.

② See Dale A. Oesterle, The Overused and Under-defined Notion of "Material" in Securities Law, 14 University of Pennsylvania Journal of Business Law 167 (2011).

③ See TSC Indus., Inc. v. Northway, Inc., 426 U.S. 438 (1976).

销量上升"为理由,认为"如果冰淇淋销量上升,那么就会天气炎热"(而忽视了冰淇淋促销等其他销量上升的原因)。因此在认定重大性要件时,中国证监会也采用了这一逻辑,即根据欺诈市场理论,股价波动法成为证明信息重大性的一种方式。然而,重大性究竟如何证明?股价波动法的证明力又如何?

四、证明重大性的先验方法

论证重大性的方法可以分为先验方法和经验方法两大类。综观万家文化案中证监会的论证思路,可以发现证监会在论证重大性上既使用了先验的方法,也使用了经验的方法。先验方法是指不考虑实证,在事前便可以确定的方法,可以分为财务性先验方法和非财务性先验方法。财务性先验方法例如虚假记载的营业收入超过总营业收入的5%即构成重大性。非财务性先验方法则例如本案中的贷款未获总行批准,构成重大信息,产生披露风险的义务。经验方法则是指通过事情发生之后的投资者反应等,来判断信息是否具有重大性,即实证的方法。最为常见的经验方法就是万家文化案中的股价波动法,即证监会所列举的信息披露前后的股价波动。

(一)财务性先验方法

财务性先验方法是指使用财务数据判断是否构成重大性的方式。最经典的财务性先验方法判断是虚增利润的比例。例如江苏雅百特案中,虚增利润占当期披露利润总额的47.09%。[1] 万家文化案中虽然没有直接讨论财务信息的占比,但仍有间接关联。例如,龙薇传媒确认能够获得贷款数额占整个收购计划所需资金的比例等。

由于财会学和法学的学科壁垒,财务性先验方法长期以来被法学界所忽略,鲜有讨论。但在实践中,财务性先验方法则应用广泛。财务性先验方法的理论基础是审计学中的"重要性",即对财务报表使用者而言是重要的信息。财务报表使用者是指主要的利益相关者,通常包括股东、债权人和证券监管机构。此处不难看出,"重要性"与"重大性"的概念高度类似。事实上也本应如此,两者的英文原文都是materiality,只是在不同学科中翻译不同而已。正因审计学有丰富的"重要性"标准实践经验与理论基础,所以中国有司法实践者认为,应当根据审计上的定量方式来处理重大性问题。[2] 在域外学界也有观点主张用财务数据中的基本面分析作为判断重大性

---

[1] 《中国证监会行政处罚决定书(江苏雅百特科技股份有限公司、陆永、顾彤莉等21名责任人员)》([2017]102号)。

[2] 参见龚连娣、谢春晖:《证券虚假陈述纠纷中信息重大性的认定》,载《人民司法》2014年第12期。

的标准。① 具体而言，判断的标准根据统计学的一般原理，通常以5%为宜，② 但并不绝对，还应包括扭亏为盈、迎合分析师所依据的关键要素等。③

在美国的司法实践中，出现过如何在证券法中衔接审计准则、会计准则与证券法规的问题，即如何使用财务性先验方法的问题，但美国的法庭否定了完全以会计准则和审计准则为标准，判断披露信息是否构成虚假陈述的观点。在 Simon 案中，法庭认为会计准则和审计准则只是说服性证据（persuasive），而不是定论（conclusive）。对于裁判而言，如果以会计准则和审计准则为依据，则最终会演变成对于双方专家证人——注册会计师——证言的判断，成为品格证据。④ 在与安然事件齐名的世通公司（WorldCom）欺诈案中，世通公司的首席执行官 Ebbers 主张控方应当证明世通公司违反了会计准则，但是法庭引用了 Simon 案，并表示会计准则的制定者自身也"承认会存在符合通用会计准则但仍导致误导性陈述的情况"。⑤ 但美国法庭的此种否定态度是出于美国自身政治经济和法律体制等两方面的原因。

美国法中对于会计准则和审计准则审慎采纳的第一个原因，不仅仅是出于 Simon 案法官说理中的法律因素，更是出于现实政治经济的考量。美国的会计准则和审计准则是由私营机构提供，受利益集团绑架，其在法律上的公正性、可靠性较低。美国通常使用的会计准则为通用会计准则（generally accepted accounting principles，GAAP）。虽然证交会有权制定通用会计准则，但通常情况下编制会计准则的最高权力是财务会计标准委员会（Financial Accounting Standards Board，FASB），若财务会计标准委员会没有解释，则由注册会计师行会（American Institute of Certified Public Accountants，AICPA）制定。财务会计标准委员会的财务来源主要是各个大型会计师事务所的捐赠，自然也产生了严重的利益集团游说问题，并导致了2002年的安然事件（Enron）。在安然事件催生的 SOX 法案（Sarbanes-Oxley Act）之后，财务会计标准委员会的资金来源才改为证交会登记文件业务的佣金抽成。所以出于利益集团的自我保护，无论是财务会计标准委员会还是注册会计师行会，都会倾向将可能引发法律责任的重大性问题与会计准则和审计准则相脱钩，以避免会计师或审计师承担法律责任。

但是中国并不存在此类情况。根据《中华人民共和国会计法》第八条的规定，中国的会计

---

① 主要是指用股利贴现模型（DDM）来分析公司价值的变化。See James J. Park, Assessing the Materiality of Financial Misstatement, 34 The Journal of Corporate Law, 513 (2009).

② 统计学泰斗 R. A. Fisher 在1925年的著作中设定了5%的标准，主要是出于自然界正态分布的普遍规律。See Sir Ronald A. Fisher, Statistical Methods for Research Workers, 12th Ed., New York: Hafner Publishing Company Inc, 1954. 但必须要承认，虽然5%标准具有统计学依据，但本质上仍是一个非常任意性的标准，4%或者6%与5%之间不存在本质性区别。

③ See SEC's Staff Accounting Bulletin No. 99 (1999).

④ See United States v. Simon, 425 F. 2d 796 (2d Cir. 1969), cert. denied, 397 U.S. 1006 (1970).

⑤ See United States v. Ebbers, 458 F. 3d 110 (2d Cir. 2006).

准则(《企业会计准则》)是由财政部颁布,而根据《中华人民共和国注册会计师法》第三十五条的规定,审计准则是由注册会计师协会制定并报财政部批准执行。无论是会计准则还是审计准则,都是在财政部的严格监管下执行,利益集团利用财政来源干扰监管的问题并不存在。但是,毕竟会计准则影响的不仅仅是上市公司财务报告的问题,还包括对于宏观经济的调控作用,所以颁布机关是财政部,而非证监会,仍然存在部门地盘的问题,在中国资本市场的早期也出现过相关争议。但现在部委之间已经走向合作,与美国分权体制下的相互斗争的态势不同。① 中国集中统一领导的政治体制使中国的会计准则可以与证券法相互衔接。

美国不以会计准则为准的第二个原因是陪审团制度。美国法之所以不愿意直接使用会计准则和审计准则,是因为陪审团由普通的民众组成,要求陪审团在短时间内掌握复杂的财会知识,这一要求显然过高。所以如 Simon 案所说,对于会计准则和审计准则的适当使用判断,最终会演变成对专家证人(即会计师证言)的品格判断。

但是中国的司法情况也不同。虽然实践中,法院系统相对于证监会在审判金融类案件的时候也存在知识不足和判断困难的问题,并最终导致了长期以来虚假陈述类案件的前置程序问题,即《关于虚假陈述的规定》要求的法院受理虚假陈述类民商案件时,要求以证监会的行政处罚或刑事判决书为前提。当然,随着近年来的立案登记制改革,前置程序的要求逐渐松动。但无论如何,法庭对于审判金融案件仍存在能力不足的问题,也容易最终变成法官对专家证人的品格判断。然而,中国开始设立的专业化法院就包括上海的金融法院。虽然财务类欺诈案件的知识壁垒较高,但是此类案件的知识背景具有同质性,欺诈方式具有相似性,因此,设定专家型法院专属管辖证券欺诈案件,让了解财会知识的专业法官承担审判案件的职责,就可以解决会计准则适用判断转变为证人品格判断的问题。

(二) 非财务性先验方法

非财务性先验方法是指设定并不具体的、需要裁判者自由裁量的标准。不是所有的披露信息都可以放在财务信息的框架中,特别是具有不确定性的预测性信息,就不能使用财务方法予以判断。② 万家文化案中,并购是否能够成功就是非常典型的具有不确定性的预测性信息。对于此类信息,经常采用的是非财务性的先验方法。

作为重大性认定基石的"理性投资者"标准就是最典型的非财务性先验方法,然而因为其过于模糊,且实践中的案情千奇百怪,因此又诞生出了针对具体案情而言的各类判断标准,其中

---

① 有关会计立法权的问题,可参见刘燕:《从财务造假到会计争议——我国证券市场中上市公司财务信息监管的新视域》,载《证券法苑》2012 年第 1 期。

② 虽然财务方法中也存在"或有事项"的会计科目来容纳不确定性信息的披露,但总体上规则并不完善,主要仍以法律的规则为准。

最突出的就是针对预测性信息的重大性判断。关键判例 Basic 案在重大性部分讨论的核心议题就是如何判断预测性信息。在 Basic 案中，法庭提出了"概率/规模"（probability/magnitude）判断法，即权衡信息相应事件的影响规模与发生概率，来确定是否具有重大性，从而产生披露义务。

然而即便有"概率/规模"判断法，重大性的问题仍然不清晰。由于该判断方法的模糊性，信息披露义务人仍然面临很高的违法风险，因此还发展出了预先警告学说（bespeak caution doctrine）和法定安全港的补充规则。在美国法的环境下，上市公司一直承受扰诉（strike-suit）的困扰。在 Basic 案确立了欺诈市场理论，从而倒置了证明依赖的举证责任后，美国法中通过 10b-5 规则向上市公司寻求欺诈赔偿的门槛大大降低。面对旷日持久的诉讼和高昂的合规成本，上市公司往往被迫选择和解。扰诉者看到这一盈利良机，便加大了扰诉的力度。在这一背景下，预先警告学说被引入证券法。预先警告学说起始于一些地区法院引用美国《联邦民事诉讼规则》（Federal Rules of Civil Procedure）的 12（b）（6）规则，用以驳回虚假陈述的诉讼，理由是披露文件中的警告语言已经否定了虚假陈述的重大性。[①] 后来，在大量扰诉现象的影响下，美国出台了《1995 年私人证券诉讼改革法》（Private Securities Litigation Reform Act of 1995，PSLRA），使用了预先警告学说，在《1933 年证券法》中增加第 27A 节、在《1934 年证券交易法》中增加 21E 节，对预测性信息提供法定安全港，即进行有意义警告后，则无须承担虚假陈述的责任。根据之后的判例，适用预先警告的条件是"有意义警告"（meaningful cautionary），指内容应当具体，而非样板文章（boilerplate）。

但是从上述内容可以看出，预先警告学说并非是仅针对重大性的讨论，而是同时讨论了虚假陈述行为的另一要件，即虚假性。虚假性按照虚假陈述行为的分类，可以分成遗漏和虚假两类，即遗漏了信息，或者信息的内容是虚假的。由于美国法的讨论中，"materiality"一词被广泛使用，而未曾区分重大与虚假两个层面，因此预先警告学说被归入"materiality"的范畴，但其实际处理的则是虚假性和重大性两个要件。预先警告学说实际上是信息披露义务人就可能遗漏的风险予以了披露，即虚假性的否定；而披露的充分程度则是由有意义警告来判断，即重大性的判断。

在万家文化案中，龙薇传媒也以已经进行风险提示，无须进一步提示风险为由提出抗辩，而证监会则认为，收购计划的融资情况发生变化，可能导致收购失败，产生了进一步的风险提示义务。从万家文化 2017 年 1 月 12 日的回复函来看，风险提示的内容为在未及时足额取得金融机构

[①] See Kaufman v. Trump's Castle Funding, 7 F. 3d 357 (3d Cir. 1993).

股票质押融资，可能会导致收购失败。① 此处，虽然证监会没有使用"有意义的警告"的措辞，但实际上讨论的是风险提示究竟应当具体到何种程度，即"融资不及时导致收购失败"是属于样板文章还是有意义警告。按照理性投资者的判断尺度而言，融资不及时确实只是笼统的表述，所有融资过程都存在不及时的可能性，因此构成了样板文件。

五、证明重大性的经验方法

（一）经验方法的基本原理

虽然先验方法经历了近四十年的充分发展，但是始终存在着模糊性的问题，无法为裁判和执法者提供具体的指引。因此，实践中逐渐出现了借助学术界的实证研究方法，用统计学的逻辑来推断信息是否具有重大性，即经验方法。经验方法包括股价波动法、模拟投资和民意调查等，② 但最为常用的仍是股价波动法，也是万家文化案中证监会采用的方法。

虽然股价波动法通常被误解为有效市场假说的具体应用，但实际上股价波动法只是一种证明方法，而非侵权因果关系或有效市场而独享。股价波动法的理论基础是科学方法中的对比法，即通过对比"未加入变量的状态"和"加入变量的状态"所产生的不同结果，来证明变量对结果具有影响。例如，在药物实验中，没有吃药的患者组即为"未加入变量状态"，被称为对照组，吃药的患者组为"加入变量的状态"，被称为实验组。通过对比实验组和对照组的病情变化，如果实验组病情"显著"缓解，则证明药物有效。③ 股价波动法也是用了相同的原理，即通过对比未虚假陈述的股价和虚假陈述的股价，来证明虚假陈述的信息具有重大性。因此，股价波动法只是一种统计学的证明方法，④ 并非只适用于损害和虚假陈述行为之间的因果关系证明，也同样适用于无须证明损害的行政程序中对重大性的证明。同时股价波动法也不一定以有效市场假说为前提，在非有效市场中，只要是股价和信息之间存在某种对应关系，即可以使用股价波动法。⑤

---

① 参见《浙江万好万家文化股份有限公司关于对上海证券交易所〈关于对浙江万好万家文化股份有限公司权益变动信息披露相关事项的问询函〉回复的公告》，第1页，http://static.cninfo.com.cn/finalpage/2017-01-12/1203008818.pdf，2020年5月22日访问。

② See Glickenhaus & Co. v. Household Int'l Inc. 787 F. 3d 408 (7th Cir. 2015). 被告询问了43000名会员（class members），以确定如果没有虚假陈述，他们会不会买股票。只有11000人完成了问卷，133人说仍会购买。

③ 有关药学如何通过统计学获得发展，可参见［英］德劳因·伯奇：《药物简史》，中信出版社2019年版，第146页。

④ 从因果科学的更严谨的角度看，药物实验是干预层面的因果论证，而股价波动法是观察层面的因果论证，因果论证的证明力更弱，但两者共享共通的统计学基础。有关观察与干预层面因果关系的不同，可参见［美］朱迪亚·玻尔、［美］达纳·麦肯齐：《为什么》，江生、于华译，中信出版社2019年版，第7页。

⑤ 按照Merck案的法庭观点，"'理性投资者'是市场"，"对市场而言的重要信息会反映在股价上"，所以造成市场波动的信息即为重大性信息。See In re Merck & Co., Inc. Securities Litigation, 432 F. 3d 261 (3d Cri. 2005).

但这其中存在着三个问题,即如何设定对照组?如何确定"显著"规模?如何确定波动时间区间?

(二)对照组的设定

第一,自身对照的问题。在药物实验中,极少会采用单一患者吃药前后的症状表现作为药物有效性的证明方式,其原因在于无法证明是药物导致了病情的缓解,还是患者的自愈。同样在股价波动法中,用自身股票的前后波动来证明信息的影响说服力不足,因为并不能证明只是被聚焦的信息导致了股价波动,还可能是其他信息导致的,甚至只是买卖双方偶然交易行为等随机性因素导致了股价的变化,即统计学上的误差。因此,自身对照通常是在变量较为单一,且实验对象自身性质较为稳定的情况,例如物理学实验中使用,而对于潜在变量较多、性质不稳定的情况,例如社会科学、医学和生物学中,自身对照在证明因果关系的证明力上较弱。

第二,空白对照中的对照组选择。因为自身对照存在较大的不确定性,通常实验会采用空白对照,即找对照组的形式。本文之前提及的药物研究即是空白对照。在药物实验当中,对照组和实验组必须具有同质性,才能对比说明。例如,在证明糖尿病药的有效性时,不能用猴子做对照组,人做实验组,必须是猴子和猴子予以对照,人与人予以对照。

但在股价波动法中,如何选择对照组则成为重要问题。通常方法有可比公司法和板块指数法两类。如果能找到与万家文化业务相同、发展规模相近的可比公司作为对比,则证明力较强。但可比公司一般都不存在。虽然在财务管理中存在数值处理的技术来拟出可比公司,但在股价波动的领域则没有较为科学的方法。因此,通常使用公司所在板块(即行业)的指数波动,作为参考对比。

在万家文化案中,证监会仅仅选取了万家文化单一股价的变化波动显然是论证不充分的。在之后的民事诉讼中,在讨论虚假陈述与损害之间的因果关系时,辩方也讨论了样本的选取,主张使用板块作为对比,提出了非系统风险的抗辩,但法庭并未理会,而是以系统性风险的理解使用了上证指数作为对照组。

(三)波动规模的确定

怎样的波动规模构成重大性也值得讨论。如果仅仅是1%的股价波幅,是否就证明了重大性?在中国法中,并没有给出确定的波动范畴。万家文化案中,证监会所列举的是公告之后上升的32.77%,以及从最高到最低之间下跌的45.2%。除此之外,证监会在昆明机床案中,也使用了股价波动法的论证,比例为8.12%。[①] 通常来说,如同之前的财务性先验方法一样,统计学上根据经验法则确定的标准是5%。因此,应当以股价波动的规模超过对照组波动规模5%作为重大性的判断尺度。

---

① 参见《中国证监会行政处罚决定书(沈机集团昆明机床股份有限公司、王兴、罗涛)》(〔2017〕18号)。

(四) 时间区间的选择

如何确定信息披露事件前的股价与揭露后的股价，即时间区间的选择仍值得讨论。在万家文化案中，证监会分别选取了停牌的 2016 年 11 月 28 日、复牌的 2017 年 1 月 12 日、再次停牌的 2017 年 2 月 8 日、再次复牌的 2017 年 2 月 16 日、公告《解除协议》的 2017 年 4 月 1 日，以及 2017 年 7 月 21 日。前后时间跨度长达 8 个月（见图 3）。证监会选取如此之长的时间，必然会累计足够的股价波动，同时，实验时间越长，干扰因素越多，因此，如此之长的时间区间选择显然存在问题。

如果信奉有效市场假说，那么所有的信息都是瞬间进入市场价格的，因此只需要计算信息披露之前的最后一笔成交价格，以及信息披露之后的第一笔成交价格，即可以作为股价波动的计算基础。但显然，没有任何一个国家监管者会如此计算。通过常识判断，所有的信息计入市场价格都需要一段时间，因此，美国还特别设定了熔断制度，以避免对信息的情绪性影响，来提供理性判断信息的时间。从股价波动来看，证监会显然只片面提取了有利于论证信息重大性的部分。例如行政处罚决定书中所指的 2 个交易日涨停，而忽视了从第 4 个交易日开始的下滑过程。如此计算而出的规模，显然会放大股价波动的幅度。

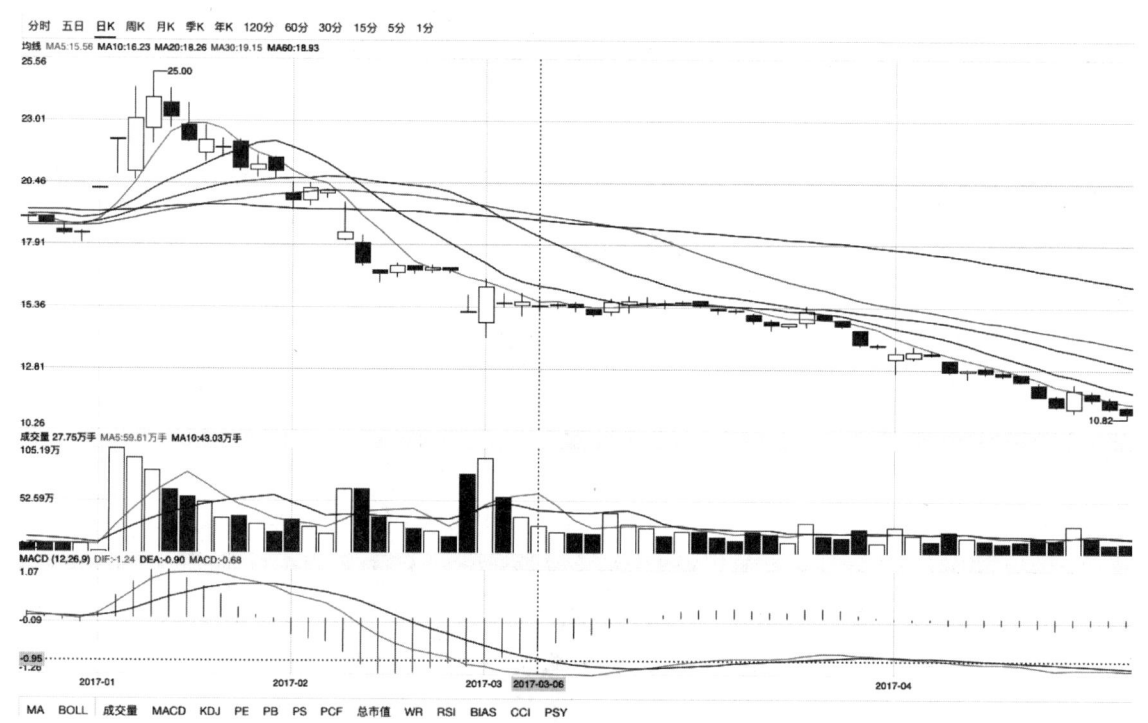

图 3　万家文化涉案期间的股价波动①

---

①　数据来源于雪球网，https://xueqiu.com/S/SH600576，2020 年 5 月 23 日访问。

对于时间区间问题,目前并没有确定性的标准来判断市场究竟需要多久时间以消化信息。但通过体系解释《证券法》,仍能够为实践提出可行标准。根据《证券法》第四十二条的规定,为发行人等提供服务的人员,自文件公开后的5日内不得买卖该证券。从此条可以判断出,《证券法》认为市场消化信息的时间至少应为5日。因此从体系解释来看,用股价波动法时所应使用的时间区间也应当为5日。

(五)因果关系的论证

虽然对照组中涉及因果关系的证明,但就因果关系的论证上,仍有值得讨论的内容。股价波动法的理论基础与药物试验类似,是变量"造成了"结果的变化。但是,存在"多因一果"关键问题,[①] 即"如何证明患者只吃了一种药"?在医学实验中,患者偷吃其他的药会导致实验失败。在股价波动法中存在同样的问题,即如何证明仅仅是所指涉的信息影响了股价?

在人类的判断中,最常出现的问题就是"事后诸葛亮"(hindsight)或者说后见之明的问题。对于股价的波动,往往有多种因素的影响,可能信息B对股价的影响,要大于信息A对股价的影响。但出于"疑邻盗斧"的人性,在锁定信息A的时候,就会刻意忽视信息B的存在。此在医学实验中,会采用"双盲"甚至"三盲"的实验方法。[②] 但无论是在行政程序还是民事诉讼中,都不可能要求法官是"盲"的,因此股价波动法存在固有缺陷。与之相类似的因素,是行政相对人和辩方反向利用股价波动法的问题,即因为股价没有波动,所以信息不具有重大性。这同样存在多因一果的问题。在《关于虚假陈述的规定》中,最高人民法院也意识到了这一问题,因此在第十九条第四项中赋予了"证券市场系统风险等其他因素"的抗辩方式。在万家文化案中,民事诉讼中辩方提出了非系统风险因素,但未能提出具体因素,而法院忽略了非系统风险因素的抗辩,因此掩盖了这一问题。

不难看出,围绕着重大性证明的两类方法都存在各自的缺陷。先验方法虽然在逻辑上比较严密,但由于标准较为模糊,因此高度依赖裁判者的自由裁量。经验方法虽然有实证数据支持,标准明确,但是在逻辑基础上存在各种各样的前提假设,这些前提假设本身是不稳固的。并且无论如何,经验方法只能证明相关性,而无法证明因果性。正是各类论证方法的缺陷,使得在使用各类方法时必须谨记其局限性。特别是在法律原则不同的民事、行政、刑事三类程序中,应当在

---

① 也即混淆因子(confounder)的问题。

② 所谓"双盲"实验是指受试者和测试者都不知道对方属于对照组还是实验组,以避免安慰剂效应和偏见对实验结果的影响。"三盲"实验则是让数据分析者也不知道哪一组是实验组,哪一组是对照组,进一步避免偏见产生的影响。有趣的是,在美国法中曾有案例间接地讨论了大规模"双盲"实验与证券法中证明标准之间的关系,即某药物公司在没有大规模"双盲"实验的证据之下,是否有义务披露其旗舰药品存在副作用的可能性。法庭的结论认为,民事诉讼中要求的证明标准,是低于大规模"双盲"实验所达到的证明力的。See Matrixx Initiatives, Inc. v. Siracusano et al. 131 S. Ct. 1309 (2011).

民事程序中放宽各类证明方法,在行政程序中谨慎使用经验方法,而在刑事程序中禁止使用经验方法。

六、 结论

重大性的判断是证券法核心制度信息披露的核心问题,分布在证券法的各个角落。万家文化案中,证监会虽然触及了虚假陈述信息重大性的讨论,但仅仅是罗列了支持其处罚的理由,并未有逻辑、有层次地展开重大性分析。在重大性的先验层面证明中,证监会未能给出具有重大不确定性的并购交易信息的披露标准,从而使信息披露义务人在《证券法》第九十四条规定的收购人公告义务和本案所指控的"贸然公布收购信息"之间左右为难,同时也未能论证本案所指控的"名人效应"的论理依据。在重大性的经验层面证明中,证监会专章分析了收购公告前后的股价波动,但只关注万家文化自身股价波动,而未与相应公司、板块、大盘等予以对比,在证明力上有所欠缺。上述论证瑕疵的根源是学界欠缺对重大性要件的研究。

从理论上看,重大性要件既不是欺诈市场理论的派生要件,也不与有效市场假说密切相关,而是判断虚假陈述行为是否存在的关键要件。在重大性的证明上,先验方法具有逻辑严密的优点,但同时过于依赖裁判者的自由裁量;与之相对的经验方法,虽然构成与不构成重大性的边界十分清晰,且易于执行,然而其内生的逻辑瑕疵使得在推理中存在过度推定的风险。因此,在民事、行政、刑事的不同程序中,应当结合不同部门法的原则差异,以及各类证明方法的自身特点,予以区别化使用。由此,在保护投资者权益的同时,也保护上市公司的正常经营,维护证券市场的正常秩序。

反思九发股份破产重整案
——制度探索过程中的监管协调

■ 程海宁*

摘要： 在我国资本市场探索发展的早期，监管机构层将"净利润"作为亏损退市规则的具体指标，这一偏离立法本意的规则引发了后续资本市场一系列乱象。各相关部门为解决这一问题，也都尽力将各自掌控的政策工具用到了极致，但缺乏溯源思考和体系协调的系列政策改革并没有如愿带来理想的结果，这也使资本市场乱象持续十余年之久。本文结合曾经的资本市场经典案例九发股份破产重整案，对制度探索过程中的监管协调等相关问题进行了回顾和反思，并提出了建议。希望以史为鉴，推动我国资本市场监管机构提升监管智慧和监管协调水平。

关键词： 亏损退市规则　净利润　非经常性损益　九发股份

一、问题引入

经过二三十年的探索和发展，我国资本市场经历了从无到有，再到如今在国民经济中发挥不可替代的重要作用的快速发展，毫无疑问取得了值得称赞的伟大成就。但与西方发达资本市场动辄上百年的成长和变革史相比，我国资本市场的发展多少显得有些鲁莽和粗放，其中最明显的表现之一就是配套法律法规和监管政策的"力不从心"。作为后起之秀，我国资本市场在高速发展过程中学习复制西方的成功商业模式并不困难，但万丈高楼还要起于垒土，发挥市场基础设施作用的相关法律法规和监管政策体系，却不似表面的商业模式那么容易复制和理解掌握。虽然有关部门一直都在不懈地探索和改进，但前期发展过程中的确走过一些现在看来不必要的弯路。

以史为鉴可以知兴替，以"事后诸葛亮"的视角检视之前的得失总能帮我们更好地思考和改进，避免历史的车轮重蹈覆辙。本文希望通过梳理与我国 A 股亏损退市指标有关的一小段政策变革历史，并结合同时期的典型案例，以史为鉴思考未来制度探索过程中应该注意的监管协调和统筹规划等问题。为了更好地说明相关监管制度曾引发的资本市场混乱的戏剧化程度，本

---

* 北京大学法学院 2017 级金融法方向法律硕士（非法学）。

文将首先通过回顾我国 A 股市场上经典的九发股份破产重整案,与读者共同体会、反思,以更深刻地理解监管政策探索过程中应注意的问题。

二、经典案例回顾:九发股份破产重整案

*ST 九发曾被称作 A 股"不死鸟",其在 2008 年到 2012 年曾经连续四年亏损却依然"屹立"于 A 股市场,并最终被借壳成功,时至今日仍在 A 股交易(已更名为"瑞茂通",沪市股票代码600180)。更难以置信的是,在 2009 年 4 月到 7 月间,*ST 九发还曾经连续走出 30 多个涨停板,累计涨幅超过 4 倍,而股价强势飙升的背后却是一个几乎没有固定资产、流动资产以及任何盈利能力的正处于破产程序中的公司,这一系列要素混合在一起,使*ST 九发的破产重整显得越发魔幻。

(一)九发股份的辉煌与没落

在被冠以*ST 标志之前,九发在 A 股的简称"九发股份",全称为山东九发食用菌股份有限公司。1997 年九发股份以募集设立的方式成立,曾是亚洲规模最大的食用菌生产、加工和出口企业,彼时风光无限。然而三十年河东三十年河西,2008 年 6 月 26 日,延期两个月才迟迟披露 2007 年年度报告的九发股份,因 2006 年和 2007 年连续两个会计年度亏损,被上海证券交易所依法实行退市风险警示,九发股份也相应更名为*ST 九发。

兵败如山倒,2008 年 8 月 18 日,*ST 九发的控股股东山东九发集团(以下简称九发集团)向烟台市中级人民法院(以下简称烟台中院)提出破产还债申请,随后被法院裁定受理。① 祸不单行,2008 年 9 月 16 日,*ST 九发的债权人烟台市牟平区投资公司以公司无法偿还两笔到期借款(本息共计121193375.20 元)且资产不足以清偿全部债务存在破产清算危险为由,向烟台中院申请*ST 九发重整,烟台中院于当月 28 日作出裁定,准许*ST 九发进入重整程序,并指定公司清算组担任管理人。②

(二)欲获重生——重整计划落地

进入重整程序后,管理人聘请了专业评估机构对九发股份截至 2008 年 9 月 28 日全部资产进行了评估,根据评估结果,九发股份总资产评估价值为 290297923.63 元,而债权总额为 2383261698.10 元。经过管理人对九发资产和负债的梳理、评估和计算,九发股份如实施破产清算,假定九发股份全部资产能够按照评估值变现,在优先支付重整费用、共益债权、职工债权、

---

① 参见*ST 九发于 2008 年 9 月 19 日发布的《重大事项公告》,资料来源:http://guba.eastmoney.com/news,600180,583640559.html,2019 年 10 月 31 日访问。

② 参见*ST 九发于 2008 年 10 月 8 日发布的《管理人关于公司进入重整程序的公告》,资料来源:http://guba.eastmoney.com/news,600180,583640563.html,2019 年 11 月 11 日访问。

以九发股份特定财产或建设工程享有优先受偿权的债权、税款后，普通债权所能获得的清偿比例约为3.08%。

随后，经过两次债权人会议及出资人会议谈判，2018年11月27日相关各方表决通过了《山东九发食用菌股份有限公司重整计划草案》及出资人权益调整事项，第一次重整计划的内容大体包括以下几个重要部分。

一是债务人经营方案。重整计划制订了包括资产剥离、确定重组方及/或投资人并出让股权、实施资产注入等措施在内的债务人经营方案。

二是各方妥协让步确定了提高清偿比例，包括重组方及/或投资人无偿提供1.7亿元资金、分配九发股份出资人让渡的部分股票以及部分债权人放弃其应分配款项及股票等。

三是出资人组及出资人权益调整。九发股份全体股东按一定比例让渡其持有的九发股份股票，其中九发集团（控股股东）让渡其持有的九发股份7500万股股票，占其持有九发股份股票的70.20%，其他股东按30%比例让渡其持有的九发股份股票，让渡的股票中23245467股用于向债权人清偿债务，提高普通债权清偿比例，剩余部分由重组方及/或投资人有条件受让。

四是债权分类及调整。优先债权组享有优先受偿权的债权中的110695615.31元可以获得清偿，剩余361034281.20元债权由于无法就特定财产或建设工程获得清偿，列入普通债权组；职工债权组和税款债权组按100%比例清偿；普通债权组中10万元以下部分的债权全额清偿，10万元以上（不含10万元）部分的债权以清偿其他债权后的剩余财产按比例清偿。

经过上述安排后，*ST九发的普通债权的清偿比例得到本质性的提升：如果九发股份资产能够按照评估值变现，普通债权清偿比例约可达到20.48%。2008年12月9日，烟台市中院批准了重整计划，并宣布终止山东九发食用菌股份有限公司重整程序。①

（三）怪葫芦装药——另类的资产注入方式

重整计划通过后，*ST九发便需要在市场上寻找重组方来落实重整计划。公司的第一批重整方是中银信投资有限公司（以下简称中银信）、牟平投资和烟台塞尚装典装饰装潢有限公司（以下简称烟台塞尚），根据《重整计划》中的相关计划，重组方介入重组最通常的方式应是向*ST九发注入1.7亿元的资金和3.3亿元的资产来换取原股东让渡出来的股票，以落实《重整计划》中的要求。

但本次的重组方并没有"循规蹈矩"，而是采取了不可思议的怪异方式实施重整计划：首先，*ST九发向其以为债务人烟台市牟平区正大物贸（以下简称正大物贸）提起了债务纠纷诉讼；随后，三位重组人以第三人身份介入，在法院的"调解"下，三位与此债权债务毫无关联

---

① *ST九发于2008年12月22日发布的"重大事项进展公告"，资料来源：http://guba.eastmoney.com/news，600180，583640576.html，2019年11月11日访问。

的重组人代正大物贸偿还债务,并将相关债权"无偿"转让给*ST九发,以此实现资金和资产的注入。三个重组方不规规矩矩地将相关资产注入*ST九发,而是用这种让人摸不着头脑的另类方式注入资产是什么目的,又存在什么问题呢?

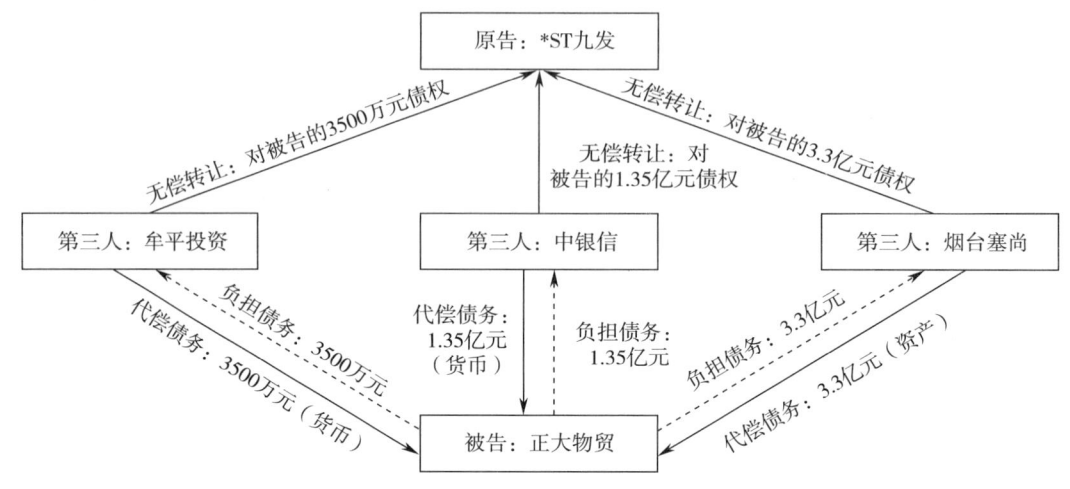

图1 正大物贸案《民事调解书》结果

(资料来源:作者整理)

1. 第一次重整的核心操作——全体股东让渡股票。在讨论相关问题之前,首先必须要指出的是,九发股份的第一次重整计划中,三位重组人并非是真的将自己代位取得的正大物贸的债权"无偿"转让给*ST九发,相反,三位重组人获得了与注入资产价值对应的股票,实际的交易结构如图2所示。

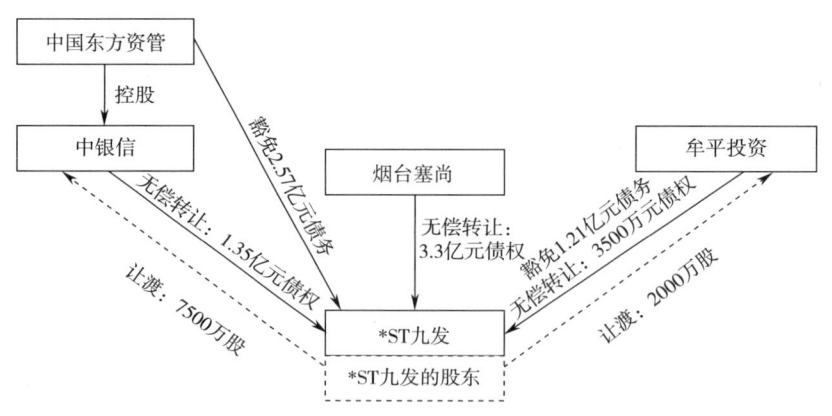

图2 第一次重整执行交易本质

(资料来源:作者整理)

暂且抛开其他交易细节，其实*ST九发在第一次重整交易中最为"精妙"和困难的操作就是说服包括广大中小公众股东在内的全体股东无偿让渡部分股份——作为对重整方的支付对价。上市公司有数量巨大的公众股东，要想达成一致让所有股东让渡自己手中的部分股票实属不易，但这一操作可以达到的效果是：让本已经失去实际货币或资产支付能力的*ST九发，在寻找重整方时得以不动用发行股票募集资金的方式支付重整对价。

作为上市公司，发行股票进行融资本应是*ST九发成本最小、最为便捷的融资方式。但*ST九发无法通过公开发行股票进行融资，因为根据2006年5月8日起实行的《上市公司证券发行管理办法》，① 上市公司公开发行证券需满足近三个会计年度连续盈利、盈利来源稳定、不存在重大诉讼等较为严苛的条件，当时的*ST九发显然不满足条件。但其实更为便捷的是，*ST九发可以使用非公开发行股票的方式发行股票支付重整对价，同样是《上市公司证券发行管理办法》第三章"非公开发行股票的条件"中并无对持续盈利能力的要求。实际上证监会为了适应资本市场发展的需要，还在2008年11月11日专门发布了《关于破产重整上市公司重大资产重组股份发行定价的补充规定》②，明确了破产重整程序中上市公司通过发行股份购买资产的具体操作细则；同时根据证监会2008年5月18日起实施的《上市公司重大资产重组管理办法》第四十五条，③ 上市公司向特定对象的非公开发行股份导致其持有或者控制的股份比例超过30%或者在30%以上继续增加的，还可以向证监会申请豁免要约义务。

可以说，通过向特定对象非公开发行股份支付对价进而完成破产重整计划，才是*ST九发最合乎常理的选择。而且在此后第二、第三次重整执行过程中九发股份确实也采用了非公开发行

---

① 《上市公司证券发行管理办法》（中国证券监督管理委员会令第30号）第七条规定："上市公司的盈利能力具有可持续性，符合下列规定：（一）最近三个会计年度连续盈利。扣除非经常性损益后的净利润与扣除前的净利润相比，以低者作为计算依据；（二）业务和盈利来源相对稳定，不存在严重依赖于控股股东、实际控制人的情形；（三）现有主营业务或投资方向能够可持续发展，经营模式和投资计划稳健，主要产品或服务的市场前景良好，行业经营环境和市场需求不存在现实或可预见的重大不利变化；（四）高级管理人员和核心技术人员稳定，最近十二个月内未发生重大不利变化；（五）公司重要资产、核心技术或其他重大权益的取得合法，能够持续使用，不存在现实或可预见的重大不利变化；（六）不存在可能严重影响公司持续经营的担保、诉讼、仲裁或其他重大事项；（七）最近二十四个月内曾公开发行证券的，不存在发行当年营业利润比上年下降百分之五十以上的情形。"

② 《关于破产重整上市公司重大资产重组股份发行定价的补充规定》（中国证券监督管理委员会公告〔2008〕44号）规定："上市公司破产重整，涉及公司重大资产重组拟发行股份购买资产的，其发行股份价格由相关各方协商确定后，提交股东大会作出决议，决议须经出席会议的股东所持表决权的2/3以上通过，且经出席会议的社会公众股东所持表决权的2/3以上通过。关联股东应当回避表决。"

③ 《上市公司重大资产重组管理办法》（中国证券监督管理委员会令第53号）第四十五条规定："上市公司发行股份购买资产导致特定对象持有或者控制的股份达到法定比例的，应当按照《上市公司收购管理办法》（证监会令第35号）的规定履行相关义务。特定对象因认购上市公司发行股份导致其持有或者控制的股份比例超过30%或者在30%以上继续增加，且上市公司股东大会同意其免于发出要约的，可以在上市公司向中国证监会报送发行股份申请的同时，提出豁免要约义务的申请。"

股份的方式支付部分对价，也证明了这条最便捷、常规的道路是畅通的。但显然"醉翁之意不在酒"，参与*ST九发破产重整计划的利益相关各方所付出的一系列努力，都并非为了帮助*ST九发走出财务困境、恢复正常经营进而东山再起，而是希望保住一个价值不菲的A股"壳公司"，并获得其股份。为了保住上市公司的"壳"，*ST九发必须想方设法及时在报表上"扭亏为盈"，而针对当时的亏损退市监管指标——净利润，最直接粗暴的方法就是通过外在的重整方直接向*ST九发注入可以影响利润表的资产。

但是如果通过发行股票来向重整方支付对价，*ST九发就必须将相关收入计入股本或资本公积等所有者权益项下的分录内，如此将无法用相关资产粉饰利润表。相反，如果是上市公司原股东让渡自己部分股权以换取重整方注入资产，就可能换取解释的空间：可以认为这一交易是*ST九发现有股东与重组人之间的个人行为，与上市公司无关，因此相关收入可能避开计入股本或资本公积等项目，甚至无须在公司的财务报表中体现。如此一来，从形式上来看，上市公司就是收到了一笔不需要自己支付对价的资产注入，这将使相关交易对应的会计入账规则存在一定的调整和解释空间，给相关资产注入交易影响利润表带来可能。

2. 打破砂锅问到底——另类资产注入意在何为。通过前文的分析已经可以清楚地看到，重整各方所要实现的目的无非是冲高*ST九发的利润，帮其保壳。在重整保壳的实务操作中，重整方如果想要通过向被重整方注入资金的方式影响其利润表，其实有多种常见方式可供选择，包括向被重整方无偿赠予资产、高价收购被重整人（实际已无法收回的）债权等。但这些交易模式或多或少都存在一些较为明显的逻辑缺陷，下文中将一一指出。而*ST九发在重整交易中采用的模式更为独特，虽然也不可避免地存在漏洞，但相比于前两种方式其逻辑问题隐藏得更深，更加难以察觉。

（1）破产重整时应遵守的会计确认规则。要想真正分析清楚*ST九发本次另类重整执行方式的目的和问题，就必须先明确相关破产重整时应遵守的会计确认规则。让全体股东让渡部分股票用于支付重整方对价固然是*ST九发系列花式操作的基础，但仅仅将支付对价的主体从上市公司变换为股东并不能当然使重整方注入的资产影响利润表，因为会计报表编制还需要遵守"实质重于形式"的原则，并不是简单地更换对价支付形式就可以操纵报表项目。

参考财政部发布的《企业会计准则第12号——债务重组》①（以下简称《准则12号》）中的第六条：

将债务转为资本的，债务人应当将债权人放弃债权而享有股份的面值总额确认为股本（或者实收资本），股份的公允价值总额与股本（或者实收资本）之间的差额确认为资本公积。重组债务的账面价值与股份的公允价值总额之间的差额，计入当期损益。

---

① 载中华人民共和国财政部官方网站：http：//kjs.mof.gov.cn/zhuantilanmu/kuaijizhuanzeshishi/200806/t20080618_46236.html，2019年6月16日访问。

可以看出，本条所规范的其实就是债权人作为重组人参与债务人债务重组时将对债务人的债权转为股权的情况。在此种情形下，只有债权人放弃的债权的账面价值高于其获得的债务人的股份公允价值的部分，才能计入债务人的"重组利得"，影响非经常性损益项目，进而影响债务人的利润总额。而债务人被减免的债务的账面价值与债权人因此享有的股份的公允价值相等的部分，还是要被确认为股本。本条规定体现了两点债务重组中非常重要的会计确认思路。

第一，债权人作为重组人参与债务人的债务重组时，只要因此"享有"了债务人的股份，原则上就应将股份对应的价值计入股本或资本公积。此处所使用的词汇是"享有"，因此已经包含重组人从任何主体处获得的股份对价，排除了重组各方通过"投机取巧"使本质相同的交易得以采用不同会计确认方式的可能。

第二，债务人在债务重组过程中，只有获得真正未支付任何对价的债务减免等利得部分，才能对其确认重组利得。重组利得的确认应非常谨慎、保守，因为一旦确认重组利得，就将最终影响债务人的利润，实务中常有借此操纵、粉饰财务报表的情形。

回到九发股份破产重整案例中，虽然第一次重整方案执行过程中的三个重组人并非全部带有债权人身份，但仍可借鉴《准则12号》第六条中所体现的会计确认的理念和规则来分析本案中应采用的会计确认方式：首先，破产重整中的重整人和债务重组中的重组人（为方便讨论，在本文语境中不做具体区分，并称"重整人"）非常类似，往往都具有债权人、股东等多重身份，相应地，《准则12号》第六条中的会计确认规则不应因重整人的第二身份不同而导致会计确认规则的本质差异，上述会计准则应可以广泛适用于身份属性类似的重整人；其次，身为债权人的重整人免除债务以换取股份的重整方式相比于其他重整人直接注入资产并享有股份，对被重整人来说并无本质区别，甚至相比于转股的债权人，新引入的重整人其注资行为本质上更接近对被重整人进行股权投资。

综上所述，在类似本案的破产重整过程中，当重整人通过各种形式向债务人进行重整，并因此享有股份作为对价时，债务人的会计处理应遵守以下两条基本会计确认规则：

第一，重整人在参与债务人的破产重整时，只要因此"享有"了债务人的股份，原则上就应将股份对应的价值计入股本或资本公积。

第二，债务人在重整过程中，只有获得的真正未支付任何对价的债务减免等利得部分，才可能对其确认重组利得。

在明确了上述破产重整时应遵守的基本会计确认规则后，就可以清楚地看到无偿赠予模式的缺陷：在无偿赠予模式下，虽然形式上重整方是将资产无偿赠予给被重整方，但往往其都要通过其他形式获得交易对价——被重整方的股权，这一重整交易模式其实就相当于重整人先成为被重整人的债权人，再通过免除债务成为被重整人股东，本质上与将债务转为资本的交易形式无异，理应受到《准则12号》的规制，被重整人获赠的资产将无法被足额计入利润表。

（2）本案另类资产注入方式的玄机。在明确了破产重整时应遵守的基本会计确认规则后，再回到本案的分析。在本案中，若重整人正常对*ST九发注入资产和现金，即依照各方于2008年12月31日签订的《协议书》执行重整方案。①

第一，中银信协调其控股股东中国东方资产管理公司放弃对*ST九发的256857400元债权的应分配款项及股票，并向山东九发食用菌股份有限公司提供13500万元现金。

第二，牟平投资放弃对*ST九发的121332789.2元债权的应分配款项及股票，并向*ST九发提供3500万元的现金。

第三，*ST九发将出资人让渡的7500万股股票过户给中银信，将2000万股股票过户给牟平投资。

那么计算可得：2008年11月5日*ST九发宣布停牌之前的股票收盘价为2.15元每股，因此中银信和牟平投资因上述重组所享有的*ST九发的股份的公允价值应分别为16125万元和4300万元。对于上述重整安排，按照业已明确的会计确认规则，即便作为对价支付的股份是来自现有股东的自愿让渡，*ST九发对于中银信和牟平投资注入的现金和减免的债务中的16125万元和4300万元部分仍需计入股本和资本公积，只有扣除股份公允价值后的剩余债权账面价值的部分才能计入重组利得，最终归入营业外收入影响利润总额。

而如果按照本案中的另类资产注入方式，重整人通过代正大物贸偿还债务的方式向*ST九发注入资产，所实现的效果将发生本质变化：由于正大物贸早已完全丧失偿债能力，*ST九发将对正大物贸的债权甚至已经全额计提了坏账损失，归入资产减值损失科目。此时三位重整人代正大物贸偿还了这笔*ST九发本已经全额计提减值损失的债权，其效果就是*ST九发得以在当期的财务报告中冲回一大笔坏账损失。如图3所示，在*ST九发2008年年度报告中，资产减值损失科目下的坏账损失由上期的2.17亿元直接变为负的2.48亿元，2008年当年冲减的坏账损失近4.65亿元，与正大物贸案的相关债权金额接近。

29. 资产减值损失 单位：元

项目	本期发生额	上期发生额
坏账损失	-247666446.57	216817420.29
存货跌价损失		13574788.07
长期股权投资减值损失		1707948.51
固定资产减值损失		
在建工程减值损失		16401182.06
无形资产减值损失		
合计	-247666446.57	248501338.93

图3 *ST九发2008年年度报告资产减值损失部分截图

---

① 需要说明的是，上市公司公告的《协议书》与实际交易并不完全相符。

更进一步，单纯地冲回坏账损失并不涉及是否要计入股本或资本公积的问题，虽然也不能增入重组利得，但冲回坏账损失一样可以通过非经常性损益影响利润总额。这样一来，对于 *ST 九发来说就使原本应计入股本或资本公积的 16125 万元和 4300 万元两笔款项全部被计入了损益类科目，进一步增加了纸面上的利润总额。而根据 2008 年年度报告合并利润表部分所披露的数据，*ST 九发包括非经常性损益在内的利润总额为 3668 万元，刚好实现账面上"净利润"的"扭亏为盈"，这倒腾出的总额两亿多元的非经常性损益发挥了尤为关键的作用。

（一）主要会计数据　　　　　　　　　　　　　　单位：元　币种：人民币

项目	金额
营业利润	-166097584.94
利润总额	36680349.39
归属于上市公司股东的净利润	45571970.30
归属于上市公司股东的扣除非经常性损益后的净利润	-157205964.03
经营活动产生的现金流量净额	162115990.06

图 4　*ST 九发 2008 年年度报告主要会计数据项目截图

根据上交所 2008 年的《上海证券交易所股票上市规则》的相关规定，对于因连续两年经审计净利润为负而被实施退市风险警告的企业（*ST 企业）：如果最近一个会计年度的净利润仍为负，则将被处以暂停上市；而如果最近一个会计年度的净利润转为正值，便可申请撤销退市风险警告。但如果最近一个会计年度净利润转正的 *ST 企业，扣除非经常损益后的净利润（以下简称扣非净利润）[1] 为负值，则仍需要被处以"其他特别处理"——股票简称前的"*ST"字样将被换为"ST"。[2] 因此可以断定，*ST 九发正是依靠这另类资产注入方式增加的两亿多元非经常性损益，使自己的扣除非经常性损失前净利润达到 3600 余万元的微弱正值，实现了暂时保壳。

（3）另类资产注入方式存在的问题。通过前文的介绍可以看出，在 *ST 九发重整交易中，重整人是通过代被重整人的债务人正大物贸偿还了五亿多元的债务，从而实现了对 *ST 九发实质上的资产注入，这本质上是和常见的高价收购被重整人债权的模式极为类似。但不同的是，在收购被重整人债权的模式中，重整人与被重整人发生的交易直接表现为"债权买卖"，重整人支付对价本应获得的是债权，却额外获得了股权，在逻辑上存在较为明显的障碍；而即便是重整人购得债权后再赠予给被重整人进而换得股权，在交易模式上也与前述的无偿赠予模式并无二致，

---

[1] 非经常性损益是指公司发生的与经营业务无直接关系，以及虽与经营业务相关但由于其性质、金额或发生频率，影响了真实、公允地反映公司正常盈利能力的各项收入、支出。扣非净后利润能够真实地反映企业的经营盈利状况。

[2] 其他的特别处理措施还包括股票价格日涨跌幅限制为 5%。

将面临同样的质疑。

但在九发股份这种代债务人清偿债务模式下,重整人借助一个过去发生的真实交易向被重整人注入了资产,通过冲回坏账损失而影响非经常性损益,并不涉及资本项相关的会计入账争议,似乎是避开了上述两种常见模式的逻辑缺陷。那么九发股份的重整交易模式是否存在问题呢?正如前文所表达的观点,会计准则的设计不应允许出现对本质相同的一笔交易,仅调整表面的交易形式就实现对会计确认结果的根本改变。对于*ST九发第一次破产重整的执行过程分析后可以发现,这一过程不出意料地也存在诸多问题。

第一,滥竽充数——注水资产保外壳

在分析交易模式的问题之前,有必要先简要讨论本案中一个特殊的细节问题。由图2可以发现,在本次资产注入交易中,似乎存在一个"冤大头",即烟台塞尚。在第一次重整交易中,烟台塞尚同样以代正大物贸偿还债务的形式向*ST九发注入了高达3.3亿元的资产,用于帮助*ST九发提高经营能力,同时帮助*ST九发冲减坏账。但烟台塞尚默默付出不求回报,竟没有要求*ST九发支付任何对价!相比之下,另外两个重整人中银信和牟平投资不仅没有烟台塞尚付出得多,还从*ST九发处获得巨额股份作为对价,烟台塞尚如此"高风亮节"意欲何为?实际上,在2008年12月31日烟台塞尚将评估值3.3亿元资产过户给*ST九发不足半年后,2009年4月20日,*ST九发就发布《盈利存在重大不确定性公告》,称烟台塞尚注入公司的3.3亿元资产原账面价值约5900多万元,评估溢价较高,能否产生收益存在不确定性,如果相关资产的公允价值低于3.3亿元,将可能导致公司2008年度亏损。

这3.3亿元资产最终被证明就是虚报价值,毫无盈利能力,这也直接导致了*ST九发第一次重整计划的失败。但是烟台塞尚并没有遭受任何损失,在之后的重整过程中,烟台塞尚注入*ST九发的3.3亿元资产被原路退回,之后为了引入新的重组方,九发股份的大股东又对新进入的股东进行了补偿。市场中对于烟台塞尚这次行动也有多种说法,《上海证券报》曾报道指出,烟台塞尚的实际控制人是李军,而李军同时还是拥有*ST九发3000余万股的第二大股东青岛春雨广告装饰工程公司的实际控制人,上述报道还披露,作为资产注入的对价,烟台塞尚甚至还获得了牟平区政府的385亩土地作为补偿——牟平区政府原计划是将这385亩土地注入*ST九发助其纾困,但相关法律手续办理过于复杂,难以满足在2008会计年度结束前帮助*ST九发实现"扭亏为盈",真实情况究竟如何现在早已不得而知。[①]

但在笔者看来,无论具体原因为何,这毫无疑问就是一次有意为之的虚假债务重整,使用注水资产就是不择手段地在关键时间节点粉饰报表,这也从侧面反映了当时亏损退市指标的漏洞给市场带来的种种不良激励。

---

① 参见刘翔:《ST九发:危险的债权人》,载《商界(评论)》2011年第5期,第72页。

第二，皂白难分——多方联手规避监管规则

当然，即便抛开本案独有的细节问题不谈，*ST 九发这次另类的资产注入模式在逻辑上同样存在缺陷。根据前文的介绍，*ST 九发代偿债务的重整交易模式其实已经非常清晰，简单梳理总结为：*ST 九发向已经毫无偿债能力的债务人正大物贸起诉要求还债，与此并无瓜葛的三位重整人以第三人身份加入诉讼，此后烟台中院以调解形式结案，三位重整人代正大物贸偿还了 *ST 九发的债务。

梳理到这里需要暂停并思考一下：此时 *ST 九发作为债权人，收回了本应就是自己的债权，即便之后没有任何破产重整的交易，*ST 九发因为收回了已经计提坏账损失的账款，可以冲回坏账准备，获得了实际利益。三位重整人虽然代为履行了债务，但却是代正大物贸偿付了债务，其代为履行的对价就是取代原债权人获得了对正大物贸的债权，与 *ST 九发并没有任何直接联系。因此，以法律视角来看，到目前为止 *ST 九发第一次破产重整计划仍没有得到任何执行，仅仅是 *ST 九发收回了一笔本来就属于自己的债权。

紧接着，三位重整人手握代位取得的债权，来与 *ST 九发签订了前文提到的所谓《协议书》，这才到了重整计划真正执行的阶段：三位重整人将此三笔对正大物贸的债权赠予给 *ST 九发，换得 *ST 九发股东让渡的股权，并宣布执行了第一次重整计划。在 *ST 九发披露的《协议书》中，只是含糊地提到三位重整人已经将资产注入 *ST 九发，但并未说明注入行为是通过赠予债权完成。然而问题是，正大物贸作为一个名存实亡、完全丧失偿债能力的僵尸企业，对其享有债权实际上没有任何价值。那么后半部分交易形式可以概括为：三位重组人将一份完全没有价值的债权"赠予"给上市公司，并因此获得了近亿股上市公司股票作为对价，实在令人啧啧称奇。

当然，从最终整体交易的结果来看，除了烟台塞尚，其他两位重整人确实付出了不菲的成本，而 *ST 九发也因为早已无望追回的坏账得到偿还而实实在在得到了好处。但这一另类的资产注入交易并非设计得天衣无缝，相反漏洞百出、完全经不起推敲，相关会计确认也是完全脱离了其所依据的形式交易。首先，三位重整人向 *ST 九发注入资产并获得股权，但 *ST 九发并未将任何收到的资产计入资本公积，与公告的《协议书》中所描述的整体交易的本质并不相符；其次，*ST 九发既然在 2008 年 12 月 31 日收到了三位重整人赠予的正大物贸的债权，而正大物贸又没有任何偿债能力，那么理应的会计处理应是借"流动资产——应收账款"贷"营业外收入——接受捐赠收入"，并对这笔应收账款计提哪怕是部分坏账准备。然而如图 5 所示，在 *ST 九发 2008 年年度报告中，截至 2008 年 12 月 31 日，公司没有为任何应收债权计提坏账准备，与表面的交易形式也不吻合。

类别	期末余额			
	账面余额	占余额比例%	坏账准备比例%	坏账准备账面余额
单项金额重大并已单独计提坏账准备的应收账款				
单项金额不重大并已单独计提坏账准备的应收账款				
其他以账龄为信用风险特征组合的应收账款				
单项金额重大并已单独计提坏账准备的应收账款	75819535.51	23.06	48.46	36743056.39
单项金额不重大并已单独计提坏账准备的应收账款	21987444.29	6.69	88.69	19499834.74
其他以账龄为信用风险特征组合的应收账款				

图5 *ST九发2008年年度报告应收账款分类示例截图

由此可以看出，即便是*ST九发自己也并没有把所谓的受赠债权当成真的发生过，这一系列交易外衣仅仅是为了让另类的资产注入看起来和常见的模式无异。至此大家都已经心知肚明，*ST九发重整各方令人迷惑的系列交易，无非是为了将重整方注入资产和享有股权两件事情完全隔开，进而避免在会计确认中将相关资产计入股本或资本公积，进而冲高包含非经常性损益的利润数额规避退市规则。

（四）历尽万难终如愿

*ST九发的第一次重整计划的执行虽然招式花哨，但仍因烟台塞尚注入的3.3亿元资产注水，没能使*ST九发真正重获盈利能力，而最终宣告失败。在2009年年报中，针对烟台塞尚3.3亿元注水资产，*ST九发对公司2008年的资产负债表、利润表及股东权益变动表进行了更正，调整后*ST九发2008年度净利润骤减为−126432959.10元，本应被终止上市，但追溯性调整并不影响2008年年报中的财务数据在披露当时帮助*ST九发保壳成功。

未能真正扭亏为盈的*ST九发再次面临退市风险，为了保住上市公司的壳，此后为了九发股份又发起了两次重整计划。其中第二次由南山集团作为重整人的重整计划可谓是诚意满满，南山集团计划向九发集团注入价值15亿元的优质资产，这部分资产的利润足以覆盖九发的亏损，帮助九发真正扭亏为盈。在重整消息公布之后，九发股份连续30多个涨停，股价涨幅超过4倍，但遗憾的是，也正因此部分中小股东不满公司与南山集团谈定的较低定增价格，这次重整计划最终以失败告终。

最终，在第三次计划实施后，九发股份借助新的重整方郑州瑞茂通供应链有限公司的帮助，实现了报表上的扭亏为盈，终于重整成功避免了退市命运。2012年9月21日，公司证券简称由"九发股份"变更为"瑞茂通"。至此，历时四年多，经历三次重整计划的九发股份终得脱胎换骨。

三、 九发股份破产重整案引发的反思

(一)"净利润"退市指标

在九发股份漫长又煎熬的破产重整过程中，为了保住上市公司的外壳，与九发股份重整相关各方可谓是挖空心思、费尽周折。仅从个案结果看，虽然曾经风光无限的食用菌王者完全退出了历史舞台，上市公司外壳也被一家供应链企业收购，但对于九发股份广大中小股东来说，这一结果显然优于放任九发股份破产退市。但如果从更加宏观的制度层面来看，本案实则反映出了许多尖锐的问题，九发股份破产重整案中各种怪异操作令人眼花缭乱，而其最直接的目的就是通过变造表面的交易形式，影响相关交易在公司财务报表中的记录方式，进而规避退市监管制度。神奇且出人意料的是，通过花样迭出的交易形式变换，重组各方成功绕过了监管规则实现了对九发股份的保壳，这无疑说明相关规则存在严重漏洞。

其实通过对九发股份重整案例的细致分析，已经可以明显看出问题就出在了"净利润"这一具体退市财务指标上。在A股企业退市制度的演变过程中，直到2014年前，监管机构都基本是单纯以"净利润"作为"亏损"退市指标，来评判企业最终是否应该退市，由此给资本市场引发出一系列问题。"净利润"指标中，不仅包含一个企业主业经营中的各种收入、成本、费用，还包含了与其经营业务无直接关系，或是有一定关系但并不经常性发生的项目等，因此在实际操纵过程中，围绕这一标准产生了许多复杂问题，一些问题上市企业为了保住价值不菲的"壳资源"，[①] 制造出许多令人啼笑皆非的荒诞案例。

事实上，当时监管各方甚至立法机关也都很快意识到了问题的存在，并且非常积极地投入对这一问题的研究解决中。但在试图解决这一问题的过程中，证券监管机关、会计准则制定机关和立法机关未能做好协调工作，没能仔细研究相关政策的根本问题所在，就急于在自己的能力范围内开药方，这导致相关法律法规和规则在修订过程中可谓是手忙脚乱、相互掣肘。

(二)"净利润"退市指标相关的政策变革回顾

我国的上市公司的亏损退市制度的最初确立是在1993年《中华人民共和国公司法》中，[②] 但只是粗略地说上市公司最近三年连续亏损的由国务院证券管理部门决定暂停其股票上市，但

[①] 上市发行制度、退市制度以及后续引发的"壳资源"问题都是我国资本市场发展过程中独特且棘手的问题，都有极高的研究价值，但本文重点并不在于从更宏观的角度评价上述制度，故不展开讨论，并仅在上述制度背景下讨论"净利润"退市指标问题。

[②] 《中华人民共和国公司法》第一百五十七条规定：上市公司有下列情形之一的，由国务院证券管理部门决定暂停其股票上市：(一) 公司股本总额、股权分布等发生变化不再具备上市条件；(二) 公司不按规定公开其财务状况，或者对财务会计报告作虚假记载；(三) 公司有重大违法行为；(四) 公司最近三年连续亏损。

这一笼统的亏损退市制度只是原则性规定，并没有具体的可操作性。随后在2000年，沪深两市分别发布了自己的股票上市规则，里面都直接引用了1993年《公司法》第一百五十七条的规定。① 2000年，为了使亏损退市指标具备可行性，证监会于2月和11月连发两版《亏损上市公司暂停上市和终止上市实施办法》，② 终于确定了亏损退市制度的具体操作程序。

与此同时，因为规定连续亏损企业需要退市，证券监管部门就根据字面意思，将"亏损"与"净利润为负"画了等号，把"净利润"作为退市监管指标。正如前文提到过的，"净利润"中除了企业主业经营中的各种收入、成本、费用，还包含与其经营业务无直接关系，或是有一定关系但并不经常性发生的项目等（非经常性损益）。这些项目对应的会计损益无须依赖持续稳定的经营活动，而是可以通过一两笔临时交易快速产生，但和营业利润一样，最终都会被计入"净利润"。这一独特性质决定非经常性损益相关科目天生就易操纵、见效快，是能让问题公司"净利润"指标短时间内朽木回春、回光返照的灵丹妙药。

其中，债务重组损益就是使用起来非常"趁手"的非经常性损益科目之一。根据财政部1998年发布的《企业会计准则——债务重组》中的规定，债务人企业在债务重组过程中，可以将债权人放弃债权或者给予债务人的其他让步确认为债务重组收益，计入债务人的当年损益。这就使债务重组收益可以直接冲高企业利润，实际上导致了后续实践过程中，众多上市公司和关联企业之间利用突击债务重组等方式凭空创造重组损益虚增利润。③

各监管部门很快意识到了问题，为了抑制这一既不合理又不健康的行为，堵住上市公司利用一些损益科目冲高利润的路径，2001年，财政部率先出手，紧急修改债务重组相关企业会计准则，将债务人在债务重组过程中的差额入账科目从当期损益改至资本公积，目的正是防止上市公司利用虚构债权债务和债务重组虚增利润。但这一会计入账规则的修改甚至和国际主流规则并不符合，背离了实质重于形式原则，④ 债务重组利得确实是债务人的收益，因而计入资本公积不能体现交易实质。⑤

但会计准则的这一改变效果并不明显，因为重组差额被计入了资本公积，而资本公积本身就可以用来弥补亏损，也即对于亏损的企业，虚构债务重组虽然无法直接冲高利润，但因此增加

---

① 深市规则见《深圳证券交易所股票上市规则（2000年修订本）》第10.1.1条；沪市规则见《上海证券交易所股票上市规则（2000年修订本）》第10.1.1条。
② 分别为《中国证券监督管理委员会关于发布〈亏损上市公司暂停上市和终止上市实施办法〉的通知》（2001年2月22日证监发〔2001〕25号）和《中国证监会关于发布〈亏损上市公司暂停上市和终止上市实施办法（修订）〉的通知》（证监发〔2001〕147号）。
③ 参见刘燕：《新〈公司法〉的资本公积补亏禁令评析》，载《中国法学》2006年第6期，第156页。
④ 例如在美国会计准则中，债务重组利得就被以公允价值计量的方式计入当期损益。为了与国际接轨，这一与国际会计准则偏离的入账规则在2006年又被改回计入当期损益。
⑤ 吴志秀：《我国上市公司债务重组问题研究》，安徽财经大学，2014年硕士学位论文，第12页。

的资本公积仍可以用来弥补亏损,进而间接帮助公司虚增利润。与此对应,资本市场上很快就出现了类似"郑百文——三联重组"的上市公司利用资本公积冲抵巨额亏损的经典案例,这让会计专业人士瞠目结舌的同时也让法律人士感到尴尬。①

2005年,为了从根本上堵住上市公司这一操纵报表的路径,立法机关痛下狠手,直接修订《公司法》——2006年《公司法》规定资本公积不能再用来弥补亏损。② 这一做法可谓是大炮打苍蝇:首先,为了规制上市公司的行为,直接修改国家《公司法》,实为牛鼎烹鸡;其次,设置资本公积这一科目,本来就有在公司出现亏损时用其补亏的目的;③ 最后,即便禁止资本公积直接补亏,其仍可以转增股本,因此上市公司仍可以通过资本公积转增股本,再用股本(形式)减资补亏,虽然有些麻烦,但仍可暗度陈仓。④

同样是在2006年,为了与国际接轨,财政部再次修改债务重组相关会计准则,将债务人在债务重组过程中的差额入账科目改回了与国际惯例相同的当期损益,但进一步细化了具体的入账方式。有意思的是,这一回调,无疑让2006年《公司法》关于资本公积的修订显得更为尴尬。其实在亏损退市制度发展的同期,财政部为了配合相关制度改进、解决现实中失控的保壳乱象以及其他目的等,可以说是不遗余力地多次调整债务重组相关的会计计量准则,重要的修改历程总结如表1所示。

表1 债务重组会计计量准则及其主要演变过程

会计准则名称	1998年《企业会计准则——债务重组》	2001年《企业会计准则——债务重组》	2006年《企业会计准则第12号—债务重组》	2019年(征求意见稿)

---

① 参见刘燕:《新〈公司法〉的资本公积补亏禁令评析》,载《中国法学》2006年第6期,第151-152页。
② 参见刘燕:《新〈公司法〉的资本公积补亏禁令评析》,载《中国法学》2006年第6期,第151-152页。
③ 随着会计制度的发展,资本公积的来源较初期更为繁杂,对某些资本公积是否能够用来补亏产生争议。例如基于会计程序而引起的所有者权益的账面增长,由于其价值通常随着市场价格上下波动,且只是股东权益的账面增长,并没有实际资金流入,因此被认为不能用来弥补亏损。相关讨论参见刘燕:《新〈公司法〉的资本公积补亏禁令评析》,载《中国法学》2006年第6期,第153页。
④ 我国资本市场中存在通过减资补亏(用股本补亏)的成功经典案例,包括飞彩股份案和闽灿神案等。关于公司是否可以减资补亏存在一定争议,2012年证监会发布的《上市公司监管指引第1号——上市公司实施重大资产重组后存在未弥补亏损情形的监管要求》也禁止上市公司通过资本公积转增股本并同时缩减股本以弥补公司亏损的方式规避对于"资本公积不得弥补公司亏损"的禁令。但从会计理论和国际经验来看,通过形式减资,用股本弥补亏损存在合理性,当公司出现严重亏损时,公司资本已经不能真实反映公司实际资产,公司注销部分股份,由股东承担公司亏损,会使公司资本与资产水平更相契合,有利于反映公司整体信用状况。相关观点和讨论参见肖金锋:《上市公司减资弥补亏损问题新探》,载《金融教育研究》2013年第4期,第61-66页。

续表

出台背景	国有银行集中处理不良资产	规范上市公司债务重组交易，减少上市公司进行盈余管理操纵的空间	适应市场经济和国际趋势	扩张债务重组适用范围，会计准则体系内在协调
债务重组中可入账金额标准	以公允价值为基础	以账面价值为基础，仅在涉及多项非现金资产或股权时使用公允价值	以公允价值为基础、披露公允价值的确认方法	以公允价值为基础
债务人重组差额的入账科目	当期损益	资本公积	当期损益	—
主要修订	—	不再区分重组利得和资产转让收益，债务重组收益计入资本公积	修改债务重组定义，公允价值入账，重组收益计入损益	修改债务重组定义，保持准则体系内在协调

资料来源：作者整理。

（三）问题追根溯源

实际上这一系列问题的根源，就是证券监管部门针对上市公司亏损退市制度制定具体实施细则时欠缺考虑，从字面意思解释定义了"亏损"，直接将亏损定义为"净利润"为负。而没有从《公司法》立法本意和上市公司实际经营角度出发，忽略了所谓的"净利润"可以被与公司主营业务无直接关系，或是有一定关系但并不经常性发生的项目所冲高。

其实想要解决这一问题，最简单直接的办法就是从《公司法》立法本意和上市公司实际经营角度出发，重新定义"亏损"指标，修改盯住"净利润"的不合理退市规则，实则没有必要大费周章地多次调整会计准则甚至修订《公司法》。其实《公司法》中所规定的亏损公司退市的情况，指的就是上市公司主营业务已经连续多年出现严重问题、入不敷出。例如现在证券监管部门越来越常使用的扣非净利润的概念就可以很好地衡量公司实际的主业经营情况，使具体的监管政策能够更好地实现当时的立法本意。既然在"净利润"指标下，企业试图通过虚构重组损益来虚增利润，那么监管机构只需将非经常性的损益排除在指标之外即可。

同样地，暂不讨论相关政策的科学性和合理性，仅讨论政策目的的实现路径：既然监管机关从商业实质等角度考虑，不希望问题公司通过利用资本公积或是股本补亏的方式绕过对"亏损"退市指标的监管，那么只需要在制定具体实施细则时，将通过资本公积或是股本补亏的部分排除在退市制度的"亏损"监管指标外即可,实则没有必要用修改《公司法》的粗暴方式来禁止用资本公积来弥补亏损。[①]

四、总结与反思

在经典的九发股份重整案中,第一次重整计划的参与各方为规避当时的亏损退市指标,在"净利润"这一会计科目上可谓是挖空心思、费尽周折。尽管九发股份第一次重整计划中掺入了诡异的偿债诉讼、不求回报的重整方、注水的重整资产等太多离谱又滑稽的要素,但在多方配合下,依据立法本意主营业务完全崩塌、早该退出我国资本市场的九发股份,就真的成功骗过了相关亏损退市规则,在2008年底保壳成功,并最终变身成为现在的"瑞茂通"。

这一经典案例可谓是淋漓尽致地展现了彼时亏损退市规则引发的现实的问题。站在后人的视角总结看来,这就是因为当时监管部门在制定亏损退市规则的具体操作细则时,没能把握好上位法的立法真意,订立了过于粗放的具体标准,给实务操纵留下了太大的可乘之机。这也直接导致了随后几年里,我国资本市场债务重整、资产重组等领域"百家争鸣、各显神通"的混乱景象。如果相关各部门更早地协调沟通,从问题的本质出发、全局考虑,提高监管能力,想必不会出现上述围绕亏损退市制度的债务重组相关的法律和会计准则的修改闹剧。

[①] 《公司法》对于资本公积补亏的规则,不在于绝对禁止资本公积补亏,而在于明确公司亏损弥补的先后顺序,避免资本公积变相进行利润份额。相关观点参见刘燕:《新〈公司法〉的资本公积补亏禁令评析》,载《中国法学》2006年第6期,第156页。

上市公司破产重整公积金转增股本除权问题探究

——基于2019年六大重整成功案例的实证分析

查达来[*]

摘要： 上市公司破产重整近年来呈现爆发式增长的态势，但在破产重整过程中面临的共同问题是公积金转增资本是否除权以及如何除权。以该问题为导向，本文对2019年六大重整成功案例进行了实证分析，进而得出上市公司破产重整过程中公积金转增资本这种非正常状态下应采取不予除权的结论。文章从公平、合意和非正常状态处理等理论视角阐明结论的正当性，并建议在交易规则或相关立法中予以明确。

关键词： 上市公司　破产重整　公积金转增资本　股票除权

一、问题的提出

近年来，上市公司破产重整呈现爆发式增长的态势。[①] 破产重整是集清偿债务和拯救企业于一体的制度设计，本质上是通过债务重整使企业获得重生的司法挽救手段。因其具有法律强制属性，市场预期性强，也更有利于保护中小投资者，因此，日益成为陷入债务危机的上市公司控股股东、债权人、中小投资者、职工和政府监管部门等相关主体所青睐的法律手段。

根据沪深交易所的官方网站及上市公司公告，截至2019年12月31日，2019年全国共有六家上市公司破产重整计划获得法院批准。[②] 笔者发现，在破产重整过程中，这六家公司共同面临着一个问题，即公积金转增股本如何除权。由于重整投资人、原有股东、债转股股东等权利主体

---

[*] 厦门大学法学院2017级经济法博士研究生，研究方向：金融法。

[①] 有关资料显示，2019年有48家涉及A股上市公司中的破产重整。重整主体中15家为上市公司，10家为上市公司旗下子公司，还有23家是上市公司控股股东，2018年和2017年分别为23家和15家。参见新浪财经：《破产重整大年：近50家A股公司"格式化"求重生》，资料来源：https：//baijiahao. baidu. com/s? id = 1653758366499580169&wfr = spider&for = pc. ，2020年9月4日访问。

[②] 分别是*ST厦工（600815）、*ST中绒（000982）、*ST沈机（000410）、*ST莲花（600186）、*ST庞大（601258）、坚瑞沃能（300116）。

交易或认购股票的价格不同,也和市场交易价格有别,因此,是否需要除权以及如何除权成为当前证券市场无法回避且亟待解决的问题。本文以2019年法院批准的六大成功破产重整案例为蓝本,从实证分析的视角剖析破产重整公积金转增股本中除权问题的本质和立法缺陷,并根据不同情形提出具体建议和理由,以期对今后立法及破产重整实践有所裨益。

二、股票除权的基本原理

（一）股票除权的概念

股票除权是上市公司的股本或流通股本增加,每股股票所代表的企业实际价值（所有者权益或者每股净资产）被稀释减少,所有股东的股票价值缩水,在此事实发生后,按照一定的计算公式,从股票市场价格中剔除该部分价值的法律行为。除权的后果是除权时每股实际价格较除权前价格等比例或等额减少。

（二）正常市场状态下股票除权的适用情形

在正常的市场状态下,股票除权适用于以下几种情形:第一,股本增加而所有者权益不变的公积金转增股本后的送股,典型的情况是股票股利,主流的观点认为股票股利只是将资金在公司的会计账簿的不同科目中转移,如果不考虑我国现有的税收规定,股票股利并未给现有股东带来任何直接回报,其直接后果是上市公司的股票数量增加、每股价格下降、注册资本增加,但上市公司的所有者权益并未改变;① 第二,股本增加而所有者权益有变,面向全体股东且价格明显低于市场价的配股;第三,股本未变而所有者权益有变,面向全体股东进行现金分红。由于这种情况不涉及股本变动,只涉及除息,不属于本文关注对象。可见,正常市场状态下,除权的对象是所有股东,所有股东获得相应比例的股本或价格上的优惠。

实践中,面对特定股东的非公开发行股票（定向增发）和面对不特定股东的公开发行股票（非定向增发）,由于公司在增加股本的同时获取了对价,也不是全体股东参与了增发,不是每个股东受益,不属于除权范畴。

（三）沪深交易所股票除权公式分析

1. 现行规则。上海证券交易所除权公式为:除权（息）参考价格 = [（前收盘价格 - 现金红利）+ 配（新）股价格 × 流动股份变动比例）] ÷ (1 + 流动股份变动比例)。② 深圳证券交易所除权公式为:除权（息）参考价格 = [（前收盘价格 - 现金红利）+ 配股价格 × 股份变动比例）] ÷ (1 + 股份变动比例)。③

---

① 何涛、陈小悦：《中国上市公司送股、转增行为动机初探》,载《金融研究》2003年第9期,第47页。
② 参见《上海证券交易所交易规则》第4.3.2条。
③ 参见《深圳证券交易所交易规则》第4.4.2条。

2. 规则差异。不难看出,沪深交易所的除权公式存在较大差异,上交所着眼于流动股对证券市场价格的短期影响,如股份变动部分为限制流通股,即便能对市场价格产生消极预期也不作除权处理。深交所着眼于变动股份对证券市场价格的长期影响,无论变动股份为流通股或限制流通股,只要涉及股份变动,不问是否对当前市场产生影响,均应作除权处理。毋庸置疑,深沪交易所前述规定均为正常市场状态下的除权计算公式。

(四)股票除权的理论之争

有关股票除权的理论之争由来已久,即便是面向所有股东配股、送股的正常状态,是否需要强制除权除息,也有不同的争论。

国内主流的观点以及美日等国的现行法律规定,均基于市场公平原则,认为应进行强制性除权。强制性除权的目的是保护投资者的利益,因为市场上的股票很多,哪只股票何时配股或送股,中小投资者可能没有时间研究和理解。其实,即使交易所不强制除权,市场也会自动除权,股票价格要向价值靠拢,但是,如有投资者不理解,将可能导致部分投资者以未除权的价格买未来必定下跌的股票,特别是每10股送20股或30股的所谓的"送红股",会导致中小投资者的损失,有违投资者弱者保护和市场公平原则。①

另有一种观点认为,应坚持市场化改革路线,由市场化股票价格变化来决定是否需要除权。理由如下:②

第一,无论是送股,还是低价配股,抑或是现金分红,都是给投资者的权益回报,除权除息制度剥夺了投资者因上市公司分红而得到的市值增加,上市公司已经真金白银给到了投资者的账户,但投资者账户上的资产却没有一丝一毫增加,而且现金分红还要收税,导致资产减少,是非常不合理的。

第二,按照一定的除权公式进行强制性除权。我国除权公式具有行政命令色彩,虽然除权公式写明了"参考价格",具有行政指导的意味,但书条款中也赋予市场主体自主决定权,但均需取得交易所的许可,导致实践中大多数还是按照除权公式进行除权,存在一刀切的弊端。市场是多姿多彩的,上市公司的需求千差万别,股票价格究竟为多少,应由市场来决定,不应由政府和准政府命令来决定。

第三,充分、准确的信息披露和3到5个月的披露执行期能使投资者根据自身判断作出理智的投资决定。

笔者认为,在正常状态下,当所有股东获得送股、分红或者配股价格优惠,应基于公平原则

---

① 参见袁克成:《上市公司的分红与除权除息》,载《上海证券报》2012年6月21日。
② 参见吴智钢:《除权除息和红利税阻碍了价值投资》,载《证券时报》2014年5月19日;吴智钢:《让上市公司来决定股票除权除息》,载《证券时报》2014年5月23日。

进行除权。对于除权公式的合理性，笔者倾向于深交所的除权公式以所有股份变动而非仅流通股变动为对象进行除权，比上交所的除权公式更能体现实质公平原则。

三、2019 年破产重整成功案例实证分析

2019 年上市公司破产重整计划获得法院批准并成功实施的共计 6 家，分别是 *ST 厦工（600815）、*ST 中绒（000982）、*ST 沈机（000410）、*ST 莲花（600186）、*ST 庞大（601258）和坚瑞沃能（300116），笔者从以下几个视角进行实证分析。

（一）股本来源和转让对象分析

2019 年上市公司破产重整的六个成功案例中，偿债股本的来源方案均是公积金转增股本。因上市公司破产重整的重心是解决其债务问题，即便通过破产重整程序豁免债务，也需要有新增资金归还债务，甚至需要募集运营资金，因此，公积金转增股本成为主要方式，其转让对象通常包括以下几种。

一是重整投资人。即增加股本转让给重整投资人，由重整人提供转让对价给公司，以支付重整费用、清偿债务或补充公司流动资金，该模式类似于定向增发。*ST 莲花破产重组即属于此类型，按每 10 股增加约 2.99333 股的比例实施公积金转增股本，共计增加 317899644 股，由重整人莲泰投资及其指定的第三方和另一重整人国控集团有条件受让并提供偿债资金偿债。该模式一般适用于破产重整上市公司债务金额不大，且重整投资人能处理上市公司债务的情形。

二是债权人。即增加股本转让给债权人，解决上市公司债务问题（债转股）。绝大部分上市公司破产重组都采取该种模式，尤其对于严重资不抵债且债务数额巨大的上市公司，债转股是优先考虑方案。2019 年成功操作的 *ST 厦工、*ST 沈机、*ST 中绒和 *ST 庞大破产重整均主要采取了债转股方案消除债务。

三是部分股东。*ST 厦工之重整人为控股股东厦门海翼集团有限公司，通过公开产权交易市场受让 *ST 厦工 230703496 股，处置价格为人民币 2.4 元/股，即属该种情形。

四是既转让给重整投资人，也转让给债权人之混合方案。绝大部分重整方案采取的是这种模式。2019 年四家上市公司 *ST 厦工、*ST 沈机、*ST 中绒、*ST 庞大破产重整均是采取这种方案，具体来说，是由第三方或控股股东作为重整人，由重整人按一定的价格认购部分公积金转增股本，另一部分公积金转增股本转让给债权人，以另一价格抵偿债务。

五是理论上还有一种模式，即公积金转增股本后，以一定价格向全体股东配股，从所有股东账户划转资金，作为偿债来源。实践中采取该种模式的很少，因其可能招致部分中小股东的反对，引起管理层和舆论鞭挞，导致功败垂成。此外，重整人参与认购的股本，一般为市场最低价或较低价，作为重整的管理人或投资人通常很少考虑增加中小股东普遍利益，中小股东难以获得类似的优惠。

(二) 股票除权实证分析

1. 价格构成。整理 2019 年破产重整成功案例，重整方案中《出资人权益调整方案》或《债权受偿方案》规定几种价格。

第一，重整投资人认购部分公积金转增股本的价格。该价格一般以某一时点市场价而定，是较低价。如*ST 莲花重整投资人认购价为人民币 1.70 元/股，*ST 沈机重整投资人认购价为人民币约 2.38 元/股，*ST 厦工重整投资人公开处理价为人民币 2.40 元/股。*ST 庞大和*ST 中绒重整投资人认购价比较复杂，其中*ST 庞大重整投资人按 1 元/股认购 7 亿股，无偿受让原控股股东及其一致受益人的股份，但承诺三年*ST 庞大的利润不低于 35 亿元，综合计算，其认购成本低于 1 元/股。*ST 中绒重整投资人无偿受让控股股东，参与转让管理人处理的 9.81 亿股，综合成本为 1.06 元/股。当然，重整投资人或有行业运作优势，或有充足的资本运作优势，或有优秀的公司管理优势，可能为上市公司后来的发展提供额外支持，其低价认购增加股本的行为能获得市场各主体的支持与理解。

第二，债权人认可的债转股价格。该价格的确定考虑了债务清偿率，以债务清偿率为标准计算债转股之每股抵债价格，该价格除权时证券市场价格会高许多。例如，*ST 厦工予以清偿、股票的抵债价格为 3.6 元/股；*ST 庞大债转股之抵债价格为 5.98 元/股；*ST 中绒债转股之抵债价格为 5.87 元/股；综合*ST 沈机债转股之抵债价格只适用于金融普通债权人，结合现金受偿综合计算，债转股综合抵债价格约 9 元/股；*ST 莲花实行现金清偿，未有抵债。

第三，市场价格。该价格是每天市场经自由交易走出的收盘价。在重整过程中，该价格高于重整投资人参与认购增加股本的价格，但低于债转股价格，但不排除低于重整投资人的认购价和高于债转股抵债价格的可能性。毋庸置疑，以道氏理论（Dow theory）解释，该价格反映了市场上所有的信息，包括宏观信息和该个股的微观信息，是各市场主体博弈所确定的市场价格。

第四，证券市场外公开市场处理价。2019 年成功破产重整案例中，*ST 厦工部分股份由实际控制人厦门海翼通过公开市场竞价获得，价格为 2.40 元/股。

第五，除权价格。如果涉及股本价格除权，按照一定的公式进行除权后的价格为除权价格。

可见，围绕上市公司破产重整可能有若干种价格：重整人认购价、债转股抵债价、市场价、证券市场外公开市场处理价以及除权价，以上五种价格均不相同。

2. 除权调整情况。上市公司破产重整需要出资人和债权人共同承担企业实现重生的代价，债权人的债权调整与让渡必不可少，与此同时，出资人的利益更是与破产重整的成败息息相关，两者共同进行权益调整是必然选择。在具体实践中，出资人权益调整方式比较常见的就是资本公积金转增股本。① 根据沪深交易所交易规则，在上市证券发生公积金转增股本的情况时，交易所在权益登记日次一交易日对该证券进行除权除息，交易所另有规定的除外。② 但笔者考察 2019 年 *ST 厦工、*ST 沈机、*ST 中绒、*ST 庞大和 *ST 莲花、坚瑞沃能六大成功案例的实践，出资人权益调整均采取了资本公积转增股本的方式，但在是否除权以及如何除权问题上，做法却不尽相同，具体实证分析如下：

（1）不予除权。*ST 沈机、*ST 中绒、坚瑞沃能三家上市公司公积金转增股本后不予除权。三家上市公司的财务顾问均对不予除权事项公告了专项意见。其中，ST 沈机由中国国际金融股份有限公司出具，*ST 中绒和坚瑞沃能由中信建投证券股份有限公司分别出具。虽然三家上市公司的重整计划各不相同，所聘请的财务顾问或顾问团队有所差异，但就不予除权的专项意见却有很大的共性，具体体现如下：

首先，财务顾问机构均对股票除权价格的基本原理阐明了意见，认为除权是由于上市公司股本增加而每股股票所代表的企业实际价值有所减少，需要在发生该事实之后从股票市场价格中剔除这部分因素。主要适用于两种情形：一是股本增加而所有者权益未发生变化的资本公积金转增或送股；二是价格明显低于市场价格的上市公司配股。同时，对于非公开发行股票、公开发行股票时，由于每股净资产相应增加，认为一般不通过除权对公司股票价格进行调整。

其次，财务顾问机构均对上市公司不予除权的合理性阐明了意见，具体理由大致相同，认为所服务的上市公司资本公积转增股本属于重整方案的一部分，具有特定情况，与一般情形下的上市公司资本公积转增股本或配股存在明显差异，并不存在除权通常适用的股本增加而所有者权益未发生变化和公司所有者权益增加幅度明显低于股本增加幅度的两种情形。其中，中国国际金融股份有限公司对 *ST 沈机的特定情况特别阐明资本公积金转增股本经法院裁定批准后执行，用于引资偿债，投资者以现金为支付对价，债权人以债权为支付对价，具有合理性。

（2）予以除权。*ST 厦工、*ST 庞大和 *ST 莲花三家上市公司进行了除权，但除权依据各不相同。兴业证券股份有限公司为 *ST 厦工除权出具了专项意见，*ST 厦工除权参考价格 = ［（前收盘价格 − 现金红利）+ 增加股份由管理人公开处置的价格 × 增加股份由管理人公开处置导致流动股份变动比例］÷（1 + 增加股份由管理人公开处置导致流动股份变动比例），前收盘价格为 2.94 元/股，现金分红为 0，处置价格为 2.40 元/股，按以上公式计算出的除权价格为 2.84 元/股。

*ST 莲花和 *ST 庞大除权专项意见均由中信证券股份有限公司出具。*ST 莲花除权参考价格 = ［（前收盘价格 − 现金红利）+ 重整投资人受让资本公积金转增股票价格 × 重整投资人受让

---

① 有学者统计，自 2014 年至 2019 年资本公积金转增股本的比例均为 100%，参见申林平：《中国上市公司破产重整 2019 年度报告及重整计划分析》，载微信公众号"破产法快讯"，2020 年 1 月 4 日访问。

② 参见《深圳证券交易所交易规则》第 4.4.1 条和《上海证券交易所交易规则》第 4.3.1 条。

资本公积金转增股票导致流动股份变动比例〕÷（1+重整投资人受让资本公积金转增股票导致流动股份变动比例），前收盘价格为2.58元/股，现金分红为0，重整投资人受让资本公积金转增股票价格为1.70元/股，按以上公式计算出的除权价格为2.38元/股。

*ST庞大除权公式更是异常复杂，分为：第一，当除权日前收盘价小于1元时，除权参考价=〔（前收盘价格－现金红利）+配（新）股价格×流动股份变动比例〕÷（1+原流动股份变动比例），按照其解释，现金红利，配新股价格和原流动股份变动比例均为0，所以参考价格为市场价；第二，当除权日前收盘价高于1而小于债转股价格5.98元时，除权参考价格=〔（前收盘价格－现金红利）+重整投资人受让资本公积金转增股票价格×重整投资人受让资本公积金转增股票导致流动股份变动比例〕÷（1+重整投资人受让资本公积金转增股票导致流动股份变动比例）；第三，当除权前收盘价高于5.98时，除权参考价格=〔（前收盘价格－现金红利）+重整投资人受让资本公积金转增股票价格×重整投资人受让资本公积金转增股票导致流动股份变动比例+增加股份抵偿债务价格×增加股票抵偿债务导致流动股份变动比例〕÷（1+资本公积金转增股票导致流动股份变动比例）。

*ST厦工、*ST庞大和*ST莲花三家上市公司虽然都予以除权，但在除权参考价格的计算公式上均作出了调整，三家上市公司的财务顾问均向上海证券交易所出具了专项意见阐明其合理性，上交所根据各家上市公司的申请理由均"决定"予以调整。就其合理性而言，具有如下共性：一是破产重整资本公积金转增股本具有特定情形，不同于一般意义上的分红而单纯增发股票的行为，系经法院裁定批准后执行，投资人投入资金，权益调整与通常情况下的转增前后公司所有者权益维持不变的情形存在差异；二是重整后的上市公司资产负债结构得到优化，盈利状况得到改善，按照交易所公式计算的除权价格无法体现上市公司股票的真实价值。

综上所述，由于缺乏理论指导和立法支持，即便是专业水平较高的知名券商之间甚至知名券商内部针对不同的破产重整项目所出具的专项意见，对是否除权以及如何除权存在截然不同的做法，有主张不予以除权的，有主张予以除权的，有主张按增加部分有管理人公开处置价和公开处分股份作为有主张按上海证券交易所除权公式除权的，有主张按前收盘价和与重整人认购价、债转股抵债价的关系适用不同除权公式，在具体执行中标准不一，做法各异。

四、上市公司破产重整公积金转增股本无须除权

《上海证券交易所交易规则》第4.3.2条和《深圳证券交易所交易规则》第4.4.2条均赋予证券发行人认为必要时申请调整计算公式的权利，但均需经交易所的"决定"或"同意"。对比上市公司破产重整情况下和正常市场状态下除权基础情况的异同，反思上市公司破产重整非常态下除权实践，笔者认为上市公司破产重整公积金转增股本，除向全体股东同比例配股募资且分配股本外，无须进行除权。理由如下：

（一）商业实践理性

第一，破产重整增加股本转让交易为有偿交易，受让人已支付对价。如前所述，公积金转增股本转让给重整投资人、债权人，重整投资人和债权人均支付了对价。其中有现金对价，也有债转股之抵债对价，符合市场交易等价有偿原则。这和上市公司进行利润分配的送转股应进行除权的情况完全不同，股份分配由上市公司将股份以股息形式分配给股东，股东无须另外支付对价。

第二，破产重整增加股本转让交易对象为特定人，更类似于定向增发。从2019年六个上市公司破产重整成功案例来看，公积金转增股本之对象或为特定重整投资人，或为上市公司破产重整之债权人，虽然其对象远远高于定向增发要求的10人或35人（最新规定）以内的合格投资者，但其交易对象不是全体股东，这和股份分红和低价配股的实施对象为全体股东截然不同。破产重整增加股本的交易对象是重整投资人和债权人，是特定人，更类似定向增发，而定向增发不除权是理论界和实践界的共识。

第三，破产重整后的上市公司所有者权益增加，而非所有者权益不变或者减少。常态下的公积金转增股本除针对全体股东和送红股之无偿性外，另外一个特征就是股本增加而所有者权益不变或减少，导致每股内在价值和价格相比缩水，因而有除权必要。而破产重整后的上市公司债务获得大量豁免，豁免比例普遍达到了70%以上。同时裁减了大量员工，调整了业务结构，通过引进重整投资人，带来了资本、先进的管理经验，甚至大量的业务机会，通过资源整合，能够使破产重整后的上市公司重获经营能力。

第四，增加股票价格须经股东大会、债权人会议、监管机关和法院四重确认。破产重整计划的核心文件——《出资人权益调整方案》和《债权受偿方案》均包括了出资人认购增加股本价格和债权人之债转股价，该等价格均经过股东大会、债权人会议和法院的确认，既包括全体股东的合意，也包括所有债权人的合意，还代表全体股东和全体债权人之间达成合意。以上合意获得重整法院的裁定确认，由于重整方案最终要证券监管部门同意，在实践中重整方案也事先和监管机构进行了会商并取得认可。经过四重确认的增加股票价格，除非向全体股东配股，不宜再通过除权公式予以改变。

第五，上市公司股票在破产重整前通常经历了非理性下跌，重整后的股价并不能很快反映股票价值。由于证券市场投资者结构中散户居多，且缺乏专业投资决策能力。在上市公司重整前，受到上市公司大量新闻媒体负面报道、非理性抛售、上市公司被标注*ST、被诉讼、被查封等各种因素的影响，破产重整上市公司股价往往经历了非理性下跌，有的跌幅甚至高达90%，有的跌至1元/股左右。即便在重整程序中虽有小幅回升，股价仍不能合理反映重整后的公司股票价值，通过行政性和准行政性的除权调整股价无疑更扭曲股价和上市公司价值的关系。

(二) 法理正当性

1. 公平。古罗马法律学家西塞罗曾言"法律是善良和公平的艺术"。破产重整后的上市公司股东可以分为原股东、重整投资人股东、债转股股东。从破产重整案例来看，重整投资人获取股票的对价都是比较低的，重整投资人要付出额外成本处理重整中的各种债务，因而，重整投资人低价获取增加或原控制股东股票有正当性。破产重整的上市公司因无法清偿到期债务，债转股价格为某一时点市场价除以债务清偿率，因此，债转股价格远远高于市场价格，实践中，上市公司破产重整清偿率基本在10%～40%，因此，债转股价格被认为是公平的。

从受益角度看，除面对全体股东配股外，原股东未获得增加股票，也未支付对价，重整投资人和债转股之债权人均获得了股票，但其支付了对价。行政性或准行政性地除权，未获取任何新增股票的原股东利益受损，让付出了对价的重整投资人和债转股之债权人利益受损，显然不符合公平原则。

2. 合意。探究各利益相关方之间的真实意思表示即合意，是考虑是否除权的关键因素。破产重整上市公司的原股东获取的股票或为投资原始取得，或为交易而继受取得，通常都是通过标准化的合约交易取得股份成为原股东。重整投资人获取原控制人股份或获取增加全部或部分股份，或与原股东达成合约，其获取增加全部或部分股份之合意获得符合法律规定的股东大会和债权人大会表决通过，债转股的抵债方案均获得符合法律规定的债权人大会和股东大会表决通过，重整投资人和债转股之债权人所获得增加股本之价格获得了法院确认。最高人民法院于2012年10月29日发布了《关于审理上市公司破产重整案件工作座谈会纪要》，第八条确立了司法机关与监管机关之间的会商机制。① 可以推导，包括权益调整方案和债权偿还方案在内的重整计划已获得中国证监会和沪深交易所的同意。

除了上述合意外，还有一个共同合意，上述各类别股东按照合意价格获取股份后，其后续价格取决于市场走势，无论获取价格高低，均接受市场交易价格，面向全体股东的配股、送股除外。

从法律行为的视角看，原股东、重整投资人和债转股之债权人的股份获得，是通过单方法律行为、双方法律行为和共同法律行为（如股东大会和债权人会议表决）创设或继受取得，是合法法律行为。况且，重整投资人和债转股之债权人获得增加股份价格获得法院确认，获得监管机关同意。从私法自治理论和司法既判力理论角度，不应再次通过行政性或准行政性的除权行为而否定上述交易，获取股份后的股份定价遵循市场交易规则，如市场撮合价格或大宗协议价格。

3. 非正常状态的特殊处理。李曙光教授认为"证券法是根据常态的市场状态制定的，缺乏

---

① 参见《最高人民法院印发〈关于上市公司破产重整案件工作座谈会纪要〉的通知》（法〔2012〕261号）。

非常态下的规定"。① 王欣新教授认为"从公司法、证券法的规定来看,他们主要解决常态下公司的调整,对于非常态下的公司,比如说资不抵债这一情况下的公司没有做出规定"。② 对于处理破产企业而言,破产法属于特别法,若出现证券法与破产法相冲突的情形时,应当优先适用破产法的规定。③

以上原理应用于破产重整上市公司公积金转增股本除权问题,区分证券市场正常状态和非正常状态分别适用不同的规则,应是正确的选择。在正常状态下,在符合除权条件的前提下,适用除权公式予以除权,在上市公司破产重整的非正常状态下,除面向全体股东的配股偿债外,无须除权。

五、结论

笔者以 2019 年上市公司破产重整计划获得法院批准的全部六大成功案例为蓝本,通过实证分析的方法,对破产重整中共性存在的问题即公积金转增股本是否需要除权以及如何除权作出了回应。在实证分析的基础上,提出在破产重整这一非正常状态下,公积金转增资本应当不予除权的建议,并从实践考察和公平、合意、非正常状态处理等阐明无须除权的正当性,并建议在交易规则或相关立法中予以明确,以期对破产重整的实践和将来《证券法》与《破产法》的联动修改提供参考。

---

① 王峰:《A 股巨震及证券法修订专家建言平准基金入法》,载《21 世纪经济报道》2015 年 7 月 14 日。
② 刘俊海:《公司法和证券法应联动修改》,载《中国证券报》2013 年 6 月 24 日。
③ 重庆市第一中级人民法院课题组:《上市公司重整中以公积金转增股本除权问题研究》,载《法律适用》2019 年第 5 期。

案例评析

金融法苑 Financial Law Forum
2020 总第一百零三辑

反思商业银行代销理财产品的适当性义务

——建行代销基金全赔案的评释与引申

■ 彭雨晨*

摘要：在客户评估环节建行恩济支行仅根据最终评估得分推荐理财产品，未重视客户主观风险承受意愿。在产品风险评估环节建行恩济支行未厘清不同自律监管体系下的规则差异，误用理财产品风险等级。虽然建行恩济支行在评估环节做到了形式合规，但是法院从实质合理角度作出裁判，颇为允当。此外，建行恩济支行在履行推介方式适当义务、告知说明义务和资料留存义务时也存在重大瑕疵。商业银行应当以此案为殷鉴，准确把握、严格遵守适当性义务的相关规则。同时，该案也反映出分业监管导致规则不统一、理财产品风险评级标准不统一等问题，前者有赖于通过监管协作方式解决，后者则可以通过设立理财产品风险评级专门机构予以应对。

关键词：商业银行 代销理财产品 适当性义务 监管冲突 风险评级标准

2019 年夏日，建行恩济支行（以下简称 J 银行）因未能在代销理财产品的过程中恰当履行适当性义务而最终被法院判决赔偿客户全部损失。[1] 该判决引发专家学者和实务界人士对商业银行代销理财产品时如何正确践行适当性义务的高度关注和热烈讨论。[2] 理清本案争议，对完善商业银行适当性义务实践具有直接参考价值，对改进本案引申出的监管问题具有重要启示意义。

本文首先梳理相关案情和裁判，提炼案件核心法律争点；然后重点对客户和产品评估环节的争议及其裁判理由展开讨论；随后从理论视角对案件涉及的其他三项争点予以分析，理清法院裁判思路；最后对本案引申出的主要监管问题进行探讨。

---

* 北京大学法学院 2018 级博士研究生。
[1] 参见张姝欣、潘亦纯：《神剧情！审判员 97 万买基金亏 57 万建行连本带利赔偿》，资料来源：http://www.bjnews.com.cn/finance/2019/08/24/619001.html，2020 年 8 月 30 日访问。
[2] 学界意见可以参见王锐：《从建行代销基金案再读金融产品销售者的适当性义务》，载《银行家》2019 年第 10 期，第 134－136 页；实务界意见可以参见雷继平、尹青：《从一个典型案例看金融机构的适当性义务——兼析〈九民会纪要（稿）〉适当性义务的衡量标准》，载微信公众号"金杜研究院"，2019 年 9 月 19 日。

一、案情介绍与争点分析

(一) 案情简介①

本案原告王某购买涉案理财产品的行为发生在 2015 年 6 月 2 日,当天 J 银行员工经过风险评估将王某认定为"稳健型"金融消费者,随后推荐王某购买了该行代销的股票型基金——"前海开源中证军工指数型证券投资基金",该基金被海通证券评定为"中风险"等级。在服务过程中,J 银行安排王某签署了《证券投资基金投资人权益须知》(以下简称《须知》)和《投资人风险提示确认书》(以下简称《确认书》)等文件,但是并未向王某提供基金合同和基金招募说明书,而基金招募说明书中明确指出该基金具有"较高风险、较高收益"。王某是一名金融法律审判领域的从业人员,此前曾数次在该行购买过多种类型的理财产品,其中 2015 年 4 月王某还购买过评级为"中风险"的基金产品并获利 24 万余元。

王某购买该理财产品后不久遭遇"股灾",股票市场形势急转直下。② 到 2018 年 3 月末王某联系 J 银行赎回基金份额时已经产生巨额亏损。王某认为此次投资损失是 J 银行没有恰当履行适当性义务导致的,因此诉至法院要求 J 银行承担损害赔偿责任。本案历经一审、二审和再审,三级法院都支持了王某的诉求,判决 J 银行赔偿王某的投资损失和利息损失。

(二) 争点分析

本案的核心争议焦点是 J 银行在代销理财产品时是否违反了适当性义务(suitability obligation)。适当性义务是指金融机构应当根据客户的能力、需求等情况为其提供相匹配的理财产品。③ 从历史维度看,适当性义务诞生于 20 世纪 30 年代的美国证券行业,随后从自律规范发展为立法规范,从证券业拓展到其他金融业态,并逐渐被其他国家或地区的金融法律体系所吸收,演变为全球性规则。④ 我国早在 2005 年便在商业银行个人理财业务的相关监管规则中明确规定了适当性义务。⑤ 随着国民财富逐渐累积,居民理财需求日益旺盛,关于商业银行个人理财业务中的适当性义务争议在实践中屡屡发生。

梳理王某、J 银行和法院在裁判文书中提出的主要观点,发现各方争议主要集中在适当性义务的五个方面:了解客户义务、了解产品义务、推介方式适当义务、告知说明义务和资料留存义

---

① 本部分内容依据下列三份文书总结而来:北京市海淀区人民法院 (2018) 京 0108 民初 21776 号民事判决书、北京市第一中级人民法院 (2018) 京 01 民终 8761 号民事判决书和北京市高级人民法院 (2019) 京民申 3178 号民事裁定书。本部分以下引用不再一一引注。
② 2015 年 6 月 12 日证券市场指数到达顶峰,随后在两个月时间里大幅下跌。参见谢百三、童鑫来:《中国 2015 年 "股灾" 的反思及建议》,载《价格理论与实践》2015 年第 12 期,第 29 页。
③ 参见王锐:《个人理财案件中的商业银行适当性义务研究》,载《人民司法》2013 年第 11 期,第 78 页。
④ 参见王锐:《金融机构的适当性义务研究》,法律出版社 2017 年版,第 65、85 页。
⑤ 参见《商业银行个人理财业务管理暂行办法》第三十七条。

务。其中，J银行在评估环节是否对客户和涉案理财产品作出准确评估，是本案的核心法律争点。在庭审过程中，J银行辩称其已经善尽上述各项义务，然而法院均未予以认可。下面本文将整理并评析法院对各项法律争点的裁判逻辑，并就其公正性展开探讨。

二、评估环节的争点梳理与裁判理由评析

评估环节的适当性义务具体包括了解客户义务和了解产品义务，① 准确定位客户类型和产品风险是商业银行在代销理财产品时善尽适当性义务的必要基础。倘若商业银行在评估环节出错，那就很可能导致后续推介环节出现问题。然而，J银行在评估环节只遵循了形式合规要求，实际上却存在严重瑕疵，法院从实质合理角度作出裁判，实属公正。

（一）客户评估结果不完整：忽视主观意愿

一审法院根据客户在风险评估问卷中填写的投资态度、投资目的等回答，认为客户的风险偏好与"风险较大"的涉案理财产品并不匹配。② J银行在二审时认为一审法院断章取义，应该综合看风险评估结果，客户最终被评估为"稳健型"，能够匹配"中风险"的涉案理财产品。③ 但是二审和再审法院均支持了一审法院的意见，两审法院都认为经过客户风险评估环节，J银行应知晓客户的投资风格和风险承受能力，其之后的推介行为存在不当。④

由此可见，J银行与法院的分歧其实集中于是否应考虑客户的主观风险承受意愿（法院所称"风险偏好/投资风格"）。J银行主张以风险评估问卷最终结果作为匹配理财产品风险等级的依据，但是法院认为除此之外，商业银行需一并考虑客户问卷展现的客户的主观风险承受意愿。很显然，法院的观点更值赞同。

第一，主观风险承受意愿和客观风险承受能力均是商业银行准确评估客户的重要影响因素。⑤ 商业银行向客户推荐合适的理财产品时，理应考虑其主观风险承受意愿。从理论层面来说，商业银行应尊重客户选择自由，客户尽管有较强的风险承受能力，但是却愿意投资风险较小的理财产品，这属于个人自治范畴，商业银行应予尊重，并按照客户需求匹配理财产品。从合规

---

① 参见彭晓洁、李梦蝶：《国外证券投资者适当性制度及其对我国的启示》，载《贵州社会科学》2015年第11期，第131页。

② 在《个人客户风险评估问卷》中，王某选择的投资态度是"保守投资，不希望本金损失，愿意承担一定幅度的收益波动"，选择的投资目的是"资产稳健增长"。参见北京市海淀区人民法院（2018）京0108民初21776号民事判决书。

③ 参见北京市第一中级人民法院（2018）京01民终8761号民事判决书。

④ 参见北京市第一中级人民法院（2018）京01民终8761号民事判决书、北京市高级人民法院（2019）京民申3178号民事裁定书。

⑤ 参见潘东波：《非保本型理财产品投资者权益保护之司法介入——以商业银行适当性义务之界定为视角》，上海交通大学凯原法学院2017年硕士学位论文，第7页。

层面来说,2005年《商业银行个人理财业务管理暂行办法》第三十七条即规定客户风险偏好是商业银行推荐理财产品的重要根据之一。① 因而,如果客户客观风险承受能力达标,但是缺乏主观风险承受意愿,商业银行即使是向其推荐或销售符合其风险承受能力的风险较高的理财产品也属不当。

第二,风险评估问卷的最终结果只能描述客户的客观风险承受能力,② 并不能完整展现客户的主观风险承受意愿。这与问卷结构设计有关。根据中国银行业协会2014年发布的风险评估问卷模板来看,此类问卷一般是从财务状况、投资经验、投资风格和风险承受能力四个维度对客户的风险承受能力进行评估,其中几乎一半的题目有关客户客观情况,剩下一半的题目刻画客户的投资意愿。③ 同时问卷中每一道题目的每一个选项会被设置为不同分值,最终通过计算总分值将客户的风险承受能力划分为不同档次。④ 如果客户具有较强财务实力、丰富投资经验,那么即使客户展现极度风险厌恶的投资意愿,最终得分也有可能被划分为稳健型。本案恰是类似情形,客户展现较强风险厌恶,但被划分为稳健型。

因此,本案中J银行只考虑最终评估结果(只考虑了客户客观风险承受能力),没有顾及客户主观风险承受意愿,因而其对客户评估结果不完整。

(二)产品风险评级争议:规则冲突与结果误用

在理财产品风险评级环节,法院认为涉案理财产品的基金招募说明书中写明该产品具有"较高风险",J银行将该款理财产品推荐给王某是不恰当的。⑤ J银行则主张对涉案理财产品真实风险水平的评估不能单看基金招募说明书中的某句话,作为专业机构的海通证券将涉案理财产品判定为"中风险",应具有公信力。⑥ 但是法院认为海通证券作为利害相关者,其评级不具有客观性,而且评级结果与招募说明书内容相悖。⑦ 应当说,法院否定J银行抗辩理由的说理恐怕并不充分。因为风险评级方法是多元的,海通证券存在利益冲突并不一定表示其风险评级结果是不准确的,"较高风险"的描述也有一定模糊性。以此否认海通证券评级结果的准确性,说服力尚有不足。

那么涉案理财产品的风险评级被评定为"中风险"是否合理呢?本文认为这一评级的合理性很难一言断之,因为基金业自律监管规则和银行业自律监管规则存在冲突之处。

---

① 参见《商业银行个人理财业务管理暂行办法》第三十七条。
② 类似观点可参见杨培明、张亦文:《以案说法,藏在建行全赔背后的九民纪要》,载微信公众号"大队长金融",2020年2月25日。
③ 参见《商业银行理财客户风险评估问卷基本模板(修订版)》。
④ 参见《商业银行理财客户风险评估问卷基本模板(修订版)》。
⑤ 参见北京市海淀区人民法院民事判决书(2018)京0108民初21776号民事判决书。
⑥ 参见北京市第一中级人民法院民事判决书(2018)京01民终8761号民事判决书。
⑦ 参见北京市第一中级人民法院民事判决书(2018)京01民终8761号民事判决书。

涉案理财产品的风险评级被评定为"中风险"的合理之处在于，其符合行业惯例，也符合证券基金业自律监管规则。

首先，建行依据其他机构的评级结果将涉案理财产品的风险评级定为中风险，恐怕符合行业惯例。其一，尽管平安银行等机构将涉案理财产品评定为中高风险，[①] 但是前海开源基金公司官网上使用银河证券的风险评级依旧将该款理财产品认定为中风险，[②] 同时农业银行、工商银行等机构的页面上同样显示该款理财产品的风险评级为中风险。[③] 这表明将涉案理财产品认定为中风险在行业中并不少见。其二，涉案理财产品属于股票型基金类别，市场上股票型基金被评定为中风险非常常见，比如嘉实医药健康股票A[④]、南方消费基金[⑤]等。

其次，涉案理财产品被评定为中风险，也符合基金业自律监管规则的要求。基金产品一般分为R1、R2、R3、R4、R5几个级别。[⑥] 其中R3级一般认为是中风险。同时，基金产品需结合产品结构、历史业绩、流动性、衍生品、估值政策和杠杆等多种因素评估风险等级。[⑦] 而R3等级（中风险）的评价指标是"产品结构较简单，过往业绩及净值的历史波动率较高，投资标的流动性较好，投资衍生品以对冲为目的，估值政策清晰，杠杆不超监管部门规定的标准"。[⑧] 股票型基金一般不会投资衍生品或者加杠杆，同时也满足其他评价指标，因此其常被评定为中风险，符合基金业自律监管规则。尽管上述规则的出台晚于本案发生之时，但是其对厘清案情仍然有很大参考意义。

涉案理财产品风险评级被评定为"中风险"的不合理之处在于，这有违银行业自律监管规则。

商业银行代销理财产品需要自主评定产品风险等级，[⑨] 而银行业自律监管规则对"中风险"

---

① 参见平安银行官网：《前海中证军工指数A（基金代码：00596）》，资料来源：https://bank.pingan.com.cn/m/main/index.html，2020年8月30日访问（需登录查询）。

② 参见前海开源基金官网：《前海开源中证军工指数A（基金代码：000596）》，资料来源：http://www.qhkyfund.com/osoa/views/fund/info/000596.html? fundid=000596，2020年8月30日访问。

③ 参见中国农业银行手机银行APP和中国工商银行电子银行微信公众号。

④ 参见嘉实基金官网：《嘉实医药健康股票A（基金代码：005303）》，资料来源：http://www.jsfund.cn/Services/cn/html/product/index.shtml? FundCode=005303，2020年8月30日访问。

⑤ 参见南方基金官网：《南方消费160127》，资料来源：http://www.nffund.com/main/jjcp/fundproduct/160127.shtml，2020年8月30日访问。

⑥ 参见《基金募集机构投资者适当性管理实施指引（试行）》第三十八条。

⑦ 参见《基金募集机构投资者适当性管理实施指引（试行）》附表3：《基金产品或者服务风险等级划分参考标准》。

⑧ 参见《基金募集机构投资者适当性管理实施指引（试行）》附表3《基金产品或者服务风险等级划分参考标准》。

⑨ 参见《商业银行销售银行理财产品与代销理财产品的规范标准和销售流程》。该文件第四条第（二）款明确规定："风险管理部门……对代销资产管理类产品进行风险等级认定……"。

的定义则有所不同。根据本金亏损和实现预期收益的概率，银行业一般也将理财产品风险等级划分5级，中风险同样位居第三级。① 同时"中风险"被界定为"不提供本金保护，且本金亏损的概率较低，但预期收益实现存在一定的不确定性"，较高风险则界定为"不提供本金保护，投资者本金亏损概率较高，预期收益实现的不确定性较大"。② 股票型基金虽然一般有风险分散功能，但是其随着股市波动，本金亏损概率相对较高，预期收益也很可能无法实现。因此，在银行业自律监管规则的语境之下，股票型基金绝不应该被界定为中风险等级，而应被认定为较高风险。

由此可见，依据证券业自律规范将涉案理财产品评定为中风险，符合证券基金业的行业惯例和自律监管规则，但是并不符合银行业自律监管规则。

因此，真正对本案裁判造成困扰的原因，其实是自律监管规则冲突，"中风险"等概念在不同行业自律监管语境下存在含义差异。在基金业语境下涉案理财产品应被认定为中风险，而在银行业语境下涉案理财产品实际应被认定为较高风险。因此在事实层面海通证券的评级可能并未受利益关系影响而出错，但是J银行在使用时其评级结果时，未将之与商业银行自律监管规则相匹配，因而出现直接误用基金业语境下的"中风险"，只是此"中风险"非彼"中风险"。

当然，行业惯例、自律监管标准不统一等并不是J银行逃避责任的借口，反而说明J银行忽视银行业自律监管规则，没有履行好了解产品义务。正是由于J银行的确在评定理财产品风险等级的过程中存在瑕疵，因此应当承担赔偿责任。

（三）法院裁判逻辑：实质合理重于形式合规

在本案中，J银行确实履行过了解客户和了解产品程序，但只是符合了形式合规要求。法院则穿透形式看本质，认为J银行对金融消费者和理财产品的评估不具实质合理性，因而违背了适当性义务。

结合前文讨论可知，本案中J银行的抗辩理由其实是从其行为符合相关程序的角度展开，J银行并未在事实层面论证涉案理财产品风险等级是否真的准确，而是一直强调涉案理财产品风险等级是由权威机构作出，因此结果自然是准确的。但是本案中法院的裁判逻辑则是从实质合理性层面展开，从前文可以看出，法院没有纠缠于"稳健型""中风险"等概念，而是从留存的风险评估资料中发掘出客户真实的主观风险承受意愿——只能接受本金轻微亏损，同时法院结合涉案理财产品属于股票型基金这一根本性质以及基本金融常识，得出涉案理财产品绝对不符

---

① 参见《商业银行销售银行理财产品与代销理财产品的规范标准和销售流程》附件3《理财产品客户权益须知》。

② 参见《商业银行销售银行理财产品与代销理财产品的规范标准和销售流程》附件3《理财产品客户权益须知》。

合客户真实投资意愿的结论。立足于这一结论,法院否认了海通证券对涉案理财产品风险评级结果的准确性,并直接依据基金招募说明书中"较高风险"的描述确定涉案理财产品的风险等级。

在司法实践中,多数法院仅从形式合规角度审查适当性义务是否被违反。① 本案三级法院坚持实质合理重于形式合规的审判思路值得肯定,因为这更有利于维护客户权益。尽管本案中法院的部分说理不够清晰透彻,但是法院抓住"股票型基金风险较大,不适合风险厌恶感较强之投资者"这一问题核心,从实质合理性角度作出了正确裁判。

三、案件其他争点的理论解读

在销售环节,法院认为J银行一方面存在主动将较高风险理财产品不当推介给风险承受能力较弱的王某的行为,另一方面未做好风险提示工作,违反了告知说明义务。同时,J银行也未将资料留存义务履行到位。

(一)主动推介的争议与阐释

如前文所述,因为涉案理财产品的真实风险评级高于中风险,并不适合推介给评级仅为稳健型的王某,而且评级错误是因为J银行的过错导致的,因此认为J银行未能恰当履行适当性义务。不过,J银行一直将未主动推介涉案理财产品作为其抗辩事由。②

J银行为什么要提出这种抗辩呢?这是因为法律允许一种例外情况,如果王某主动并执意向J银行要求购买涉案理财产品,那么法律便不认为J银行违反了推介方式适当义务。

这种例外牵涉商业银行个人理财业务中适当性义务相关规则设计的核心理论问题——实现卖者有责和买者自负之间的平衡。关于适当性义务的法理基础,学界提出了适当干预契约自由、信义关系、招牌理论、委托代理关系和合同附随义务等学说予以解释。③ 尽管学界众说纷纭,但是相关理论希望解决的问题是一致的。商事活动本应该是平等主体之间的自由公平交易,法律不会偏袒某一方。但是在商业银行个人理财业务中双方仅维系表面平等,大多数客户存在理性不足问题,④ 且面临信息不对称的障碍,⑤ 实际上处于弱势地位。为矫正这一不公平现象,使商业银行和客户处于实质平等状态,法律才对商业银行课以更多义务与责任,使"卖者有责"将理财产品推荐给合适的客户。但是法律的这种倾斜保护并非没有限度,银行与客户之间的法律

---

① 参见曹兴权、凌文君:《金融机构适当性义务的司法适用》,载《湖北社会科学》2019年第8期,第162页。
② 参见北京市第一中级人民法院(2018)京01民终8761号民事判决书。
③ 参见陈洁:《证券公司违反投资者适当性原则的民事责任》,载《证券市场导报》2012年第2期,第52-54页。
④ 参见李东方、冯睿:《投资者适当性管理制度的经济和法律分析》,载《财经法学》2018年第4期,第26页。
⑤ 参见胡伟:《投资者适当性制度民事责任探析》,载《广西社会科学》2013年第2期,第76页。

关系本质上仍属于合同法律关系,[1] 因而客户仍然享有自主决策的权利。适当性义务保障客户能获取充分信息,能方便获得适合于自己的理财产品。但是现行规则设计并非旨在强制限缩客户的行为自由,并不限制客户在充分知情基础上的不理性投资。如果客户一意孤行,非要购买超过其风险承受能力的理财产品,那么只要"买者自负",客户自愿承担该行为可能招致的损失,法律并不予以禁止。基于上述理论和规则,适当性义务较好地维系了"卖者有责"和"买者自负"之间的平衡。

因此,如果的确是王某主动要求购买涉案理财产品,J银行确实有可能不必承担责任。但是根据《商业银行个人理财业务风险管理指引》第二十三条第二款明确规定,如果客户主动要求购买与其风险承受能力不相匹配的理财产品,商业银行应当让客户用书面形式确认是其主动购买。[2] 而J银行在庭审中只提出王某具备专业知识和过往多次投资经验,无法提出确凿证据予以证明。[3] 因此,法院不支持J银行的主张自是理所当然。

(二) 告知说明义务履行方式的三点分歧与理论反思

适当性义务的目的是让客户在充分知情基础上自主决定其购买理财产品的相关事宜,充分知情是自主决策的必要前提。因此正如法院所说,告知说明义务可谓是商业银行适当性义务的核心。[4]

在诉讼中,J银行和法院围绕告知说明义务存在三点分歧:一是《须知》和《确认书》能否证明J银行尽到告知说明义务?二是基金合同和基金招募说明书是否必要?三是王某专业人士的身份能否减轻J银行的告知说明义务标准?

针对第一点分歧,J银行主张王某签字确认过《须知》《确认书》,而"基金投资风险提示"等内容的确对风险已经有明确揭示,因此J银行已经恰当履行了告知说明义务。[5] 法院认为《须知》《确认书》都是格式化内容,不涉及涉案理财产品的详细情况和风险,不能将之视为J银行针对性履行告知说明义务的证据。[6]

本文认同法院观点,即《须知》《确认书》不能证明J银行尽到告知说明义务。告知说明义务要求商业银行将涉案理财产品的相关情况和风险告知客户,并针对客户的疑问作出说明。不同理财产品的运作方式、投资方向、风险等级等信息是千差万别的,不同客户也会因其投资经

---

[1] 参见杜一华:《论适合性义务与"买者自负"原则的关系与调适——以金融投资商品交易为观察对象》,载《河北法学》2018年第3期,第190页。
[2] 参见《商业银行个人理财业务风险管理指引》第二十三条第二款。
[3] 参见北京市第一中级人民法院(2018)京01民终8761号民事判决书。
[4] 参见北京市第一中级人民法院(2018)京01民终8761号民事判决书。
[5] 参见北京市第一中级人民法院(2018)京01民终8761号民事判决书。
[6] 参见北京市第一中级人民法院(2018)京01民终8761号民事判决书。

验、投资能力等自身情形的不同而提出各不相同的问题。因而告知说明义务的履行必然是商业银行每次销售理财产品时的必要动作，并且必然是个性化的。《须知》《确认书》只是对理财产品作了一般性的概括风险提示，不足以让客户对拟购买理财产品的相关情况有全面较深入的了解。因此，这种程度的告知说明当然是不充分的。这一点也得到《全国法院民商事审判工作会议纪要》（以下简称《九民纪要》）第七十六条的印证。①

针对第二点分歧，一审法院认为作为告知说明义务的一部分，J银行应当提供基金合同和基金招募说明书。② J银行在二审时主张监管规则并未要求将这两份文件的文本提供给客户，而且北京银监局的调查并没有因此认定J银行违规，③ 所以未提供两份文件不足以说明J银行违反义务。④

本文认为这两份文件并非必要。因为其作用只是用于佐证J银行尽到告知说明义务的一项非决定性证据。如果J银行真的以易于理解的语言、全面真实地向客户详细讲解基金运作投资方式和可能出现的风险等情况，即使其并未提供这两份文件，也不能认为J银行违背了告知说明义务。同时，这两份文件内容庞杂冗长，即使J银行置备并向客户提供，如果J银行没有加以解释说明，也不足以证明其告知说明义务已经履行到位。

针对第三点分歧，J银行在再审时主张王某具有丰富投资经验，且评估结果显示其适合购买涉案理财产品，因此是适格投资者。⑤ 但是再审法院特别指出，王某的多次投资经历并不意味着其完全了解涉案理财产品，J银行仍应承担不当履行推介方式适当义务和告知说明义务的责任。⑥

法院一般认同客户之前的投资经验可以推定其知晓理财产品风险。⑦《九民纪要》第七十八条也规定，如果有证据表明客户具备专业知识和投资经验，即使金融机构违反适当性义务，只要未影响到客户购买理财产品的自主决策权利，那么客户仍需自负风险。⑧ 但是就本案而言，不论王某是不是专业人士，J银行都没有证据证明它提供了足够多的资料和信息，让王某有机会全面了解涉案理财产品的真实情况。而适当性义务的关键是要能够让客户明白他预计购买的理财产品的真实情况和风险水平。只有达到这一效果，才能说明J银行尽到了告知说明义务，反之则否。因此无论如何，J银行在履行告知说明义务方面都存在重大瑕疵。

---

① 参见《全国法院民商事审判工作会议纪要》第七十六条。
② 参见北京市海淀区人民法院（2018）京0108民初21776号民事判决书。
③ 参见北京市第一中级人民法院（2018）京01民终8761号民事判决书。
④ 参见北京市第一中级人民法院（2018）京01民终8761号民事判决书。
⑤ 参见北京市高级人民法院（2019）京民申3178号民事裁定书。
⑥ 参见北京市高级人民法院（2019）京民申3178号民事裁定书。
⑦ 参见钱玉文、吴炯：《论商业银行适当性义务的性质及适用》，载《湖南社会科学》2019年第4期，第67页。
⑧ 参见《全国法院民商事审判工作会议纪要》第七十八条。

(三) 资料留存义务的重大瑕疵与单向配置理性

资料留存要求商业银行应当保存其销售理财产品过程中的各类凭证。本案中 J 银行由于在其是否主动推介、是否尽到告知说明义务等方面没有做好资料留存义务，导致在庭审中无法拿出相关证明材料。[①] 因此，法院不支持其主张是完全合理的。

需要解释的是，为何银行被法律施加了资料留存义务呢？毕竟在民商事诉讼中一般适用"谁主张谁举证"的举证原则，据此客户和商业银行都应当预留资料，以备诉讼中举证之用。为什么在个人理财业务中却要实施举证责任倒置，并要求商业银行全面负担资料留存义务呢？这可以从适当性义务的预设前提和法律经济学理论获得令人信服的解释。

从适当性义务的预设前提来说，广大客户处于弱势地位，指望其保存相关证据，非常不现实。因此要赋予银行资料留存义务，将理财服务过程中各项资料的留存保管工作交由银行完成。

从法律经济学理论来看，由商业银行全面承担资料留存工作，更具效率。一方面，如果延续"谁主张谁举证"规则，那么每一份材料都需要商业银行和客户同时留存，要求一方留存材料显然比双方留存材料更能节约总体成本，因此更具效率。另一方面，商业银行具有足够的人力和财力，由其做资料留存工作更为专业，而且客户购买理财产品会产生大量的资料需要留存，由商业银行专门从事资料留存工作能够产生规模效益，从而提升整体效率。

四、引申监管问题之省思

本案最为核心的争议点是涉案理财产品风险评级问题，由该问题引申，也能发现监管层面的两点不足之处：一是分业监管模式导致的规则冲突，二是理财产品风险评级标准不统一问题。解决这些问题对提高资产管理业务监管质量、维护金融消费者权益均有重要意义。

(一) 消弭分业监管模式导致的规则冲突

从制度层面来看，J 银行之所以误用错误评级，部分原因是基金业自律监管规则和银行业自律监管规则针对"中风险"这一概念的具体含义存在冲突。而且这一冲突可能持续导致商业银行对代销理财产品的风险评级出现问题。在不同行业自律监管规则存在冲突这一表象之下，更深层次的问题则是分业监管模式导致的监管漏洞。

我国资产管理业务的商业实践和监管模式并不匹配，资产管理业务呈现混业经营状态，但是现有监管架构仍然延续了分业监管的窠臼。[②] 实践与监管的脱节导致资产管理业务存在不少问

[①] 参见北京市第一中级人民法院（2018）京 01 民终 8761 号民事判决书。
[②] 参见沈伟、李术平：《迈向统一监管的资管新规：逻辑、工具和边界》，载《财经法学》2019 年第 5 期，第 81 页。

题。① 本案则为此提供了又一例事证。

尽管监管部门也尝试统一监管资产管理业务，比如出台了《关于规范金融机构资产管理业务的指导意见》，又如银监会和保监会已经合为一体，负责银行业、保险业的监管。但我国金融监管的基本模式并未改变。这意味着面对混业经营的市场，不同行业的监管部门或自律组织出台的规则仍然难免会存在冲突。

在我国金融监管模式短期内难以实现根本转变的前提下，金融机构有必要投入更多精力满足合规要求以避免违规责任，同时不同行业的监管部门或自律组织也应积极作为，通过密切监管协作，减少规则冲突，减轻金融机构的合规成本。

（二）设置理财产品风险评级专门机构

本案还反映出理财产品风险评级标准不统一的问题。比如前述平安银行将涉案理财产品评定为中高风险，而农业银行等机构则仍然将其评定为中风险。涉案理财产品风险评级结果存在差异的背后是理财产品风险评级标准不统一。如前文讨论涉案理财产品风险评级结果时所述，不论是基金业还是银行业，相关规则只列出评级所需考虑的各项因素，但是并未对如何设置各因素权重、如何设计评级程序等作出统一规定。实践中各家机构需自主或聘请其他机构对理财产品风险予以评级。因此，这很可能导致不同机构对同一款理财产品的评级结果不一致。

这一现状的不合理之处有两点：一是重复评级造成较大成本。每一家商业银行都会销售数量繁多的理财产品，如果每一家银行都要单独对同一项理财产品进行评级，会有较多重复，产生不必要的成本。二是评级过程难免存在利益冲突。由于评级标准不统一，各机构在评级时未必客观，难免存在降低评级扩大潜在客户范围的做法。

针对评级结果不统一问题，本文建议设立全国统一的理财产品风险评级专门机构，由其对每一项上市销售的理财产品作出统一客观评级。至于专门机构运行所需费用，则可以考虑通过理财产品的管理机构向其付费购买理财产品风险评级服务的方式筹集。这样不仅能够避免类似本案的争议，而且能够减少整体评级成本和利益冲突问题。

五、结论

本案是一起关于商业银行代销理财产品时如何履行适当性义务的典型案例。结合前文分析，尽管某些细节处理可能还有改进空间，但是整体而言法院对适当性义务的理解和适用无疑是正确的。

J 银行的行为可能并未违反行业惯例，② 但是其最终败诉的结果警示商业银行有必要改变代

---

① 参见朱瑛佳慧：《金融机构资管业务统一监管研究》，载《经济法学评论》2018 年第 1 期，第 245-249 页。
② 参见朱磊：《适当性义务的司法裁判趋势及商业银行的应对》，载《银行家》2019 年第 12 期，第 97 页。

销理财产品的相应规程，从实质层面满足适当性义务的要求。详言之，一是应结合客户的客观风险承受能力和主观风险承受意愿向客户推荐合适的理财产品。二是最好对代销理财产品自主作出风险评级，并着重关注理财产品风险评级在不同监管语境下的转换问题。三是注意使用恰当方式推介理财产品，在客户主动要求购买与其不匹配的理财产品时，应要求客户手签一份主动购买的说明。四是无论客户是否具备经验，都应向其针对性地全面介绍待售理财产品的情况和风险，而不能仅作概括性提示。如果客户不愿全面了解理财产品信息和风险信息，则应让客户签署相关书面说明。五是注意采用书面说明和录音录像方式做好资料留存工作，为日后纠纷保留证据。

此外，本案对提升监管质量也有启示意义。一方面各监管部门应通过密切监管协作，减少监管规则冲突；另一方面可以考虑设立理财产品风险评级专门机构对每一项理财产品作出统一客观评级，消除评级结果不统一的乱象。

银行"过河拆桥"何以认定

——从（2018）最高法院民再360号案件探讨第三人言语欺诈

■ 刘雪平*

摘要： 为应对流动性不足，企业常通过过桥贷款的方式续借银行贷款，然而银行为收回资金，有时会与企业勾结欺诈过桥方资金。（2018）最高法院民再360号即为此种情形。本案中，银行的行为比较复杂，既有积极告知虚假信息，也有消极隐瞒真实信息的情形，然而，最高法院在论证中没有进行细化区分，尽管结论正确，但逻辑严谨性值得商榷。这实际上也是我国现行法对第三人言语欺诈认定不周延导致的司法审判困境。相比之下，美国法和德国法对第三人言语欺诈的认定更加系统全面，值得我们借鉴，并在未来修法中纳入考虑范围，以规范层面的严谨性增强司法判决的权威性。

关键词： 第三人言语欺诈　故意侵害债权　告知义务　缔约过失责任

引言

在银行贷款到期后，因资金周转困难，企业可能无法偿还旧贷，但又需要继续贷款，此时有两种方式保持现金流。第一种方式是银企双方协商延长贷款归还期限，但其有严格的条件限制①，而还款期延长意味着企业现金流存在问题，因此银行会加大对企业的监控，甚至会通过司法手段逼迫企业还贷。为避免这一情况的发生，民间借贷的市场中发展出了第二种方式："过桥贷款"业务②。"过桥贷款"是一个商业名词而非法律概念，是指用于借新还旧的短期应急资金，

---

* 北京大学法学院2019级经济法学硕士研究生。

① 《贷款通则》第十二条规定："不能按期归还贷款的，借款人应当在贷款到期日之前，向贷款人申请贷款展期。是否展期由贷款人决定。申请保证贷款、抵押贷款、质押贷款展期的，还应当由保证人、抵押人、出质人出具同意的书面证明。已有约定的，按照约定执行。短期贷款展期期限累计不得超过原贷款期限；中期贷款展期期限累计不得超过原贷款期限的一半；长期贷款展期期限累计不得超过3年。国家另有规定者除外。借款人未申请展期或申请展期未得到批准，其贷款从到期日次日起，转入逾期贷款账户。"

② 赵国庆：《过桥资金探析》，载"法律风险管理智库"微信公众号，2018年6月20日。

从行为上理解也可称为"续贷"①,其提供方包括民间机构、政府和银行等金融机构。其中,民间机构主要是小贷公司、担保公司、投资公司等。②

企业通过临时的资金拆借,归还原贷款,贷出新贷款,并以此归还过桥资金,期间过桥资金提供方通过设置高额利息营利。上述模式看起来是一个双赢的局面,既挽救了企业,又让资金提供方获得高额收益。但是,其中却蕴含着极大的风险,如果企业和银行设局,故意让企业将过桥资金归还后无法续贷,就会给资金提供方造成损失。在(2018)最高法院民再360号③的这起案件中,便发生了银企欺诈过桥贷款的情形,让"过桥业务"变成了"过河拆桥业务"。但是,究竟如何认定"拆桥"行为的成立,恐怕没有最高法院论述中的那么简单。

一、(2018)最高法民再360号民事判决案情概要

(一)基本案情

2011年5月23日,民生银行福州分行与鑫旺超市签订《中小企业金融服务合同》,约定自2011年5月23日至2012年5月23日,鑫旺超市可向民生银行福州分行申请使用最高授信金额940万元的贷款。晨光经合社与民生银行福州分行签订《最高额抵押合同》,以晨光经合社的八处集体房产为该笔贷款提供抵押担保。2011年10月,作为晨光经合社支部委员会书记的林文锦因职务侵占被开除党籍,并被免去职务。后负责调查林文锦的工作组发现其以集体财产作抵押担保的事实,于是要求林文锦尽快将被抵押的房产解押后归还集体,并将担保物的问题告知银行。

2012年3月,民生银行以贷款逾期为由起诉林文锦,要求其还款,否则将执行抵押财产。为了偿还银行贷款并将集体房产解押,林文锦联系到林某甲,并在其帮助下找到林德何所有的担保公司,称需要一笔过桥资金办理银行贷款续借,并隐瞒了抵押物的真实情况。林德何在提供过桥贷款之前,专门派员工黄某到民生银行福州分行了解有关"还后再贷"的情况,二审与再审法院确认,黄某在接受林德何的委托之后,于2012年4月20日与林某甲等一起到民生银行长乐支行了解鑫旺超市的贷款是否能够办理续贷的情况。

在林文锦在场的情况下,对于黄某的询问,民生银行福州分行贷款经办人林某乙存在以下虚假告知和隐瞒事实的行为:

(1)告知黄某如果在原有的授信到期日前还款,可以直接上报分行申请转贷,不需要重新上报授信,正常情况下上报当天即可放贷,晚的话一般不会超过两天。

---

① 《浅谈过桥垫资业务》,载"融信手记"微信公众号,2017年7月19日。
② 赵国庆:《过桥资金探析》,载"法律风险管理智库"微信公众号,2018年6月20日。
③ 最高人民法院(2018)最高法民再360号民事判决书。

(2) 告知黄某，林文锦系晨光经合社的现任书记。

(3) 未告知黄某民生银行已于 2012 年 3 月 20 日向福州市中级人民法院起诉鑫旺超市，要求还款的事实。

(4) 提供鑫旺超市之前的贷款材料以及授信审批书供黄某审阅，并未告知担保物属于集体财产，不可抵押这一担保物瑕疵问题。

出借款项后，银行却以借款人资信状况出现问题为由拒绝发放新贷款，导致林德何过桥资金无法收回，因此林德何（原告）起诉银行（被告）承担损害赔偿责任。

（二）最高法院观点

本案的争议焦点是，银行是否应当承担损害赔偿责任。

最高法院认为，首先，本案原系林文锦和林德何之间的借款关系，但是在林德何决定向其贷款过程中，银行实施了欺诈，因此属于《中华人民共和国民法总则》（以下简称《民法总则》）第一百四十条规定的第三人欺诈行为。根据《民法总则》第一百四十九条的规定，如果第三人实施欺诈行为，导致相对人作出违背真实意思表示的民事法律行为，且对方知道或应当知道该欺诈行为，则受欺诈方可诉请撤销该法律行为。其次，按照"举重以明轻"的法律解释方法，既然在法律行为可以撤销的情况下，当事人具有诉请撤销的选择权，那么其当然有权利在不撤销的情况下请求损害赔偿。本案中的原告由于受到欺诈，本可以撤销合同，但由于合同已经履行完毕，处于事实上已经无法撤销的状态，①因此对于原告受欺诈而遭受的损失，有权向被告请求赔偿，因此，可以援引《中华人民共和国侵权责任法》（以下简称《侵权责任法》）第六条关于"行为人因过错侵害他人民事权益，应当承担侵权责任"的规定，即被告行为只要满足了侵权行为的构成要件，就需要对原告损失进行赔偿。

之后，最高法院从银行是否存在欺诈行为②、欺诈的故意、损害后果、因果关系四个方面予以论证。

第一，林某乙告知黄某"如果在原有的授信到期日前还款，可以直接上报分行申请转贷，不需要重新上报授信"。在明知"民生银行已于 2012 年 3 月 20 日向福州市中级人民法院起诉鑫旺超市，要求还款的事实"的情况下隐瞒真实信息，因此具有欺诈行为和故意。

第二，林德何与林文锦签订借款合同并提供款项后，由于林文锦并未能够获得后续贷款以清偿林德何的借款，且林文锦自身也已缺乏偿债能力，因此林德何损失确已产生。

第三，林某乙的行为最终导致林德何相信，只要在 2012 年 5 月 23 日前将鑫旺超市的旧贷还清，银行就能发放新贷，并在此基础上与林文锦签订借款协议，进而造成借款无法清偿的损害后

---

① 此时林文锦已经不具有偿还能力，即使撤销了合同也无法恢复原状。
② 最高法引用了上文事实中提到的林某乙告知虚假信息和隐瞒真实信息的内容。

果，因此林某乙的欺诈行为与林德何的经济损失之间具有因果关系。

第四，林某乙是以该笔贷款经办人的身份在办公场所接待黄某，因此林某乙的行为属于职务行为，其法律后果应当由民生银行福州分行承担。

因此，民生银行福州分行应当赔偿因为自己的欺诈行为造成的林德何的本金及利息损失。

二、最高法院审判思路存在的问题

最高法院的论证过程比较简单，其三段论的构造为"列举法律规定—列举事实—结论"，而没有对如何理解法律的具体规定进行详细阐述。事实上，《侵权责任法》第六条是适用于一般侵权行为的构成要件，是一个很笼统的规定，具体到不同类型的侵权行为，应当考虑其是否具有特殊性，应当对该条的各个要件进行进一步细化区分，然后以细化出来的要件为依据进一步作三段论的论证。本案就是如此，银行的侵权在"客观欺诈行为"上具有特殊性，而最高法院却忽略了这一点：

在事实层面，当林德何的代理人黄某询问林文锦的情况时，银行的行为①可以分为两类。一类是主动告知虚假情况，即积极作为，比如告知黄某"不需要重新上报授信"。根据《贷款通则》第二十七条、第三十一条，《流动贷款暂行管理办法》第三十条，银行在每次办理贷款业务时，均有进行担保物审查的义务。作为贷款经办人，林某乙显然对这一情况明知，却进行了虚假陈述。另一类是故意隐瞒真实情况，即消极不作为，比如没有将林文锦涉诉和担保品瑕疵情况告知林德何。

主动告知虚假情况属于欺诈行为无可非议，其违背了诚实信用原则要求的民事主体在从事民事活动、行使民事权利和履行民事义务时，应作出真实意思表示的规则，② 但这毕竟只是一个法律原则，具体到行为认定时以哪些指标为依据值得探讨。更为严重的问题是隐瞒真实情况，将其解释为欺诈侵权更为困难。

消极不作为之所以复杂是因为其证成依赖于告知义务的成立，这一义务的成立是要求民事行为主体主动作出真实意思表示，即符合诚实信用原则的前提。然而这一义务内涵为何在我国并没有明文的法律规定，唯有学界基本形成了较为一致的观点，即只在法律规定、合同约定和交易习惯的情况下才具有主动告知的义务。比如史尚宽认为"不作为尤其沉默不当然构成欺诈，

---

① 根据《侵权责任法》第三十四条，用工单位的人在执行工作任务时造成损害的，由其用人单位承担责任，由于林某乙是该笔贷款的经办人，其在整个案件中所有行为均是工作时间的职务行为，因此其行为被银行吸收，若引发责任由银行承担。

② 中国审判理论研究会民商事专业委员会编著：《民法总则条文理解与司法适用》，法律出版社2017年版，第24页。

然而在法律上、契约上和交易习惯上有告知义务存在时，则应当告知事实的存在"①。台湾学者郑冠宇认为"消极欺诈以行为人有告知义务为前提，至于单纯的沉默除在法律上、契约上和交易习惯上就某事项有告知义务外，其缄默并无告知义务"②。可见，一般情况下只禁止行为人诱使他人进入危险领域，但并不要求该主体有带他人离开危险领域的义务，这也是在保护交易和民事主体行为自由之间所谋求的一个平衡。

回归本案，首先，在现行法律规范层面，根据《贷款通则》第二十三条第五项的规定，"贷款人应当对借款人的债务、财务、生产、经营情况保密。但对依法查询者除外"。因此，如果没有法律的特别规定，贷款人应当为借款人保密。在本案中，林德何只是一个普通的民间借贷者，不具有特殊的法律地位，我国并没有相关法律给予其某种例外，因此不存在法律规定的例外情形，即银行不具有向林德何披露林文锦担保物信息的法律义务。其次，由于银行和林德何之间不存在特别约定，也未曾有过交易往来，而将银行在此种情况下应当具有告知义务认定为整个业界的交易习惯也颇为牵强，因此也不存在合同约定和交易习惯的情况。因此不论从法律规定、当事人约定或交易习惯层面都难以赋予银行以如实告知义务。

如此看来，从目前的法律体系内，似乎难以课以银行如实告知的义务，最高法院在判决中也没有将此论述清楚，具有说理不充分的嫌疑。

三、关于第三人言语欺诈的比较法分析

（一）概述

尽管最高法院论证积极作为和消极不作为行为构成欺诈的过程不够充足，但是这并不意味着将银行的行为认定为欺诈这一结论有误，事实上这种解释上的困境囿于我国民事法律制度构建的缺憾，法律规定的不完善让我们在遇到此种情况时难以找到明确的法律依据。其实，欺诈侵权并非其表面看上去那么简单，其在英美法和大陆法中，都是一个十分复杂的制度，充满了权利保护与防止过度保护的权衡，因此在面对我国对于欺诈侵权的制度构建颇为薄弱的现实情况下，有必要在论证欺诈侵权是否成立时首先了解一下其他国家的法律实践，然后再根据我国的具体情况，考虑他国规定是否有借鉴并纳入立法考量的价值。

由于本案涉及的欺诈侵权是第三人通过言语表达的方式实施的，因此本文将其概括为"第三人言语欺诈"，它是欺诈侵权的一种表现形式，并且在英美法和大陆法的判例和成文法均有比较全面的规定，具体来说分为第三人言语积极欺诈（以下简称第三人积极欺诈）和第三人言语消极欺诈（以下简称第三人消极欺诈）两种。以下将结合他国制度对第三人言语欺诈的构成要

---

① 史尚宽：《民法总则》，中国政法大学出版社2000年版，第424页。
② 郑冠宇：《民法总论》，瑞兴图书股份有限公司2017年版，第225页。

件展开分析,以期从立法论的层面对该制度的完善有所启迪。

不同国家在制度设计上有完整性的差异和不同的政策考量,但本文在研究上侧重于完整性的角度,而对于第三人言语欺诈的构建英美法系和大陆法系中规定比较详尽的分别是美国和德国。因此,将以这两国为例展开探讨。

(二)第三人积极欺诈

1. 概述。在"第三人积极欺诈"的认定上,美国和德国均采用了侵权的救济方式,具体来说,美国在《美国侵权法重述(第二次)》将其归为虚假陈述的一种,而德国则将其归为"故意背俗的侵权"。尽管表述方式不同,但本质差异不大,都是以被告具有客观侵权行为、主观过错、原告受有损失、被告的侵权行为和原告的损失之间有因果关系为要件进行展开。

2. 美国法中的制度设计

(1)被告的客观侵权行为。英美法中关于欺诈构成侵权的认定发源于 Pasley v. Freeman 一案[1]。在该案中,Joseph Freeman 在明知 John Christopher 无力付款的情况下,仍然劝诱 John Pasley 与其签订了货物买卖合同,并导致 John Pasley 损失,因 Joseph 和 Pasley 间没有合同关系,该损失属于侵权法的范畴。法院在判决中指出,如果某人为了使他人相信自己的话而故意或鲁莽(knowingly or recklessly)进行了虚假陈述,则应当依照侵权法承担损害赔偿责任。其后,《美国侵权法重述(第二次)》第525条将其成文化,该条规定,如果任何一个人就事实、观点、法律目的进行了虚假陈述,[2]应当就他人因为对该陈述产生的合理信赖所造成的损失承担损害赔偿责任。

在陈述上除了要满足内容虚假性,还要满足陈述事实的既定性,如果属于行为人的个人意见则不导致责任的产生。《美国侵权法重述(第二次)》在第538A条对此进行明确,包括两种情形:其一,行为人只是单纯相信但并没有确定;其二,涉及价值判断的内容,比如涉及品质、价值和真实性的内容。[3]

(2)被告的主观状态。行为人需要明知所述内容的虚假性,或者对其所陈述事实的真实性采取不在意的态度。根据《美国侵权法重述(第二次)》第526条,行为人的陈述符合下列规定时,具有欺诈性:(1)该行为人知道或者相信该陈述不符合事实;(2)该行为人对于其明示或暗示内容的真实性没有信心;(3)该行为人知道其明示或默示的陈述没有根据。

(3)原告受有损失。原告需要证明其因为被告的虚假陈述遭受了损失,包括人身损失和财

---

[1] W. V. H. Rogers, Winfield and Jolowicz on Tort, Sweet & Maxwell (1989), p. 262.
[2] 在美国法上,欺诈属于虚假陈述的一种,详细分类可参照《美国侵权法重述(第二次)》,此处不作展开。
[3] 需要注意的是,关于这一点,英国《反欺诈法》第6条有特殊规定,其要求对于行为人表达的认为他人可能获得信誉、资金、货物的陈述,除非采用书面形式并由行为人签字,否则不得以此为由起诉欺诈侵权。参见 Statute of Frauds Amendment Act 1828, Chapter 14, Article 6。

产损失。损失的赔偿范围体现在《美国侵权法重述（第二次）》第549条，该条规定虚假陈述的被陈述者有权对如下两项金钱损失请求：（1）该项交易实际价值和所支付价值之间的差额；（2）由于信赖该虚假陈述而交易所遭受的金钱损失。同时，若被陈述者能够证明其遭受了合同利益之外的其他损失也可以要求虚假陈述者赔偿。

（4）因果关系——原告因为被告的虚假陈述产生信赖。根据美国法律的规定，因果关系的成立依赖于"信赖关系"的成立。首先，这种信赖应当从正反两方面理解。第一，如果不论被告是否陈述，都不会对原告的行为产生影响或者并非信赖行为人的陈述，而是原告相信如果行为人虚假陈述了则其将为此承担责任，① 则被告无须承担法律责任。第二，被告不得以原告如果亲自查询落实便可以避免这种信赖作为抗辩。这一点在Central Ry. Of Venezuela v. Kisch（1867）一案中进行了明确。在该案中，公司董事在招股说明书中进行了虚假陈述。审理中，董事称原告可以根据公开文件证明招股书中内容为虚假，但是法院认为，即使原告在招股说明书中加入"如果被告不相信，可以自行查阅验证"的条款，也不得因此免责，因为这样的条款反而会给予接受陈述者错误的心理暗示并强化欺诈效果。②

其次，原告的信赖是具有合理性。《美国侵权法重述（第二次）》在第538条采用重大性的标准：（1）除非欺诈性虚假陈述的事项是重大的，否则对该虚假陈述的信赖不具有正当性。（2）下列事项属于重大事项：（a）该事项是否存在对一个合理人决定是否交易时具有重要性；（b）该虚假陈述人知道或者有理由知道，被陈述者认为或可能认为该事项对其作决定具有重要性，尽管一个合理的人在决定其行为时可能不会这样认为。

3. 德国法中的制度设计。

（1）被告的客观行为。德国对于积极欺诈中受害人的保护可以在《德国民法典》第826条——以故意违反善良风俗的方法侵害债权——中得到答案。其规定，以违背善良风俗的方式故意造成他人损害的，对他人负有损害赔偿的义务。起先，"善良风俗"的内涵拘泥于道德判断。德国法院曾将善良风俗解释为"所有有公平、正义思想的人的体面感（或尊严感）"③。然而目前其内涵有所扩张，从而为受欺诈侵害债权的保护打开思路。

目前普遍认可的观点是，要根据不同法律适当进行功能性解释④。这是指减少"善良风俗"的伦理色彩，让商事交易中的诚实信用原则发挥更多作用。比如证券法中的预测、推荐责任，破产法中董事拖延申请破产的责任，银行法中的银行责任。⑤ 在银行责任中，有学者通过举例将其

---

① 参见《美国侵权法重述（第二次）》第548条。
② W. V. H. Rogers, Winfield and Jolowicz on Tort, Sweet & Maxwell (1989), p. 262.
③ RGZ 48, 114, 124；56, 271, 279.
④ Münchener Kommentar - Wagner, Band 5, C. H. Beck2004, §826 Rn. 7 ff.
⑤ 许德风：《对第三人具有保护效力的合同与信赖原则》，载《私法》2004年第3期。

形象化：鉴于银行比较熟知企业的经营情况，如果企业 A 已经陷入经营危机，欠银行甲巨额贷款无法归还，如果此时银行与 A 协商，借款给 A，制造其可以在市场上立足的假象，使得第三人借款给 A，A 拿该第三人所借款项偿还了银行贷款，则银行即可能构成第 826 条下的侵权行为[1]。

在这一例子中，尽管银行不是通过言语而是用行为的方式实施欺诈，但其与言语欺诈一样，均属于第三人积极欺诈的一种。由此，德国法中的"善良风俗"的含义在商事领域中的扩张为第三人积极欺诈债权的认定提供了指引。

（2）其他侵权要件。欺诈侵权的其他构成要件上，德国同美国的规定在实质内涵上没有太大差异，从立法论的角度加以借鉴具有同一性，本文认为完全可以参照《美国侵权法重述（第二次）》的规定。因此对于这部分内容，不作重复展开。

（三）第三人消极欺诈（nondisclosure）

1. 概述。正如上文所提到的，第三人消极欺诈的核心是对告知义务的证成。对此美国和德国法律均有相关阐释，然而二者的路径不同，美国仍然将其归于侵权行为之中，而德国则采用了扩张解释缔约过失责任的方式，即缔约过失不仅仅限于缔约双方之间，而是扩大适用于特定情形下的第三人。

2. 美国法中的制度设计。因消极欺诈的部分构成要件与前述积极欺诈相同，此处重点讨论被告的客观行为。在美国，被告一般不具有主动告知的义务，但有如下三种例外情形。

第一是特别法的规定。根据《美国侵权法重述（第二次）》第 536 条，如果法律要求为了保护特定的群体而提供、备案（filed）、发布或者记录（record）消息以保护特定群体的人，行为人在这样做的过程中进行了欺诈性虚假陈述，那么其应当对由于合理信赖而遭受金钱损失的人承担责任。

第二是不完全陈述。如果陈述本身属实，但是行为人明知其没有陈述的附加、限制内容将会导致重大误解的产生而没有向对方说明这些事项的，该陈述为虚假陈述。[2]

第三是在五种情形下交易一方的主动披露义务：[3]（1）由于交易当事人间存在信托或者其他的信义关系，行为人知道另一方当事人有权知道的有关交易事项的，该行为人负有向他人披露该交易事项的义务；（2）交易一方明知某些事项为防止另一方陷入片面理解或者遭受误导而没有将该事项进行披露；（3）交易一方在先陈述的某些事项为真实或者其相信其为真实，但随后获得的信息让其知晓先前所言非真而未将真实情况告知另一方；（4）如果交易一方本以为另一方当事人并不会依据其所言的虚假事实与其进行交易，但之后发现另一方当事人可能信赖其陈

---

[1] Andreas Engert, Die Haftung für drittschädigende Kreditgewährung, Verlag C. H. Beck 2004.
[2] 参见《美国侵权法重述（第二次）》第 529 条。
[3] 参见《美国侵权法重述（第二次）》第 551 条。

述而与其从事交易的,陈述人负有将该交易事项向陈述接受人披露的注意义务;(5)对方当事人对交易的基本事实发生了误解,但是基于双方关系、交易习惯或者其他客观情况,对方有合理期待行为人将向其披露该等基本事实。根据美国法学会对最后一项的评述,"基本事实"是指各方将其视为交易本身基础的事实,这是交易的本质或者是讨价还价内容的重要组成部分(substance of what is bargained for)。需要注意的是,第551条具有主体限定性,即要求交易一方(one party to a transaction)在这五种情形下具有披露义务,而非任意的三人均具有披露义务。

由此,美国法对于第三人消极欺诈的规定比较狭窄,仅限于法律明文规定和不完全陈述的情形,对于第三人完全沉默构成欺诈持反对态度。

3. 德国法中的制度设计。

(1)概述。与美国不同,对于第三人消极欺诈的情况,德国并非通过侵权而是通过缔约过失责任的设计完成的。其基本推理是:其一,缔约过失责任的核心是信赖;其二,谁被信赖,谁就应当承担缔约过失责任①(不论该主体是否为缔约相对方)。而这种责任,实际上就是为订立合同所应承担的保护、告知、保密等前合同义务而应当承担的责任。

之所以如此,是因为在现代社会里,合同磋商并非合同双方与外界隔离的面对面行为,往往有专业人士的参与,在这一参与之下,缔约当事人信赖的并非专业人士的实际水平,而是其"以何种身份提供意见",如果这种身份能够对缔约一方的决策起到类似担保的作用,则其同样受到诚实信用原则的制约而负有缔约过失责任,而不受实际上并非缔约方这种身份的限制。

(2)德国理论界的观点。德国缔约过失责任的突破并非一蹴而就,而是在理论和判例的探讨中逐步确立成法律的。在理论界,根据巴乐施泰特的见解,如果该第三人因合同产生信赖,并且这种信赖为合同相对人所利用,那么其应当承担责任。②这里的第三人也被称为"财产监督人",其受特别信赖的原因是特别熟悉专业,特别可靠和自身能够对合同的实施施加影响。③如果第三人因为自己对订约具有巨大的经济利益以及打算从行为中获取自己的利益而特别近于磋商标的物,则视同利用他人身上的特别信赖。

(3)德国联邦最高法院判例中的观点。联邦最高法院基本认同了这种观点。④比如在一个判例中⑤,第一被告、第二被告与K共同持有BKD有限公司全部股份。1993年8月9日,第二被告将手中的股份转让给K,但仍然担任公司财务主管和税务咨询师,并且在BKD办公。1993年

---

① 许德风:《论企业的买卖——以瑕疵与缔约行为为中心》,北京大学法学院2004年博士毕业论文,第146页。
② [德]迪特尔·梅迪库斯著:《德国债法总论》,杜景林、卢谌译,法律出版社2004年版,第104页。
③ 参见《德国联邦最高法院民事裁判集》第56卷,第81页、第85页。
④ 参见《德国联邦最高法院民事裁判集》第72卷,第382页;第74卷,第103页。
⑤ BGH NJW 2001, 2163.

夏天，第一被告 K 和原告协商谈判，约定第一被告转让全部股权，K 转让部分股权给原告，但实际上此时公司已经陷入经营困难并且诉讼缠身。之后随着经营恶化的显露，原告将两被告诉至法庭要求两个被告对股权转让中对公司经营状况的欺诈行为承担责任。

联邦最高法院在判决中采用缔约过失责任来分析两被告的行为，其指出，判断第一被告有无责任的关键在于其缔约时是否有过失，而判断第二被告有无责任的关键在于其对缔约过程的参与以及作为长期服务于公司的雇员和专家，是否对原告签订的合同有相当的影响，是否使原告对其产生了特别信任①。在缔约中，一方应当根据交易习惯和诚实信用原则告知他方与合同目的密切相关、对他方缔约决定具有重要意义的事项。由于关于企业资产负债、经营状况的资料均掌握在作为企业经理和股东的两个被告手中，因此原告能否作出正确的判断，取决于两个被告是否公开这些信息。如果原告购买股份的目的是参与到一个有持续生存能力的企业中，那么被告有义务将可能危害企业生存的情况告知原告。② 这里的第二被告，就是我们希望研究的第三人言语欺诈中的"第三人"，联邦最高法院将其框在缔约前合同义务的框架中。

（4）《德国民法典》第 311 条对缔约过失责任的扩张。随着理论的清晰和审判经验的积累，德国在之后的成文法层面明确认可了缔约过失责任对第三人某些行为的扩张。2002 年，Canaris 在主持德国债法修订时，在《德国民法典》第 311 条第 3 款纳入了"第三人的个人责任"，即合同协商过程中，如果第三人介入，或者是因为对合同的订立有直接经济利益，或者因为缔约中特别地给他人以担保，则要对合同一方当事人承担个人责任。这里的担保是指非法律术语意义上的用法，即指利用了别人对自己产生信赖的情形，这种信任只要是针对合同订立的重要事项或信息即可。③ 这里的"对合同订立有直接经济利益"指的是名义上以代理人名义与他人订立合同，但实际上为了自己的利益而订。④ 按照以往判例，这种信赖并非是事实上的信赖，而只要是具备通常的、规范性（normatives vertrauendürfen）的信赖，即该信赖不因为个人主观状况不同而有所差别即可。⑤

通过《德国民法典》第 311 条第 3 款可以看出，如果在缔约磋商的过程中第三人能够根据社会一般性观念让他人产生合理信赖，则其就负有了保护该第三人利益的义务，包括当涉及事关交易的重大信息时，即具有了告知义务，如果违背了这种义务，则应当承担缔约过失责任，即赔

---

① 许德风：《论企业的买卖——以瑕疵与缔约行为为中心》，北京大学法学院 2004 年博士学位论文，第 143 页。
② 许德风：《论企业的买卖——以瑕疵与缔约行为为中心》，北京大学法学院 2004 年博士学位论文，第 143 页。
③ 许德风：《对第三人具有保护效力的合同与信赖原则》，载《私法》2004 年第 3 期。
④ RGZ120, 249, 252F.；RGZ 159, 33, 54F.；BGH NJW 1988, 2234（2235）；BGHZ 126, 181, 183FF.；BGH NJW 1997, 1233f.
⑤ Jens Koch, AcP 204 (2004), 57 (75). Vgl. Dazu BGH NJW. RR, 1991, 1241 (1242).

偿受害人所遭受的损失。因此，用缔约过失论证第三人消极欺诈的成立需要满足如下要件：第一，第三人应当告知的事项属于与订立合同有关的重要事项或信息。第二，受害人对第三人能够产生合理信赖（第三人根据一般观念处于被信赖的地位且受害人实际产生了信赖）；第三，第三人对于未告知具有过错①并因此造成受害人的损失。

四、从（2018）民再360号案件反思我国对第三人欺诈的防范

（一）第三人积极欺诈

从美国和德国的制度设计可见，在积极欺诈方面，二者均采用了侵权的救济方式。因此，回归到本案，就需要对四个构成要件逐一分析。

一是被告的客观行为。从客观行为看，林某乙主动陈述的"不需要再次授信可以直接放贷"无论在美国法"主动陈述虚假事实＋虚假陈述内容不涉及主观意见而属于既成事实"还是德国法改良后的"故意违背善良风俗侵权"的框架下，都可以认定为第三人积极欺诈。

二是被告的主观状态。首先，由于2011年，负责调查林文锦职务侵占行为的工作组已经将担保物的情况告知银行，因此银行对该担保物瑕疵明知，满足《美国侵权法重述（第二次）》第526条第1款（a）项，陈述人知道或者相信该陈述不符合事实的条件，因此，银行具有欺诈的故意。

三是原告是否受有损失。显然，最后担保公司因无法收回贷款遭受了财产损失，满足这一要件。

四是因果关系是否成立，即原告是否因为被告的虚假陈述产生信赖。首先，银行陈述与黄某之间成立了"信赖关系"，因为黄某数次确认银行放贷的可靠性。显然，如果银行没有陈述将无须审批直接放贷，黄某并不会答应借款给林文锦，且正如上文所述，银行不能通过"自行查证"的抗辩免责。其次，该"数次确认"行为足以让银行知道其回应对黄某在决定是否答应借款时的重要性，满足《美国侵权法重述（第二次）》在第538条重大性的标准中的第二种情况，即"该虚假陈述人知道或者有理由知道，被陈述者认为或可能认为该事项对其做决定具有重要性，尽管一个合理的人在决定其行为时可能不会这样认为"的要求。

由此，银行主动告知"无须重新授信"的行为构成了侵权法下的第三人积极欺诈，应当承担侵权损害赔偿责任。

（二）第三人消极欺诈

对于林某乙在明知担保物有瑕疵的情况下（因为职务侵占罪调查组已经将担保物情况告知银行），仍然在向黄某提供鑫旺超市之前的贷款材料并在黄某向其询问是否一定会放款时隐瞒的

---

① 既然是一种"隐瞒"行为，当然从主观上讲是具有过错的。

行为，在美国法和德国法中将得到不同的结论。

由于《美国侵权法重述（第二次）》第551条负有披露义务的例外仅限于交易双方，林某乙作为交易外第三方在接受询问时无义务告知黄某实际情况，其行为不具有违法性。

然而，根据《德国民法典》第311条将缔约过失责任扩张到第三人的规定，却可以将该行为纳入规范层面。根据该条，银行告知义务的成立需要满足三点：第一，应当告知的事项属于与订立合同有关的重要事项或信息；第二，黄某对银行能够产生合理信赖；第三，银行对于未告知具有过错，① 并因此造成林德何的损失。

首先，从黄某亲自到银行并反复询问林文锦贷款的担保情况来看，其非常重视担保物是否有瑕疵，即担保物的质量对其作出是否贷款的决策具有决定性作用，若知晓林文锦设置抵押的房屋属于禁止抵押的集体财产，其一定不会作出提供过桥贷款的决定，因为担保物瑕疵之下的银行放贷属于违规行为，林某乙的一家之言不足以让其放心银行会按时放贷，并由林文锦以此归还过桥贷款，即过桥贷款的偿还具有很高的风险和不确定性。所以满足应当告知的事项属于与订立合同有关的重要事项或信息。

其次，审查担保物的质量，保证其没有瑕疵，是银行在贷款业务中的必经、常规做法，根据一般人观念足以认为银行一定透彻地了解借款人的担保物情况（不论银行是否实际知道，在外人看来，可以作出认为其知道的合理推论），因此，此时银行处于被信赖的地位，具有如实告知担保物情况的缔约义务。

再次，由于职务侵占罪调查组已经将担保物情况告知银行，因此银行对担保物瑕疵情况明知，因此此时未告知构成过错。

最后，银行的隐瞒行为让黄某错误地作出了提供过桥贷款的决定，并导致贷款无法收回，满足受有损失的要件。

因此可以得出，银行行为违背了缔约中的"告知义务"，应当承担缔约过失责任，对林德何的损失进行赔偿。

（三）我国法律对于银行归责的困境

反观我国的制度，我国对没有任何合同关系的第三人言语欺诈中受害人利益的保护显然是十分不足的。首先在第三人积极欺诈上，尽管可以通过对《侵权行为法》的解释将其纳入其中，但是某些要件与他国相比规定过于粗疏。而最严重的问题体现在第三人消极欺诈——我国现行法阻塞了第三人消极欺诈以防范路径。

第三人消极欺诈中的核心是告知义务的证成，首先，由于第三人和受害人之间不具有合同关系，因此《中华人民共和国合同法》（以下简称《合同法》）中没有解决途径。其次，尽管

---

① 既然是一种"隐瞒"行为，当然从主观上讲是具有过错的。

《民法总则》第一百四十九条提到了第三人欺诈，但是并没有进行类型化区分，也无从知晓消极欺诈构成要件为何，特别是告知义务的来源。再次，我国《侵权行为法》也根本没有提到告知义务。最后，在缔约过失责任上，我国的规范对象十分狭窄，仅限于合同双方之间在缔约过程中如实告知的义务，规定在《合同法》第四十二条"如果合同一方当事人在磋商中故意隐瞒与订立合同有关的重要事实或者提供虚假情况，其应当承担赔偿责任"，这就导致第三人消极欺诈无法纳入缔约过失的轨道。正是上述法律规定的欠缺，才导致最高法民再360号案件的判决会让我们有所困惑。

（四）我国是否应当将第三人欺诈纳入立法

1. 是否应补充第三人积极欺诈的规定。对于第三人积极欺诈，我国是予以承认的，然对其规定有必要进一步细化。从上文比较法分析可以看出，德国对积极欺诈的规制是通过商业化解释"善良风俗"的方式，然而这种道德词汇存在解释上的困难，会增加立法难度，而美国法的规定更加清晰，因此可以考虑美国的规定与我国的差异及其规定更加全面的部分是否可以借鉴到我国法律之中。

从对美国法的介绍与我国现行法相比较可以看出，我国对第三人积极欺诈的规制适用的是现行《侵权责任法》第六条，即侵权构成要件的一般条款"行为人因过错侵害他人民事权益，应当承担侵权责任"。在拆解构成要件后，我国最大的不足是欠缺对因果关系的认定。因为积极欺诈是一种外观性较强的侵权形式，其有积极的行为，而该作为就可以表明具有欺诈故意，同时财产或人身也是可见的，唯独何为因果关系成立比较模糊。解决这种模糊的合理性在于，其在司法中会变成法院的自由裁量权，而不同法院对其边界的不同解释中具有损害当事人合法权益的风险，因此应当明确其表述，让裁判能够有法可依。

2. 是否应补充第三人消极欺诈的规定。相比之下，承认第三人消极欺诈意味着对缔约过失责任的扩张，这种大动作的变动其正当性如何、是否符合我国当前国情并与法律体系相契合则还需要说明。

将承担责任的主体限定在缔约双方当事人之间是传统缔约过失理论所持的观点，原因是其认为缔约过失责任具有鲜明的契约法属性。这种观点实际上是默认一个前提，即只有缔约双方才会参与合同的磋商，因此他们互相对彼此负有义务并承担责任。然而，除了缔约双方，其他人往往也会参与合同的磋商，如咨询顾问、居间人、代理人等，那么既然诸如此类的人同样参与了缔约磋商，他们是否同样应当受缔约过失责任的制约呢？

事实上，采纳德国的观点，将其纳入规制范围可以有效地保护缔约人的利益。其理论上的合理性在于，缔约过失责任本就是因信赖而生的责任，其独立于契约关系。也就是说，我们从前的观念有一个误区，误认为缔约当事人只会对缔约的相对方产生信赖，因为既然要缔结合同，一方对另一方的行为必须给予一定的信赖，否则如果对对方的一切所作所为都抱有怀疑，则合同就不具有达成的可能性。至于第三人，既然处于缔约中的任何一方都与其没有任何关系，也无与其达成合同或产生联系的意图，当然就不会给予信赖，那么缔约过失就丧失了发挥作用的空间。然而，这种思维方式漏掉了一种情况：在现代社会里，基于信息的严重不对称，信赖的给予变得越发困难，因此合同中往往需要专业人士的参与，由他们依托专业知识或工具为缔约一方的信用状况出具背书。在这种情况下，给予信赖的对象就发生了转移，从缔约的相对方转移到了具有专业知识，专门"以自己的专业身份给出意见"的第三人，那么满足这种情况下的第三人如果因为过失造成缔约中某一方的损失，同样有必要对其加以约束，否则专业人士将会无所畏惧地随意出具咨询意见，滥用自己的专家身份牟利。德国《债法》的修正体现了其对缔约过失的本质的认识，因此可以为我国所借鉴。

此外，不仅从理论层面对第三人消极欺诈的规范具有合理性，就我国现行法律所持的精神而言，将第三人消极欺诈纳入规范范围也与《民法总则》第七条所规定的诚实信用原则相契合。根据该条款，诚实信用原则是指民事主体在从事民事活动、行使民事权利和履行民事义务时，应本着善意、诚实的态度，即讲究信誉、恪守信用、意思表示真实、行为合法。[①] 银行既然已经事实上参与了缔约双方的交易活动，当然也应当受到诚实信用原则的约束，对于合同缔结不仅不能主动干扰，而且要尽最大的善意促使合同达成。

（五）对于我国第三人欺诈的立法设想

综合以上，本文认为我国对于第三人欺诈的规定应当有如下完善：

首先，第三人积极欺诈上增加"合理信赖"的规定。第一，信赖关系成立。其内涵是陈述者的欺诈行为影响了被陈述者的行为方式，如果不论陈述者是否陈述，都不会对被陈述者的行为产生影响，则信赖关系不成立。同时，陈述者不得以如果被陈述者亲自查询落实便可以避免这种信赖作为抗辩。第二，被陈述者的信赖具有合理性，该合理性的成立以"重大性"为指标：如果欺诈的内容能够影响一个人作出是否交易的决定，或者被告知道或者有理由知道，被陈述者认为或可能认为该事项对其作决定具有重要性，即使一个合理的人在决定其行为时可能不会这样认为，则依然满足重大性的标准，此时对欺诈内容的信赖具有合理性。

其次，扩张缔约过失责任至第三人应作出以下规定：如果在合同缔结过程中，第三人介入进来，并利用根据社会一般观念下别人对自己产生的信赖，而这种信赖与合同订立的重要事项或信息直接相关，那么其便具有主动告知自己所知道的与合同缔结相关的该重要事项或信息的义务，违背这一义务则应当承担缔约过失责任。其中，"社会一般观念"是指人们通常的、规范性的产生的信赖，即该信赖不因为个人主观状况不同而有所差别。

---

① 中国审判理论研究会民商事专业委员会编：《民法总则条文理解与司法适用》，法律出版社2017年版，第24页。

五、 结论

过桥资金能为企业及时输血,是防止资金链断裂、解决企业用资燃眉之急的有效措施。由于涉及资金量往往很大,一旦风险发生,对用资人和资金提供方都会带来重大损失,而银行如果利用自己信用中介地位的便利违规操作,则会加大过桥方利益遭受损失的风险。正因为如此,对银行的行为应当特别注意规制。本案的特殊之处在于,在现行法的框架下无法直接找到对应的规范认定银行的欺诈行为,最高法院的裁判虽然结论正确,但并没有根据欺诈行为方式的不同加以区分,存在逻辑上的论证断裂。而在立法层面,从美国法、德国法和我国现行法律的对比看,无论第三人积极欺诈还是第三人消极欺诈的规则,均存在某些缺陷,因此未来修订法律中应尽快弥补这一漏洞,避免在司法审判中出现推理上的困难与断层。

伊世顿案及其进展：
滥用程序化交易操纵市场的监管思路评释

■ 何兆飞[*]

摘要： 通过分析伊世顿案判决书和对华鑫期货相关行政处罚及自律惩戒文书，认定市场操纵的监管思路包括：获取相关交易优势是进行操纵的必要非充分条件；影响或扭曲市场价格，与其他明确规定的操纵行为具有危害的相当性，是构成操纵的实质特征；可由客观行为推定行为人操纵市场的故意；违法所得的认定较为谦抑，责任追究相对平缓，体现了对新型操纵行为惩处的谨慎态度。多部门对华鑫期货采取行政处罚和自律惩戒"组合拳"，体现了从严监管和加大违规成本的监管取向，但部分处理依据存在宽泛之嫌。从完善我国程序化交易监管机制角度出发，建议发展与规范并行，维护资本市场的流动性和人民性；完善相关规章制度，特别是以新修订的《证券法》为指导抓紧出台《程序化交易办法》等规定。

关键词： 伊世顿 程序化交易 操纵市场 司法认定 行政处罚

伊世顿案（即张家港保税区伊世顿国际贸易有限公司操纵期货市场案）在2017年经上海市第一中级人民法院和上海市高级人民法院两审最终落下帷幕，该案是国内首例被认定滥用高频程序化交易操纵股指期货市场的刑事案件，在当时引起较为广泛的社会关注。判决生效两年多后，即2019年底至2020年7月，该案涉及的华鑫期货有限公司（以下简称华鑫期货）和有关人员受到上海证监局、中国金融期货交易所（以下简称中金所）、中国期货业协会（以下简称中期协）的行政处罚或自律惩戒处分，再次引起市场关注。本文试对该案的操纵认定和监管思路进行分析，以期进一步规范完善我国证券期货市场程序化交易监管的相关制度机制。

---

[*] 西南政法大学经济法学专业博士研究生。

一、案件回顾、最新进展及有关问题

（一）关于操纵市场的刑事判决①

2017年6月23日，上海市第一中级人民法院作出一审刑事判决（〔2016〕沪01刑初78号），判决认定：

2015年6月1日至7月6日，被告单位张家港保税区伊世顿国际贸易有限公司（以下简称伊世顿公司）及其直接责任人员执行董事高燕、业务拓展经理梁泽中伙同华鑫期货技术总监金文献，在已使用高频程序化交易的基础上，利用不正当的交易优势和额外交易速度优势大量操纵中金所股指期货交易。经统计，伊世顿公司分别成交中证500股指期货（以下简称IC）主力合约、沪深300股指期货（以下简称IF）主力合约100.47万手和276.97万手，合计377.44万手，共计非法获利3.893亿余元。

伊世顿公司为谋取非法利益，操纵中金所IC、IF主力合约，其行为构成操纵期货市场罪。被告人高燕、梁泽中系被告单位伊世顿公司的直接责任人员，被告人金文献系共同犯罪；金文献还存在职务侵占犯罪，依法应予两罪并罚。综上，上海市第一中级人民法院对伊世顿公司以操纵期货市场罪判处罚金人民币3亿元，没收违法所得38930万元；对高燕以操纵期货市场罪判处有期徒刑3年，缓刑4年，并处罚金100万元；对梁泽中以操纵期货市场罪判处有期徒刑2年6个月，缓刑3年，并处罚金80万元；对金文献以操纵期货市场罪和职务侵占罪两罪并罚，决定执行有期徒刑5年，并处罚金60万元。

一审判决后，部分当事人不服提起上诉，被上海市高级人民法院驳回上诉，维持原判。

（二）关于案件最新进展情况

2019年12月23日，针对为伊世顿公司提供期货经纪服务的华鑫期货在本案中存在的问题，上海证监局作出三份行政处罚决定书（〔2019〕16号、〔2019〕17号、〔2019〕18号）②，处罚决定书主要认定以下事实：

1. 华鑫期货违反期货公司审慎经营和风险管理的要求。2014年7月至2015年7月，华鑫期货原技术总监金文献组织、安排员工安装维护由伊世顿公司开发的交易系统（RM系统）。华鑫期货实际使用了非本公司购买或开发的交易系统传递客户交易指令，未对该系统上进行交易的

---

① 参见张家港保税区伊世顿国际贸易有限公司操纵市场案，上海市第一中级人民法院〔2016〕沪01刑初78号刑事判决书，2017年6月23日作出，资料来源：最高人民法院（中国裁判文书网）官网，http://wenshu.court.gov.cn，2020年9月15日访问。

② 参见华鑫期货行政处罚案，上海证监局〔2019〕16号、〔2019〕17号、〔2019〕18号行政处罚决定书，2019年12月23日作出，资料来源：上海证监局官网，http://www.csrc.gov.cn/pub/shanghai/xzcf，2020年9月20日访问。

客户账户资金和持仓进行验证,不符合期货公司审慎经营和风险管理的要求,所获违法所得为10089097元。

2. 华鑫期货未建立健全并严格执行业务管理规则、风险管理制度,风险管理和内部控制存在较大缺陷。涉案期间,金文献安排信息技术部员工将多套RM系统安装至华鑫期货机房服务器,使用华鑫期货IP、席位号连接中金所交易系统。华鑫期货对交易系统、交易席位、对客户使用交易系统的切换以及结算、风控数据导入缺乏有效的管理和监督。据此,上海证监局分别对华鑫期货给予警告,没收违法所得10089097元,并处10089097元罚款;对时任华鑫期货总经理、法定代表人李俊给予警告,并处3万元罚款;对时任华鑫期货技术总监金文献给予警告。

2020年7月17日,华鑫期货收到中金所《纪律处分决定书》(〔2020〕1号),① 认定华鑫期货的行为违反《中国金融期货交易所违规违约处理办法(2013年修订)》第十八条、第十九条有关会员管理和交易管理的规定,决定对华鑫期货采取通报批评、暂停受理华鑫期货为客户申请中金所交易编码业务六个月的措施,并将处理结果记入资本市场诚信档案。2020年9月11日,中期协对华鑫期货作出《纪律惩戒决定》(中期协字〔2020〕109号),② 决定对华鑫期货有限公司暂停享有协会的选举权和被选举权12个月的纪律惩戒,对华鑫期货总经理公开谴责的纪律惩戒。上述纪律处分和惩戒决定的理由与行政处罚决定基本一致。

(三)有关难点问题

2015年我国股市发生较大异常波动,国家为稳定股市采取了救市和严厉打击操纵违法违规行为等多重措施。在这种背景下,伊世顿案由中国证监会移交公安部,公安部指定上海市公安局侦办。根据刑事判决书的记载,当事人对证监会和中金所出具的认定函件和分析报告等相关证据的形式与内容、法律适用及非法获利金额等问题提出异议。笔者认为,当事人对上述文件的质疑实质上是对该案是否构成操纵期货市场的质疑。正如判决书所述"伊世顿公司的操纵行为系新型操纵行为",在定性和法律适用等方面存在一些难点。

1. 操纵手段不同于以往操纵方式。该案与传统操纵市场行为存在的明显不同之处是采用高频程序化交易手段,此前中国证券期货市场上鲜有此种操纵类型的案件。程序化交易特别是其典型代表高频交易是现代金融科技创新发展与证券期货市场交易方式相互融合的产物,其主要采用计算机程序自动生成并下达交易指令,具有高频率、高速度、低延时和自动化等特点,与利用手工下单等传统操纵手段明显不同。③ 我国股票市场由于实行T+1交易制度等原因并未采用

---

① 参见上海华鑫股份有限公司《关于华鑫期货有限公司收到中国金融期货交易所〈纪律处分决定书〉的公告》,2020年7月21日发布,资料来源:巨潮资讯网,http://www.cninfo.com.cn,2020年9月30日访问。

② 参见上海华鑫股份有限公司《关于华鑫期货有限公司收到中国期货业协会纪律惩戒决定的公告》,2020年9月12日发布,资料来源:巨潮资讯网,http://www.cninfo.com.cn,2020年9月30日访问。

③ 参见林建:《透视高频交易》,机械工业出版社2015年版,第5页。

程序化交易方式。在伊世顿案发生前，我国证券市场发生的"光大乌龙指"等事件使程序化交易逐步进入大众视野并引起监管层和市场的关注。

2. 当时对滥用程序化交易操纵市场行为尚无直接明确的规范。在我国对市场操纵类型的规定中，有可能涉及程序化交易的操纵类型主要是连续交易、自买自卖和虚假申报。伊世顿案主要发生在2013年至2015年7月，当时有效的2005年修订的《中华人民共和国证券法》（以下简称《证券法》）第七十七条和《期货交易管理条例》第七十条主要规定了连续交易和自买自卖，对滥用程序化交易操纵市场并未明确规定；《证券市场操纵行为认定指引（试行）》虽然规定了虚假申报，但其并未针对程序化交易设定细化的判断指标；在追究刑事责任方面，《中华人民共和国刑法》（以下简称《刑法》）第一百八十二条主要规定了连续交易和自买自卖，《最高人民检察院 公安部关于公安机关管辖的刑事案件立案追诉标准的规定（二）》对操纵市场的相关指标难以完全适用于伊世顿案的审理。法律供给的滞后给伊世顿案件的定性带来了一定难度。从判决书来看，伊世顿案最终适用了《刑法》第一百八十二条第一款第四项"其他方法操纵"的兜底条款。

在伊世顿案判决生效两年多后，上海证监局、中金所和中期协先后对为伊世顿公司提供期货经纪服务的华鑫期货进行了行政处罚或自律惩戒处分，同时对同一期货公司同一行为采取如此"组合拳"式的密集处理并不多见。在此，需要重点探讨研究的主要问题有二：一是如何认定"伊世顿"公司的行为构成利用程序化交易操纵市场。二是如何认识证监局、中金所和中期协的处罚和处分背后的监管思路。

二、 操纵市场行为认定和监管逻辑分析

（一）认定"伊世顿"公司构成操纵期货市场的分析

梳理一审判决书的内容，认定伊世顿公司构成操纵期货市场的主要理由和事实有：

1. 隐瞒账户实际控制关系，违反程序化交易报备规定，获取不正当交易优势。自2013年6月起至2015年2月，伊世顿公司通过有偿租借方式先后实际控制了27个期货账户。自2013年1月起至2015年7月，伊世顿公司利用实际控制的期货账户，采用高频程序化交易方式从事股指期货交易。其间，伊世顿公司隐瞒实际控制伊世顿账户组、大量账户从事高频程序化交易等情况，违反《中国金融期货交易所交易细则》《中国金融期货交易所实际控制关系账户报备指引（试行）》《中国金融期货交易所沪深300股指期货合约交易细则》等关于股指期货交易实行实际控制关系账户报备、连接测试、程序化交易报备、股指期货交易的交易手数、撤单量和自成交量等限制等监管措施的规定，从而恶意取得不正当交易优势。

2. 违规操作未进行期货公司验证程序，非法取得额外交易速度优势。① 自 2013 年底起至 2015 年 4 月，伊世顿公司伙同被告人金文献等人研发了 RM 交易系统，并进行了技术伪装，还铺设了专门用于股指期货交易的网络。其间，金文献指使下属员工将 RM 交易系统安装至华鑫期货机房服务器内并与伊世顿账户组相关联。伊世顿公司的上述行为违反《期货交易管理条例》《期货公司监督管理办法》《中国金融期货交易所交易细则》关于中金所实行会员分级结算制度和基于该制度延伸出的保证金制度和持仓限额制度等基本制度，擅自使用未经检测的 RM 交易系统，绕过华鑫期货的资金和持仓验证，减少了相对于其他合规投资者必须耗费的验证时间，降低了自身整体交易时间延迟，从而非法取得其他合规投资者无法取得的额外交易速度优势。

3. 违法情节特别严重，违法所得金额特别巨大，社会危害严重。伊世顿公司所犯操纵期货市场罪的操纵手法隐蔽，操纵时间长，非法获利数额特别巨大，操纵后果十分严重，属于情节特别严重。伊世顿公司的操纵行为系新型操纵行为，不仅破坏了股指期货市场的基本制度、基本原则和交易秩序，而且造成了严重的社会危害，与《刑法》第一百八十二条第一款前三项所规定的典型操纵情形在危害性上具有相当性。

操纵市场行为，本质上是利用某种优势采取特定手段影响证券或期货的价格或交易量，扭曲市场价格形成机制，进而谋取非法利益。由于操纵手段多种多样难以穷尽，故《证券法》《期货交易管理条例》《刑法》等法律法规均采用列举加兜底条款的方式予以规范。结合判决内容，对伊世顿公司的操纵行为的认定思路进一步分析如下。

1. 获取相关交易优势，是进行市场操纵的必要非充分条件。伊世顿公司的交易优势主要体现在两个方面：一是隐瞒账户实际控制关系和违反程序化交易报备规定，形成不正当的交易优势；二是以未进行持仓和资金验证的方式，非法获得交易速度优势。需要注意的是，操纵行为人须具有某种交易优势，无论该种优势是合法获取如持股，还是非法获取如未进行持仓验证的速度优势，该种优势均是实施操纵行为的必备的基础，但并不能仅仅以行为人具备此种优势而认定其构成操纵行为，操纵市场至少还须同时具备滥用程序化交易的客观行为，故某种交易优势是认定操纵的必要而非充分条件。未进行程序化交易报备或不如实报备，实质上是冒充普通投资者从事专业交易行为，其所具备的交易优势对普通投资者而言是不公平的，也直接影响了监

---

① 此前有媒体以"高频交易系统违规直连交易所"为题的报道，业内人士认为此种说法系误读。结合业内人士判断和刑事判决及上海证监局披露的信息，实际情况应当是：华鑫期货将伊世顿公司开发的 RM 系统安装在华鑫期货租用的中金所托管机房的服务器中，并将 RM 系统技术伪装成中金所允许适用的飞马交易系统，在具体使用时通过华鑫期货交易系统切换至 RM 系统后，未进行持仓和资金验证，从而提高交易速度。这种伪装后的 RM 交易系统在"形式上"仍然通过华鑫期货的托管机房服务器发出交易指令，进入中金所交易所主机，故伊世顿公司"直连"交易所的说法并不准确。参见一德期货张凡：《业内人士："高频交易系统违规直连交易所"是错误解读》，2015 年 11 月 4 日报道，资料来源：搜狐网，http://roll.sohu.com/20151104/n425198769.shtml，2020 年 9 月 30 日访问。

管部门对市场中程序化交易规模的监控,给市场平稳运行带来风险。关于交易速度优势,国外一些国家允许投资者将自行开发的交易系统直接连接到交易所,我国证券期货市场建立时间不长,交易所交易系统的安全性一直是监管的重点,暂不允许投资者采用"直连"交易所方式参与交易。

2. 滥用程序化交易影响或扭曲市场价格,与其他明确规定的操纵行为具有危害的相当性,是构成操纵的实质特征。

根据公诉机关的指控,伊世顿公司滥用高频程序化交易,采取自买自卖、撤销申报等违规方法,在交易日内多次、反复、大量、连续交易 IC、IF 主力合约。具体讲,证实伊世顿公司操纵股指期货交易的主要特征有五点:①

(1) 成交量占比明显高。比如,IC、IF 主力合约成交量分别占同期市场成交量的 6.07% 和 2.97%,分别占同期市场前 10 名投资者(不包括伊世顿公司)总成交量的 71.5% 和 91.2%。(2) 委托速度绝对领先。比如,在 IC、IF 主力合约行情发布 100 毫秒内,伊世顿账户组订单在委托笔数、委托量占其全天的比例分别为 92.94% 和 94.59%。(3) 订单排序绝对优先。比如,在每个 IC、IF 主力合约行情发布周期内,伊世顿账户组订单全市场排序前 5 名、第 1 名的委托笔数、委托量占其总报单的比例分别为 78.17% 和 78.44%、35.89% 和 36.2%。(4) 成交率优势明显,最优价位成交率处于垄断地位。比如,伊世顿账户组 IC、IF 主力合约成交率和最优价位成交率分别为 74.88%、70.61%。(5) 在交易方向及交易数量对市场后续 5 笔行情均价已经产生了实际影响,干扰了市场瞬间行情的涨跌趋势。比如,伊世顿账户组 60 万余个交易行情区间及其后 5 笔市场行情涨跌情况反映当伊世顿公司处于净买入状态时,后 5 笔市场行情均价上涨的次数超过 64%。

根据上述情况,(1) 伊世顿公司的交易行为实质上构成市场操纵。伊世顿公司在申报量占比、报价速度、订单排序、成交量等方面确实相较其他市场参与者具有明显的不正当或非法的交易优势;客观上对市场价格造成了较为明显的助长或助跌影响,与当时明确规定的其他操纵行为具有危害的相当性,实质上构成市场操纵。(2) 关于操纵类型交易,最有可能的是虚假申报。涉及滥用程序化交易操纵的类型一般可能是连续交易、自买自卖或虚假申报。《最高人民检察院公安部关于公安机关管辖的刑事案件立案追诉标准的规定(二)》第三十九条第(二)项、第(四)项和第(五)项分别规定了连续交易、自买自卖和虚假申报操纵的立案追诉指标规定,其中对构成连续交易操纵要求持仓数量超过限定持仓量的 50% 以上,且在连续 20 个交易日交易量

---

① 参见伊世顿公司操纵市场案,上海市第一中级人民法院〔2016〕沪 01 刑初 78 号刑事判决书,2017 年 6 月 23 日作出,资料来源:最高人民法院(中国裁判文书网)官网,http://wenshu.court.gov.cn,2020 年 9 月 15 日访问。

累计达到同期总成交量的30%以上；对构成自买自卖操纵要求连续20个交易日内成交量累计达到同期总成交量的20%以上；对构成虚假申报操纵要求撤回申报量占当日该种证券或者期货合约总申报量的50%以上。《证券市场操纵行为认定指引（试行）》第三十八条和第三十九条规定，虚假申报操纵的判断指标是行为人在同一交易日内按照同一买卖方向，连续交替进行3次以上的申报和撤销申报。该规定主要针对人工手动下单方式，显然难以涵盖程序化交易特别是以高速为特点的高频交易。《中国金融期货交易所违规违约处理办法》（2013年修订）第二十二条第（六）项规定，"不以成交为目的或者明知申报的指令不能成交，仍恶意或者连续输入交易指令企图影响期货价格、扰乱市场秩序、转移资金或者进行利益输送。"该条可以理解为包括了虚假申报的含义，但是并未明确报撤单的具体比例指标。根据披露的信息看，2015年6月1日至7月6日共25个交易日，伊世顿公司从单个交易日或某段交易区间讲成交量占比可能较高，但从整个涉案期间讲累计成交并未达到连续20个交易日累计交易量达到"20%"或"30%"等连续交易、自买自卖的立案追诉标准。虽然一审判决书提到伊世顿公司采用自买自卖和撤销申报等手段，但从判决最终适用《刑法》第一百八十二条第一款第四项"其他手段操纵市场"的兜底性条款来推测，伊世顿公司最有可能的是构成虚假申报类型的操纵，类似于国外监管实践中的"幌骗"行为，撤销申报是虚假申报的主要特征，且在2015年时并未在法律层面明确规定，属于《刑法》第一百八十二条的兜底性条款的范畴，刑事案件追诉标准中对虚假申报的撤单比例要求达到50%以上是以"当日"为考量单位，故伊世顿公司属于虚假申报操纵类型或以此为主的可能性更大。

3. 从客观行为推定行为人操纵市场的主观故意。判断是否具有操纵故意的方式，除非行为人自认，一般适用是通过行为人的客观行为推定其主观故意。①本案中，金文献上诉提出其行为均系职务行为，不具有操纵意图，而其他行为人均未提出此问题。对本案行为人的操纵意图可以从两个方面推定：（1）从实施准备上讲，获取不正当交易优势具有"欺骗性"。本案相关证据可以印证行为人的主观恶意。比如，证人陈某的证言和查获的相关邮件证实：伊世顿公司技术人员曾于2014年8月8日在邮件中向他和金文献询问是否可以让伊世顿公司的RM交易系统绕过××所应用程序接口，因为RM交易系统的延迟时间小于200微秒，交易的时间耗费主要在上述接口上。他回复称经与吴某等人讨论后认为不能做绕过××所应用程序接口这种明显违规的事情。（2）从实施行为上讲，交易行为具有"排他性"或"限制性"。伊世顿公司的交易不仅速度绝对快，而且在交易日内多次、反复、大量、连续交易IC、IF主力合约，成交比例明显高于市场其他交易者，交易行为明显异常，反映了其对限制或排除其他合规投资者最优交易机会所持的希望态度。一审判决并未披露连续交易、自买自卖和虚假申报的具体交易量比例，但从判决

---

① 冒智桥：《虚假申报操纵市场认定规则探究》，载《法律适用》2019年第18期。

书的整体论述和证据列示可以推断,本案行为人的主观故意应主要包括恶意实施和"不以成交为目的"两种,行为人存在少量成交或者部分成交的,不影响对"不以成交为目的"的认定。

4. 违法所得的认定较为谦抑,责任追究相对平缓。根据新华社的前期报道,伊世顿公司自2013年至2015年从事高频程序化交易,利用数百万元的初始资金在两年多的时间内累计获利达20多亿元。① 从公诉机关的起诉内容看,伊世顿公司从2013年初起从事程序化交易,而刑事判决仅对2015年6月1日至7月6日股市严重异常波动期间伊世顿公司操纵期货市场的违法所得3.893亿元进行了罚没,实质上是认可了其在2015年6月之前利用程序化手段的交易所得,究其原因,可能是因为之前虽然有隐瞒账户实际控制关系和非法交易速度优势,但是并未发现其市场操纵行为,且并未对市场造成大的冲击。同时,从责任追究看,对伊世顿公司主要侧重于财产罚,罚没金额合计6.893亿元,并未超出其利用程序化手段从事交易的所得20余亿元;伊世顿公司的直接责任人员高燕和梁泽中、华鑫期货技术总监金文献均被认定为操纵市场情节特别严重,根据《刑法》第一百八十二条的规定,操纵市场罪情节特别严重的起刑点是5年,最高可判处10年有期徒刑,职务侵占罪数额巨大的刑期最低也在5年以上,一审不仅对高燕和梁泽中适用减刑减至3年或3年以下,而且均适用了缓刑,金文献两罪并罚也最终判处最低刑期5年,从上述刑事责任追究来看,一定程度上体现了司法机关对利用高频程序化交易这一新型手段操纵市场行为的惩处持谦抑和谨慎态度,其对市场释放的信号应该是为程序化交易特别是高频交易保留了一定的发展空间。

(二) 对华鑫期货行政处罚和自律惩戒的分析

梳理上海证监局、中金所和中期协的相关处罚或纪律处分决定可知,华鑫期货的违规行为主要有两个方面:

1. 对外违反期货公司审慎经营和风险管理的要求。主要是违反了《期货公司监督管理办法》第四十九条"期货公司应当具有符合行业标准和自身业务发展需要的信息系统,制定信息技术管理制度,按照规定设置信息技术部门或岗位,保障信息系统安全运行"、第五十六条第一款"期货公司应当在传递交易指令前对客户账户资金和持仓进行验证"和《期货交易管理条例》(2013年修订) 第六十条第一款"期货公司的交易软件、结算软件,应当满足期货公司审慎经营和风险管理"、第六十七条第一款第九项"交易软件、结算软件不符合期货公司审慎经营和风险管理以及国务院期货监督管理机构有关保证金安全存管监控规定的要求"、第十六项"违反国务院期货监督管理机构规定的其他行为"等规定。2. 对内未健全并严格执行业务管理规则和加强内控管理。主要是违反了《期货公司监督管理办法》(证监会第110号令)第四十三条第一项

---

① 张榆:《360万赚翻20亿,贸易公司伊世顿的期指冒险》,2015年11月2日报道,资料来源:财新网,http://finance.qq.cn,2020年9月13日访问。

"期货公司应当合理设置业务部门及其职能,建立岗位责任制度,不相容岗位应当分离、交易、结算、财务业务应当由不同部门和人员分开办理"、《期货交易管理条例》(2013年修订)第二十二条"期货公司应当建立、健全并严格执行业务管理规则、风险管理制度"等规定。

上述处罚和自律惩戒具有以下几个特点:(1)行政处罚与刑事判决相互衔接形成互补。行政处罚决定与刑事判决都是因伊世顿公司操纵期货市场案件引发,行政处罚在一定程度上可以看作伊世顿案的延伸或最新进展,行政处罚与刑事判决围绕同一个案件从不同方面形成互补,进一步扩大了伊世顿案的警示效果;不同之处是,刑事判决主要针对伊世顿公司的操纵期货市场行为,对金文献并罚职务侵占行为,行政处罚主要针对华鑫期货违反审慎经营和内部控制等行为。(2)行政处罚与自律处分、惩戒措施相互配合,形成监管合力。相关行政处罚和处分,不仅涉及单位和个人,而且既包括经济处罚又包括名誉和资格处罚,针对伊世顿公司同一类问题,三个部门的"组合拳"从不同层次较为全面地予以规制,形成监管合力,起到了较大的震慑作用,可以说是向市场释放了从严监管和加大违法违规行为成本的强烈信号。(3)部分决定或措施的依据不够具体,有宽泛之嫌。考察中金所和中期协的纪律处分或惩戒措施的依据发现,部分依据过于概括宽泛,比如中期协对华鑫期货的处理主要依据是认为公司违反了《中国期货业协会会员自律公约》第三条关于公司应当"严格遵守国家法律、行政法规、部门规章和相关政策规定,严格遵守协会章程、自律规则和其他有关规定,严格遵守期货交易所业务规则和期货保证金监控管理机构的各项规定"等,而并无与华鑫期货违规行为对应的具体的自律监管规范,这不免让人产生怀疑:如此宽泛的处理依据,今后证监部门此类处罚决定,是否都会附加交易所的自律处分和行业协会的惩戒措施决定?答案显然是否定的。行政监管和自律处分有各自的规制范围,对个案应结合当事人行为的具体情况和自律规则的具体规定视情形决定是单一处理还是采取"组合拳",并非施加的处罚或处分措施越多越好。

三、 对完善我国程序化交易监管的思考和建议

伊世顿案的发生,引起监管部门和立法机关对滥用程序化交易操纵市场、相关法律供给不足等问题的重视,有关部门及时采取措施完善了相关制度,主要表现在:(1)在法律层面正式增加了对程序化交易的规定。2019年新修订的《证券法》第四十五条增加了程序化交易条款;第五十五条在市场操纵类型中增加了虚假申报操纵等类型的规定。(2)细化了相关行政监管规定和自律规则。2018年11月,中金所修订《中国金融期货交易所违规违约处理办法》,在第十八条和第十九条关于会员违规行为中增加了"未按照规定对客户账户资金和持仓进行验证""未督促客户申报实际控制关系账户"等内容;2019年7月,证监会发布了《关于〈期货交易管理条例〉第七十条第五项"其他操纵期货交易价格行为"的规定》(证监会令第160号),增加了虚假申报操纵等类型的规定。(3)完善了相关刑事司法解释。2019年7月实施的《最高人民法

院 最高人民检察院关于办理操纵证券、期货市场刑事案件适用法律若干问题的解释》对连续交易、自买自卖和虚假申报进行了量化规定。上述规定完善了市场操纵的行政、刑事认定规则，但仍有进一步改进完善的空间，主要是有关行政规定相对概括、尚无具体配套量化指标；刑事立案追诉标准与审理标准具体指标不够一致（见表2）需要进一步统一明确。

表1 程序化交易可能涉及的操纵类型

时间	规定	类型	处理
2007-03-27	《证券市场操纵行为认定指引（试行）》（证监稽查字〔2007〕1号，内部文件）	1. 连续交易；2. 洗售；3. 虚假申报；4. 特定时间操纵；5. 尾市操纵	2005年修订的《证券法》第二百零三条 1. 责令处理非法持有的证券；2. 没收违法所得；3. 1倍以上5倍以下罚款或30万元以上300万元以下罚款。
2019-12-28	证券法（修订）第五十五条	1. 连续买卖；2. 自买自卖；3. 虚假申报	《证券法》第一百九十二条：1. 责令处理非法持有的证券；2. 没收违法所得；3. 1倍以上10倍以下罚款或100万元以上1000万元以下罚款。
2017-03-01	《期货交易管理条例》第七十条	1. 连续买卖；2. 自买自卖	《期货交易管理条例》第七十条：1. 责令改正；2. 没收违法所得；3. 1倍至5倍以下罚款或20万元以上100万元以下罚款。
2019-11-18	中国证监会《关于〈期货交易管理条例〉第七十条第五项"其他操纵期货交易价格行为"的规定》（证监会令第160号）第2条	虚假申报	《期货交易管理条例》第七十条：1. 责令改正；2. 没收违法所得；3. 1倍以上5倍以下罚款或20万元以上100万元以下罚款。
2019-07-01	《最高人民法院、最高人民检察院关于办理操纵证券、期货市场刑事案件适用法律若干问题的解释》（法释〔2019〕9号）第一条第五项	虚假申报	《刑法》第一百八十二条：1. 情节严重的，处5年以下有期徒刑或拘役，并处或者单处罚金；2. 情节特别严重的，处5年以上10年以下有期徒刑，并处罚金。

表2 程序化交易可能涉及的操纵类型刑事立案追诉①与审理标准②的比较

（以情节严重为例）

操纵类型	立案追诉标准	审理标准	标准变化	变化趋势
连续交易（证券）	1. 持股占流通股的30%以上； 2. 连续20个日累计成交量占总成交量的30%以上	1. 持股占流通股10%以上； 2. 连续10日的累计成交量占总成交量20%以上	1. 持股占比从30%降至10%； 2. 连续交易日从20日降为10日； 3. 成交量占比从30%下降为20%	标准总体趋向从严
连续交易（期货）	1. 持仓占限定持仓量50%以上； 2. 连续20日累计成交量占总成交量30%以上	1. 连续10日持仓超过限定持仓量的2倍； 2. 累计成交量占总成交量20%以上； 3. 占用保证金500万元以上	1. 持仓量占比从超限额50%提高至2倍； 2. 连续交易日从20日降为10日； 3. 成交量占比从30%下降为20%； 4. 新增占用保证金额500万元	标准总体趋向放宽，成交量占比指标从严
自买自卖（证券）	连续20日成交量累计占总成交量20%以上	连续10日的累计成交量占总成交量20%以上	连续交易日从20日降为10日	针对短线交易而言，标准趋向从严
自买自卖（期货）	连续20日内成交量累计占总成交量20%以上	1. 连续10日累计成交量占总成交量20%以上； 2. 占用保证金数额500万元以上	1. 连续交易日从20日降为10日； 2. 新增占用保证金额500万元	针对短线交易而言，标准趋向从严
虚假申报（证券、期货）	当日撤回申报量占证券或期货总申报量50%以上	1. 当日累计撤回申报量占证券、期货合约总申报量50%以上； 2. 证券撤回申报额在1000万元以上； 3. 撤回申报的期货占用保证金500万元以上	新增撤回金额指标限制，证券1000万元，期货500万元	标准趋向放宽

① 立案追诉标准系指《最高人民检察院公安部关于公安机关管辖的刑事案件立案追诉标准的规定（二）》。
② 审理标准系指《最高人民法院、最高人民检察院关于办理操纵证券、期货市场刑事案件适用法律若干问题的解释》（法释〔2019〕9号）。

回顾伊世顿案的处理,进一步完善我国程序化交易监管机制,应当考虑以下几方面:

(一)坚持发展与规范并行,维护资本市场的流动性和人民性

1. 建议将"限制发展"调整为"适度发展"。与人工交易方式相比,程序化交易是利用计算机技术的电子化交易,其在欧美资本市场已有三四十年历史。① 1971年美国纳斯达克证券交易所建立了世界上第一个电子化交易市场。② 程序化交易的基本特点是利用计算机程序自动形成和下达执行交易指令,取代人工手动操作。实践中,程序化交易又衍生出现了高频交易、量化交易等多种形态,其主要区别在于指令下达速度、交易策略等存在差异。高频交易通常采用价差或流动性等盈利策略,以毫秒甚至微妙的速度完成证券指令下达和交易结果回报,交易每次盈利金额较小,但因速度较快而交易量较大,故能够为交易商带来较为稳定和可观的利润。1989年,第一家采用高频交易的公司——自动交易柜台公司(Automated Trading Desk Firm,ATD)在美国成立;高频交易于21世纪初逐步兴起,近年来其已渗透美国股票、期货、债券、外汇等所有金融产品领域交易,特别是在衍生品市场交易总量高达80%~90%,③其客观上提高了交易效率,为市场提供了交易流动性,增强了市场活力,有利于价格发现。随着交易技术的不断发展,程序化交易的趋势将进一步强化,我国应该顺应这种趋势,为我所用。目前程序化交易在我国尚属于起步阶段,主要存在期货市场、债券和ETF基金等领域,股票市场并未实施。证监会曾在2015年针对程序化交易提出了"严格管理、限制发展、趋利避害、不断规范"的总体监管思路,当务之急不是讨论要不要发展程序化交易,而应当是如何落实新修订的《证券法》规定,规范有序发展程序化交易,故建议将"限制发展"的思路调整为"适度发展",以给程序化交易创造相应的发展空间,促进金融创新。

2. 正视程序化交易的风险,坚持规范发展。对高频交易的主要争议是认为其交易高频率高速度自动化,一旦风控机制不到位或操作失误,可能会引发市场"闪崩"的系统性风险。历史上较为典型的是2010年5月6日美国股市"闪崩"事件,因计算机程序出错,美国股市出现41亿美元买盘,道琼斯指数下跌近千点,近万亿市值蒸发。④ 同时,高频交易采用多种交易策略,容易被用于操纵市场,其典型的方式是"幌骗",⑤类似于我国《证券法》规定的虚假申报。2015年11月,美国相关法院判定迈克尔·柯西亚利用高频交易程序进行幌骗(spoofing),构成操纵

---

① 参见[美]艾琳·奥尔德里奇著:《高频交易》,谈效俊、杨燕、王仰琪等译,机械工业出版社2016年版,第8页。
② 参见[美]埃德加·佩雷斯著:《交易快手:透视正在改变投资世界的新兴高频交易》,朱振鑫、靳飞、王安娜、杨雅洁译:中国金融出版社2012年版,第20页。
③ 参见林建:《透视高频交易》,机械工业出版社2015年版,第79页。
④ 参见王苏生、江国朝、余臻、许桐桐:《高频交易刍论—基于中国证券市场的实证研究》,清华大学出版社2016年版,第9页。
⑤ 参见邢会强:《证券期货市场高频交易的法律监管框架研究》,载《中国法学》2016年第5期。

市场罪，该案是全球首例涉及高频交易被刑事起诉并定罪的案件，其典型方式是不以成交为目的的报撤单。高频交易操纵市场的手段还包括试单、扰乱交易行为及滥用市场等。① 而在我国曾引起广泛关注的与高频交易类似的事件主要是"光大乌龙指"等事件。我国资本市场的人民性决定了发展资本市场的根本目的是为了全体人民的利益，必须把保护最广大投资者的利益放在重要位置。虽然程序化交易与操纵市场并无必然因果关系，但鉴于我国资本市场中小散户占主体的特殊情况，应坚持规范发展的思路，加强制度构建，通过构建事前"防火墙"，防止程序化交易沦为少数人进行操纵市场"巧取豪夺"的工具或单纯技术的"军备竞赛"。②

（二）完善重点制度，规范程序化交易的发展

当前，需要抓紧完善与程序化交易相关的重点制度，主要应包括：

1. 以新修订《证券法》的程序化交易规定为指导，抓紧制定程序化交易的基本管理规范。证监会曾于2015年发布《证券期货市场程序化交易管理办法（征求意见稿）》，但至今均未正式出台。目前，中国证监会已将制定《程序化交易管理办法》列入2020年度立法工作计划，并将之确定为"需要抓紧研究、择机出台的项目"。③ 建议抓紧吸收市场各方意见，在前期征求意见稿的基础上修改完善，并及时以部门规章形式出台《程序化交易办法》，作为我国程序化交易监管的基本规范。

2. 制定专门的高频交易规定。程序化交易中的高频交易具有特殊性，是国外资本市场国家程序化监管的重点，国际证监会组织（IOSCO）、美国证交会（SEC）、美国期监会（CFTC）、欧盟 MiFID II（金融工具市场指令 II）、德国（《高频交易法》）、日本（《金融商品交易法》）等均针对高频交易制定了监管规则，④ 而我国目前针对高频交易的监管规则仍是空白，应借鉴境外发达市场的高频交易监管规则，明确我国高频交易的合法边界。

3. 客观看待程序化交易的速度优势。程序化交易是金融科技进步的产物，其交易行为本身是中性的，速度优势是程序化交易特别是高频交易的固有特点，其是构成滥用程序化交易特别是高频交易操纵行为的必要但非充分条件，并不能仅仅因为行为人具有交易速度优势就认定其构成操纵，简单否定交易速度优势可能会阻碍金融科技的发展。故在滥用程序化交易操纵案件中，应当将交易速度优势与操纵交易的主观目的、虚假申报等客观行为进行综合分析，避免以偏概全。

---

① 肖凯：《高频交易与操纵市场》，载《交大法学》2016年第2期。
② 参见［法］弗雷德里克·勒雷艾弗、弗朗索瓦·比雷著：《高频交易之战－金融世界的"利器"与"杀器"》，李宇新、刘文博译，机械工业出版社2015年版，第1页。
③ 中国证监会：《证监会印发2020年度立法工作计划》，2020年4月17日报道，资料来源：证监会官网，http：//www.csrc.gov.cn，2020年7月13日访问。
④ 参见肖钢：《中国资本市场变革》，中信出版集团2020年版，第152－154页。

4. 合理确定相关主体之间的权利义务。程序化交易事前主要涉及交易客户身份确认和报备、外部系统接入的测试和审核等事项,事中主要涉及交易指令的合规性审核、异常交易行为的监控与处理等,事后主要涉及操纵市场等违规行为的查处等。应当进一步完善证券期货公司等经纪商的风险控制机制,强化其合规风控意识和内控管理。同时,也应合理确定分配相关交易参与主体之间的权利义务,避免出现权利义务不匹配、失衡现象。以系统外部接入为例,2019年1月,证监会发布了《证券公司交易信息系统外部接入管理暂行规定》征求意见稿,目前仍未正式出台。征求意见稿要求证券公司不得为存在发生过场外配资等行为的投资者提供外接服务,但投资者利用外部接入系统开展场外配资等行为,并不必然导致程序化交易本身违规和操纵市场等违法行为的发生,其责任主体应当明确为投资者,除非证券公司存在明知的主观过错,否则不宜直接禁止证券期货公司提供外接服务。

5. 完善和公开操纵认定具体规则和指标。目前,相关操纵行为的量化指标往往以监管部门内部文件形式存在而并未公开,原因之一是担心当事人规避相关规定。但对操纵行为的处罚或纪律处分直接关系当事人的权益,近年来因监管规则不透明引发的争议、复议或诉讼甚至被法院下发司法建议的事件屡见不鲜,建议参照行政处罚法关于处罚依据公开的一般原则,以具体指标加概括性规定的方式对操纵认定的量化指标予以公开,为当事人的行为提供事先指引,构建公开透明的监管环境。同时,应进一步统一操纵行为的刑事立案追诉标准与审理标准,以避免出现侦查和审判依据不一的问题,影响对操纵违法行为的惩治效果。

(三) 改进完善配套运行机制,构建程序化交易的"防火墙"

我国股票市场长期主要实行T+1交易制度,在期货市场和基金等领域实行T+0交易制度,该制度与熔断机制、涨跌停板制度、停复牌制度、开盘与收盘定价机制等共同构筑了资本市场的交易机制,对稳定资本市场的交易秩序发挥了重要作用。① 随着我国资本市场对外开放步伐的不断加快,上述制度和机制也暴露出限制过多、灵活性不够等问题,影响我国资本市场的进一步做大做强和与国际交易机制接轨。在程序化交易的背景下,需要重点研究扩大T+0交易制度试用范围、涨跌停板与熔断机制的合理协调等问题,还应特别防范外资机构与境内机构联合利用程序化交易手段操纵影响中国资本市场等违法违规行为。从长期来讲,建议总结我国期货程序化交易监管和打击市场操纵等违法违规行为的实践经验和教训,在《期货法》起草和制定中将程序化交易和相关有效的配套机制及做法纳入立法范围,通过制度创新,为防范系统性金融风险构筑"防火墙",在国家法律层面保障程序化交易长期规范发展。

---

① 参见肖钢:《中国资本市场变革》,中信出版集团2020年版,第125页。

金融法苑

Financial Law Forum

2020 总第一百零三辑

书 评

变幻的"货币"与虚幻的"货币宪法"
——评《货币宪法学：知识谱系与中国语境》

■ 柯 达[*]

摘要：我国目前面临货币发行权的配置困境，《货币宪法学》一书或可为解决此类权力配置问题提供指引。该书通过基本理论、货币权利（力）、中央银行、货币民主、制度方案五块内容对货币宪法学的理论问题进行了系统研究。作者认为国家垄断货币发行权导致的金融危机损害了公民的财产权，因此应当通过制定货币宪法约束国家的货币发行权。该书较为全面地介绍了国外学界对治理通货膨胀的制度性观点，并客观上对近年来涌现的比特币等私人货币提供了一定的理论定位。遗憾的是，该书将"货币"一词不合理地限定于法定货币，对法定货币的效力存在误解，并未能准确地判断国家货币权力的历史溯源与现代价值；此外，该书未能详述货币权利（力）的宪法属性与宪法意义，导致作者提出的"制定专门的货币宪法"在可行性与现实性方面或有待商榷。由于该书未能清晰构建货币宪法的逻辑框架，因此无法从理论上有效应对我国货币权力配置的困境。

关键词：货币宪法 中央银行 货币发行权 法定货币 私人货币

引言

近年来，随着比特币（BTC）、天秤币（Libra）等区块链数字货币的兴起，以及我国央行研发法定数字货币进程的提速，数字货币领域的公私博弈初见端倪，国家与市场之间的货币分权问题重新引起学界关注。与中央与地方的权力划分、国家机构内部的权力划分相同，国家与市场的权力划分也涉及"根本大法"——宪法意义上的权力配置。货币权力是否可认定为宪法上的国家权力、是否有必要以及如何在宪法中规定国家的货币权力条款，成为明确此种权力配置必须解决的问题。吴礼宁博士于2015年在法律出版社出版的《货币宪法学：知识谱系与中国语境》（以下简称《货币宪法学》）一书，系统地论述了货币宪法的基本理论，或可为解决目前我

---

[*] 北京大学法学院2018级经济法学博士研究生。

国所面临的货币发行权配置问题提供指引。

一、《货币宪法学》的主要内容[①]

该书序言介绍了货币宪法学这一领域的研究意义与研究思路。作者认为，财政体制的变革在宪法秩序构建与演进的各个环节中处于核心地位，历史上重大政治法律变革与财政问题密不可分，而所有的财政问题均可归结为公民财产与政府财政的表征——"货币"的相关问题；并且，次贷危机导致了"全球性的金融体系崩溃与恶性通货膨胀"，损害了公民的财产权，其根本原因在于货币权力的不当行使。在此情况下，作者认为需要从宪法角度研究货币问题，其核心内容在于货币发行权这一"终极的财政权"。根据该书的章节安排，作者主要通过基本理论、货币权利（力）、中央银行、货币民主、制度方案五块内容对货币宪法学的理论问题进行研究。

（一）基本理论

在第一、第二章，作者论述了货币宪法学的概念起源、不同研究进路以及货币发行权约束的宪法阐释。首先，作者认为"货币宪法"的概念起源于德国学者欧肯（Eucken）等人提出的"经济宪法"，后者调整税收、财政等会对市场法律环境产生影响的决定；在凯恩斯主义倡导的国家干预盛行于世界各国的背景下，布坎南（Brennan）最早提出了"货币宪法"的概念。其次，作者分别从"规则主义"路径（制定货币宪法以约束货币供应当局、防止其滥用货币发行权）与"自由主义"路径（废除政府对货币发行权的垄断、实现货币发行的自由化）梳理了多位代表性人物关于治理通货膨胀的观点。最后，作者提出了该书的总体立场，即货币发行"是一种低成本、效率高且不以人民同意为前提的征税行为"，其直接涉及公民与国家之间的财产配置结构以及最根本的公法契约关系——"货币契约关系"。因此，基于社会契约理论与人民主权原则，货币权力的行使"应当以人民的同意为前提，并接受人民的监督"。

（二）货币权利（力）

货币权利与货币权力是货币宪法学的核心关注点，两者在货币历史演进过程中始终处于博弈状态，这种状态在该书中主要体现为货币权力是"加害者"，货币权利是"受害者"或"反抗者"。在货币权利方面（第八章），作者梳理了货币财产权的权能、特点以及国家的货币责任。具体而言，货币财产权具有支配权（物权）、请求权（债权）、选择权以及兑现权的权能，国家承担了不侵犯货币财产权、保护货币财产权免受侵犯、维护国家货币安全、"节俭"的货币责任，以及辅以货币民主原则、货币政策公开透明、货币决策权与执行权分立、将通胀税纳入预算

[①] 本文第二部分内容均引自吴礼宁：《货币宪法学：知识谱系与中国语境》，法律出版社2015年版。此外，该书的部分章节内容已经发表于部分期刊，如吴礼宁：《通胀治理与货币宪法的提出》，载《郑州大学学报（哲学社会科学版）》2012年第3期。

管理的机制。在货币权力方面（第三章），作者梳理了货币权力的属性、范围等内容。具体而言，作者认为货币权力是一种终极性的财政权，在国际法层面是国家的货币主权；货币权力具有能动性与侵益性，其范围包括货币立法权、货币行政权、货币金融监管权以及货币司法权。

（三）中央银行

中央银行是国家行使货币发行权的代表机构，该书主要对央行业务的公权属性以及央行独立性问题进行了探讨，认为英美等国的央行具有浓厚的私人属性，损害了公民的货币财产权，因此应予以限制。在央行业务的公权属性方面（第四章），作者认为，中央银行承担的"发行的银行、银行的银行以及政府的银行"这三大货币职能，表明其拥有的货币权力是一种公权力。对于美联储等将公权力交由私人部门行使的中央银行，可以认定为"私人窃取了国家权力、凭借国家权力谋取私利""违背了最基本的法律精神和政治伦理"；而欧洲央行等"超级中央银行"，则成为"一个绑架各成员国货币和经济的权力怪兽"。同时，作者梳理了英格兰银行与美国第一/第二银行、美联储起源与发展过程中的宪法难题，并提出"消除中央银行的私有化，防范中央银行权力的异化，也相应地成为货币宪法学的核心任务之一"。

在央行的独立性方面（第五章），作者认为央行具有的独立性不代表央行可以为所欲为、不受任何控制与约束。虽然央行与政府的价值取向差异、货币政策较强的专业性以及防范宏观经济波动等理由可以为央行的独立性提供依据，但少数精英控制央行有违货币民主，央行自我监督不力也会造成危机，此外也不利于协调货币政策与财政政策的关系。

（四）货币民主

该书批评了货币利益集团（第六章）对公民货币财产权的损害以及民众的应对方式（第七章），并论述了货币民主作为规范货币发行权手段的意义与困境（第九章）。首先，作者认为由于政府对货币发行权的垄断以及货币立宪机制的缺失，货币利益集团产生并实现对经济乃至政治上的支配；其基于民主产生，但却导致了"货币集权"并置货币民主于罔顾。其次，作者依据熊彼特的"租税国家危机理论"，认为政府与人民都有产生通货膨胀的倾向；但在通货膨胀或担心未来货币贬值时，人民会自发地选择实物进行计价以实现保值。最后，作者认为货币民主"为公民参与货币过程、表达诉求和主张提供了平台"，但目前遭遇了民主制自身的退化、代议制民主制的不民主、货币权力行使的过程缺乏民主以及货币权力本身发生异化的困境，2011年"占领华尔街"运动是货币民主觉醒的表现之一。

（五）制度方案

基于目前国家对货币发行权的垄断造成了公民货币财产权的损害，首先，作者从基本原则、基本规则等角度提出了货币宪法学的制度方案（第十章、第十一章）。作者首先认为"货币宪法规则应当以立宪主义的基本价值为指引，实践人民主权、人权保障、分权制衡等基本的宪法规则""其在货币领域的具体要求则为货币分权、货币民主、货币权力有限、货币财产权保障等原则",其中货币分权包括国家与市场的分权、货币当局(支配权)与持币人(选择权)之间的权力配置以及国家机关和货币当局内部的权力配置。其次,作者提出要确立金本位制、货币政策透明、通货膨胀目标值等基本规则。最后,作者总结了"中国式通胀"的表现,认为我国具有独特的"发展型通胀"模式,并通过反思地方债务危机、检讨外汇储备制度与货币预算制度,提出三种适用于我国的货币宪法方案:其一,制定专门的货币宪法,对货币发行权的配置、货币发行主体的职责权限、货币发行的监督、货币增量、存款准备金率、通胀税收入归属、央行与财政部的关系、货币委员会的组成及其决议的效力等问题作出专门的规定;其二,修改宪法,增加货币条款,并通过中央银行法和其他基本法律加以具体化;其三,在现有的《中华人民共和国中国人民银行法》(以下简称《央行法》)基础上增补内容,构建货币宪法体系。

二、《货币宪法学》的学术价值评价

(一)货币宪法学的国内外研究现状

1. 货币宪法学的国外研究现状。如果将货币宪法定位为"约束政府货币发行权的制度",国外经济学界与法学界形成了对货币宪法不同的研究进路。一方面,经济学界研究如何从制度上约束国家的货币发行权以防止恶性通货膨胀的出现,从而使抑制通货膨胀的措施"制度化"和"法律化",如不同学者提出的恢复金本位制、通货膨胀目标制、实现货币发行自由竞争等建议。少数学者进一步研究如何构建"最高层次或基础的货币制度",将约束国家货币发行权的条文纳入宪法或另行制定单独的宪法典,这种研究进路大多直接使用"货币宪法"(monetary constitution)一词。[1]

从学术史的角度看,在西方主要经济体尚未出现"滞胀"困境时,1962 年出版的《寻找货币宪法》首次收录了多名经济学界的著名学者对"限制货币供应过程的制度安排"的建议,包括实施一篮子商品或黄金本位、独立于货币机关的"信托货币"、100% 准备金等;[2] 只有被收录于此书的《可预测性:货币宪法的尺度》(布坎南著)一文进一步从"基础的货币制度"层面,认为人们应当同意并遵守约束货币体系运作的规则,这种已被通过的规则需要防止"被不断篡改"并保证"货币的可预见性"。[3] 之后,经济学界对货币宪法的关注逐渐淡化,主要关于在英

---

[1] 如有学者认为美国现在没有"货币宪法",并认为制定"货币宪法",并成立由专业经济学家和银行家组成、真正独立于政治的中央银行,可以使货币发行摆脱政治压力的变化,从而避免恶性通货膨胀。See David I. Fand, From a Random: Walk Monetary Standard to a Monetary Constitution, 9 Cato Journal 323 (1989), p. 338.

[2] Karl Brunner, Reviewed Work (s): In Search of a Monetary Constitution by Leland B. Yeager, 71 Journal of Political Economy 616 (1963), p. 618.

[3] James M. Buchanan, Predictability: The Criterion of Monetary Constitutions, Leland B. Yeager ed., In Search of a Monetary Constitution, Harvard University Press, 1962, pp. 182 – 183.

美等国小范围内流通的地方货币或社区货币,并提出用"补充性货币"弥补法定货币的不足。但在近年来全球性金融危机阴霾未散、严重通货膨胀初现以及多种私人货币出现的背景下,货币宪法又开始得到了经济学界的关注。2015 年出版的《重新寻找货币宪法:改革政府在货币体系中的角色》(以下简称《重寻货币宪法》)对货币的公共物品属性、制定宪法层面的货币发行权规则、私人货币替代央行货币的可能性等问题进行了探讨,并进一步地对多国书面宪法规则的实践表现进行了分析。①

另一方面,国外法学界研究如何对现行宪法的货币条款及相关宪法案例进行解释,如部分学者结合美国制宪会议的文字记录以及建国初期的立法活动,探讨美国《1787 年宪法》对联邦与州的货币发行权的真实约束,并对后来发生的货币发行权相关判例进行评价;② 又如分析欧盟《马斯特里赫特条约》对欧洲央行与成员国政府的货币发行权配置,或结合主权债务危机分析货币政策与财政政策的协调。③ 此外,法学界虽然对货币财产权、货币主权等问题的论著颇丰,但均未从宪法视角进行系统论述。

2. 货币宪法学的国内研究现状。我国学界最早在经济宪法领域内关注货币的宪法定位,如赵世义教授认为"经济宪法学要研究国家货币发行、建立货币权及其宪法约束的理论"。④ 2011 年,单飞跃教授与何自强博士首次详细阐释了"货币宪法"的价值意义,其认为币值稳定是货币的本质,通过货币宪法确立基本制度框架、约束政府对货币的干预,有利于保持币值稳定。⑤ 此后,学界在 2012 年至 2014 年形成了对货币宪法学的研究热潮,包括郑州大学法学院以及上海财经大学法学院两处研究货币宪法的阵营:郑大法学院的苗连营教授勾勒出货币宪法学的研究进路,此外郑大法学院的诸多作者就全球金融危机、铸币税、欧债危机等主题进行了宪法视角的研究;而上财法学院的单飞跃教授与其他作者对货币宪法学的制度框架进行了归纳总结,此外还研究了"财政金融化"视角下的货币宪法规范等主题。⑥ 在 2015 年之后,"货币宪法"的研究逐渐淡出学界的视野;但近两年,随着比特币等私人货币的兴起,经济学界与法学界开始重新关

---

① Lawrence H. White & Viktor J. Vanberg & Ekkehard A. Kohler ed., Renewing the Search for a Monetary Constitution: Reforming Government's Role in the Monetary System, Cato Institute, 2015, pp. vii – xviii.

② Edwin Vieira Jr., Forgotten Role of the Constitution in Monetary Law, 2 Texas Review of Law & Politics 77 (1997), p. 128.

③ Pieter – Augustijn Van Malleghem, Pringle: A Paradigm Shift in the European Union's Monetary Constitution, 14 German Law Journal 141 (2013), p. 168.

④ 赵世义:《经济宪法学基本问题》,载《法学研究》2001 年第 4 期。

⑤ 单飞跃、何自强:《币值稳定的货币宪法分析》,载《上海财经大学学报》2011 年第 6 期。

⑥ 鲁勇睿著:《通货膨胀的货币宪法控制》,中国社会科学出版社 2016 年版,第 193 页;鲁勇睿:《金融危机:不确定规则下的货币权力失控》,载《学术交流》2012 年第 3 期。

注货币发行权,主要关注点包括货币的本质、货币与国家的关系、私人发行货币的正当性等。①概括而言,我国经济学界与法学界对约束政府货币发行权这一主题均有论著,但经济学界未直接从宪法层面提出制度方案;而我国法学界主要介绍或引用国外经济学界的"货币宪法"研究成果,但很少有学者对国外现行宪法中的货币条款或相关判例进行研究。

(二)《货币宪法学》的学术贡献与局限

与我国大多数研究货币宪法的学者相同,《货币宪法学》一书作者同样花了较大篇幅对国外经济学界对货币宪法的研究成果进行了介绍,并基于国外货币金融的发展实际进行各章论述,总体上属于理论引进型著作。基于国内外现有的研究成果,该书的学术贡献与相应的局限主要体现在以下几个方面:

首先,该书系统地论述了货币宪法的立论基础与权利(力)结构,并结合我国实际提出多种货币宪法方案,在论述主题与研究结论方面具有完整性。许多学者在引进介绍国外货币宪法理论或提出货币宪法制度方案时,并未对货币宪法的约束与保护对象——货币权力与货币权利进行充分阐释;此外,经济学界提出许多约束货币发行权的制度性建议往往未考虑到一个国家的货币文化、政治与经济体制的特殊性,使得相关结论实践价值不强。该书对货币权力与货币权利的权力(利)属性与范围进行了较为详细的分析,同时结合我国"发展型通胀"等特殊国情提出制度方案。虽然相关分析结论的合理性与制度方案的可行性有待商榷,但在研究框架上较为完整与系统。

其次,该书为对近两年涌现的比特币等新型私人货币提供了一定的理论定位。以比特币为代表的区块链数字货币同样在金融危机的背景下出现,开发者希望创建出一种不受政府控制的支付系统。这种私人货币在宪法与其他法律上的定位如何,仍然存在较多争议。虽然此书并未直接提及该一类私人货币,但根据作者的观点,私人货币的出现本质上是公民维护货币财产权的自发行为,而公民的货币财产权包含"选择权",公民对私人货币的使用是一种对货币的"选择自由",货币宪法应当尊重这种选择自由。②虽然作者在论述"选择权"时误解了法定货币强制性的效力,但"选择自由"理论的提出,对解决私人货币的法律定位仍具有一定理论意义。

再次,该书虽较为全面地介绍了21世纪初之前国外经济学界对治理通货膨胀的制度方案,但相关理论仍然存在缺漏。作者在该书第二章创造性地将国外经济学界提出的制度方案划分为"规则主义"路径与"自由主义"路径。然而遗憾的是,该书缺少了以列特尔(Lietaer)为代表的"补充性货币"拥护者提出的构建"互补经济体系"观点,其将英美等国的"地方交易所交

---

① 刘新华、郝杰:《货币的债务内涵与国家属性——兼论私人数字货币的本质》,载《经济社会体制比较》2019年第5期;许多奇:《Libra:超级平台私权力的本质与监管》,载《探索与争鸣》2019年第11期。

② 吴礼宁:《货币宪法学:知识谱系与中国语境》,法律出版社2015年版,第240页。

易系统"（LETS）、时间货币等在特定范围内流通的私人货币称为"补充性货币"，其仍然坚持国家货币的主导地位，但同时认为国家货币存在缺陷，需要补充性货币对国家货币的缺陷进行改良。① 这类观点虽然没有直接说明制度或宪法在其中的作用，但同样是对国家与私人货币发行权配置的一种设想。此外，通过后文的具体论述可知，作者更倾向于"规则主义"路径，虽然作者在第二章对"规则主义"与"自由主义"路径进行了比较，但未对赞同"规则主义"路径的各学者的观点进行理论性的总结，并以此对后续章节提供理论指引。

最后，该书在一定程度上也采用了国外法学界基于宪法、央行法条文与宪法判例的研究进路，但对宪法的产生背景、宪法判例的系列变迁缺乏系统且细致的关注，与作者最后提出的货币宪法方案也不存在较强的关联性。英美等国存在大量涉及货币发行权的宪法判例，其中英国判例涉及国王铸币权的具体适用范围（如"混币案"），美国判例涉及国会发行法偿纸币（如一系列法偿货币案）、限制私人货币选择自由（如一系列黄金条款案）的正当性等内容，但法院的裁判观点随着政治经济的时代变迁发生着变化。作者虽然在该书第四、第五、第八章提到了英美两国央行法的发展历史、美国宪法条文与美国法偿货币案，但并未认识到相关法律与判例背后存在的时代变迁以及法院的观点转变，此外也未能给货币宪法的制度方案提供适当的历史与制度依据。

三、《货币宪法学》的具体内容评价

（一）《货币宪法学》的法理逻辑评价

该书遵循国外货币宪法学的基本逻辑，即未受到有效约束的国家货币发行权会带来恶性通货膨胀，进一步导致公民的货币财产权受损；因此，需要完善货币发行的相关法律制度，以有效约束国家的货币发行权。这一"控权"的法理逻辑不仅符合宪法学意义上的"权利保障"要求，也与经济法意义上的"适度干预"基础相一致。

一方面，从宪法基本原理角度看，国家权力来源于国家与公民签订的"社会契约"的授予，是公民权利的让渡；为了保障公民权利不受国家权力滥用的损害，宪法需要对国家权力进行约束。货币发行权作为国家权力之一，同样需要受到宪法的约束，以保障公民的货币权利。② 另一方面，从经济法"国家干预"原理角度看，市场失灵导致市场无法良好地自我运行，此时需要国家（政府）对市场进行干预，但政府同样会出现失灵，因此需要衡量干预的成本与收益，政府干预只有在收益高于成本时才具有合理性。③ 国家行使货币发行权可以认定为国家对市场进行

---

① ［美］贝尔纳德·列特尔著：《货币的未来》，林罡译，新华出版社2003年版，第208页。
② 参见安东：《国家权力控制论》，武汉大学2005年博士学位论文，第21页。
③ 参见侯利阳：《政府与市场关系的法学解构》，载《中国法学》2019年第1期。

干预的方式之一,但政府在行使货币发行权时可能会出现低效、滥权以及市场主体的套利现象,因此需要法律对货币发行权进行约束。

(二)《货币宪法学》的具体论述评价

从该书引言与第一部分可以看出,作者围绕货币宪法学的法理逻辑,得出了以下几点核心结论:第一,金融危机与随后发生的恶性通货膨胀损害了公民的货币财产权;第二,货币财产权受损的根本原因在于国家对货币权力的不当行使,典型表现是将货币发行权授予私人行使;第三,应当制定货币宪法,对国家的货币权力进行约束。从结构安排来看,除了第一、第二、第十一章之外,作者未能根据该书的核心结论安排该书的结构框架,当然该问题在许多学术专著中普遍存在,下文对此不再详述;从内容论证来看,该书也存在不少有待商榷之处。下文将在论证逻辑、论据充足程度、制度建议可行性等方面,通过货币财产权(货币权利)、货币发行权(货币权力)与货币宪法三个角度分别评析该书的三点核心结论:

1. 被轻视的对象:"变幻"的货币。作者认为金融危机与随之发生的通货膨胀损害了公民的货币财产权,但作者对"货币"等概念以及对通货膨胀的表述较为模糊,影响了该观点的说服力。首先,书中将"货币"一词限定于"法定货币",使得该观点的论证较为薄弱。如果将"充当交换媒介"作为认定货币的标准,那么民商事交易中存在以下四种货币:国家发行的具有法定偿付效力的"法偿货币"或"法定货币"、商业银行通过存贷款等业务创造的"存款货币"(不同于银行卡等"支付通道")、非金融机构基于法定货币或存款货币创造的"电子货币"(包括预付卡和第三方支付余额)以及完全由私人创造、相对独立运行的"私人货币"(如比特币)。在这四类货币中,法定货币与存款货币由于货币功能最为全面,其在日常民商事交易中适用范围最广,两者经常会发生相互转换;但如出现恶性通货膨胀为主要表现的货币危机,两种货币的财产权受损表现却存在差异。央行通过降低存款准备金率等方式发行大量货币,进一步刺激商业银行不合理发放贷款(通货膨胀并非完全由国家发行过量法定货币导致),导致社会的货币供应量过剩,此时法定货币持有人的财产权受损表现主要为货币购买力下降,而存款货币持有人则面临商业银行偿付能力风险增大以及货币购买力下降的双重窘境。为了保护存款货币持有人的财产权,法律不仅要对国家发行过量货币进行限制,还需要完善对商业银行存贷款等业务的监管。该书第八章"货币财产权、立法与自由"的多处表述将"货币"一词限定为法定货币,并围绕法定货币展开对货币财产权的论述思路,无法将通货膨胀致使货币财产权受损这一逻辑链条以及财产权受损的具体表现清晰地展现出来。

其次,作者对"法定货币"与"货币财产权"这两个关键词语存在误解。作者将法定货币的法定偿付效力误认为公民必须使用、不得用其他支付方式替代,如作者认为"我国法偿性的规定否定了人们的货币选择权,即人们不得拒绝接受人民币"①,并以英格兰银行成立与美国《法偿货币法》为例,认为"一部人类社会近现代史,恰是人民不断丧失货币财产和自由的历史"。② 然而,在双方当事人没有另行约定或未单方宣示的情况下,法定货币的法定偿付效力仅体现在债务人用法定货币偿付可视为合同的适当履行,其并未严格限制当事人之间对支付方式的选择权。③ 此外,"货币财产权"的法律概念以及法律属性在法律与学理上均存在争议,我国虽有学者对货币财产权进行了理论总结,将货币视为独立于物权、债权与知识产权的特殊财产类型,但这一观点尚未得到学界与法律的多数认可。该书列举了货币财产权的特点与权能,其目的可能是说明公民有对货币财产的选择权,但并不能让读者清晰地认识到货币财产的本质,而相关内容错位地建立在"法定货币就是剥夺公民对货币财产的选择权"这一认识的基础上,也弱化了"通货膨胀损害货币财产权"的说服力,因为当事人可以选择其他交换媒介作为法定货币的替代物。

最后,作者对损害公民货币财产权的通货膨胀现象表述不甚清晰。货币银行学理论通常认为,金融危机带来物价的持续下跌与货币供给量的普遍减少,在政府不施加干预的情况下,可能会导致通货紧缩的出现。作者在引言中指出"最近一次,也是史上最严重的一次货币危机,导致了全球性金融体系的崩溃和蔓延世界的恶性通货膨胀",似乎与2008年国际金融危机及之后金融市场的现状不完全符合;而发生在少数国家的恶性通胀现象,很大程度上是受到了美联储降息的影响,因此,与金融危机的发生不存在直接联系。此外,作者在第七章"危机、通胀与人民的选择"仅将通货膨胀的原因归于各国的扩张性财政政策(如超发国债),这一点内容与引言中的分析并不完全一致。

2. 现代货币权力的有限性与价值中立性。该书认为国家对货币权力的不当行使是货币财产权受损的根本原因,但对国家的货币权力定位、货币权力的产生来源或正当性方面的论述有所偏颇,同样影响了这一观点的逻辑自洽性。

一方面,作者在该书第三章认为国家垄断了货币的发行,使"私人不能选择使用他们认为可能更为合适且更为有利的其他规则——否则将遭受国家依法作出的对其人身和财产的强制措施",其未能准确地判断国家货币权力的行使对私人选择支付方式的影响。④ 事实上,国家只能

---

① 吴礼宁:《货币宪法学:知识谱系与中国语境》,法律出版社2015年版,第231页。
② 吴礼宁:《货币宪法学:知识谱系与中国语境》,法律出版社2015年版,第241、244页。
③ 可参考新加坡中央银行和美国财政部网站的说明。See MAS, What is Legal Tender?, 资料来源:https://www.mas.gov.sg/currency/What – is – Legal – Tender, 2020年2月28日访问; U. S. Department of Treasury, Legal Tender Status, 资料来源:http://www.treasury.gov/resource – center/faqs/Currency/Pages/legal – tender. aspx, 2020年2月20日访问。
④ 吴礼宁:《货币宪法学:知识谱系与中国语境》,法律出版社2015年版,第46页。

通过法律垄断法定货币的发行权,而不能垄断所有货币的发行权。如上文所言,目前民商事交易中的货币可分为法定货币、存款货币、电子货币和私人货币四类,法律认可国家发行的货币具有法定偿付效力且仅有国家才能发行该种货币,同时认可其他三类货币的合法流通状态。然而,即便法律禁止某一种类货币的流通,该类货币在现实交易中因存在相应的需求而无法完全被禁绝。作者似乎应当进一步说明国家对货币权力的不当行使不仅表现在超发法定货币方面,而且表现在不当地禁止其他类型货币的流通方面。

此外,为准确理解货币与国家(权力)的关系,作者或许应同时梳理目前学界从制度角度探寻货币本质的不同学说。目前,学界已形成货币的国家理论(货币是由国家法律认可的交换媒介)、货币的社会理论(货币被社会普遍接受的交换媒介)、货币的制度理论(货币是由法律规定的交换媒介)等理论,其中货币的国家理论占主导地位。①

另一方面,该书在第三章认为国家拥有的货币权力认定为"侵益性"的权力,而国家"对铸币权的垄断是近代之后,国家凭借单方意志、通过立法的途径实现的",其未能准确地判断国家货币权力的历史溯源,以及该权力在现代货币支付体系与经济发展中的价值。事实上,在君主专制时期的英国,"铸币权"被视为君主的商业特权,君主通过发行特定形制的足值铸币维护君主权威与国家统一,也可基于战争筹资的需要发行不足值铸币;在 18 – 19 世纪的美国,发行具有法偿性的不足值货币的权力被视为为维护国家统一与主权独立的"合理且必要"方式;在现代,为了维持法定货币的最高信用地位、发挥中央银行的最后贷款人功能,国家发行法定货币成为必需手段。而这种现代性的必需手段是价值中立的,其本身并不具有在道德属性上的"邪恶性",通货膨胀只是这种货币权力被滥用的结果之一。作者虽然在该书中提到了美国法定货币的宪法争议,但并未结合美国政治经济体制的变化,对《1787 年宪法》中货币条文、法偿货币案、黄金条款案等一系列关于货币发行权变迁的历史事件进行梳理总结,在涉及联邦货币发行权观点的选取与美联储公共属性的认定上较为片面,由此造成了对货币发行权"性本恶"和"逐利"的误解,进而在书中认为"国家对货币发行的垄断权并非源于一个'原始契约',因为人民在最初订立契约时未将铸币权转移,国家对铸币权的单方垄断是近代之后通过立法的途径实现的"。

3. "虚幻"的货币宪法。该书在第十章提出了货币分权、货币民主、货币权力有限、货币财产权保障等货币宪法原则,以及确立金本位制、货币政策透明、通货膨胀目标值等基本规则,并在第十一章提出了三种适用于我国的货币宪法方案,但相关论述或存在以下问题:

一方面,该书关于"货币分权"的论述存在一定失衡。正如该书所述,货币分权包括国家与市场的分权、货币当局与持币人之间的权力配置以及国家机关和货币当局内部的权力配置;

---

① [英]查理斯·普罗克特著:《曼恩论货币法律问题》,郭华春译,法律出版社 2015 年版,第 14、15、22、24 – 26、39 页。

但同时，该书将论述的重点放在了"国家机关和货币当局内部的权力配置"，特别是中央银行的公权属性与相对独立性上，而较少谈及前两种分权的制度路径，这使得该书提出的货币宪法制度建议存在些许的缺漏。事实上，货币分权首先应当确立国家与市场的分权，即国家垄断发行法定货币的边界如何、如何处理法定货币的法定偿付效力与公民对支付方式的自主选择权之间的关系、如何对待私人发行的货币等问题，在国家与市场的货币权力界限厘定后，方可有效地界分国家机关内部货币权力的配置。

另一方面，该书认为适用于我国的三种货币宪法方案（专门的货币宪法、修改现行宪法、修改中央银行法）中，制定专门的货币宪法更为合理，但这一观点在现实性、可行性等方面有待商榷。首先，作者仅依据我国面临的现实背景（地方债务危机、外汇储备制度以及预算制度有待完善）以及现有货币法律的疏漏，便认为我国需要制定货币宪法，这在论据上不甚充分。究其原因，作者在该书中未能详细论述货币发行权（货币权力）与货币权利为何是宪法上的权利（力），以及将约束货币发行权的条文写入宪法的实际价值。虽然作者在该书第一章说明了货币与宪法的关系，认为属于宪法秩序演进过程中的财政体制问题本质上是货币问题，但这并不能充分证明宪法在约束货币发行权方面的实际效力（如位阶等级高、修改难度大等）。其次，该书列举的多种"中国式通胀"现象，事实上并非严格意义上的"货币危机"，这与国外学界关于货币宪法学的理论基础——"国家货币权力的行使导致通货膨胀"存在一定的差异，而该书在此处并未进行进一步说明。退一步看，如果将这些"与货币有关的问题"纳入货币宪法学的理论基础，当下我国面临最紧迫的问题，恐怕是国家与市场在货币发行与相关金融基础设施运营边界的厘定以及支付清算效率。最后，结合我国当下宪法实施机制的现状以及我国政治体制的特殊性，制定专门的货币宪法或修改现行宪法并不具有较强的现实意义，目前更为必要的"货币宪法方案"，应当是在中央银行法中明确法定货币与代币票券的具体含义与具体效力，以明确国家与市场在货币发行、支付清算基础设施方面的权利（力）界限，提升相关法律制度的可操作性。①

综上所述，该书在货币财产权、货币发行权以及货币宪法方案方面的论述均无法充分支撑该书的核心结论，因此无法进一步从理论上有效应对我国目前面临的货币权力配置困境。

四、余论

正如作者在该书第二章中所述，"货币宪法学尚未形成独立的学科和完整的体系，对于政府与人民在货币领域内的相互关系、政府在货币过程中的地位和权力配置、央行权限、持币人的宪

---

① 参见柯达：《我国代币票券法律制度的发展与完善——基于加密资产监管的视角》，载《金融法苑》2019年第1期，第123页。

法权利等问题缺乏深入分析"。货币宪法学作为由经济学界发起、在当下仍具有重要价值的理论领域，仍充满着浓厚的"政策性"与理想化色彩，亟待法学界将其进一步提炼并转换为系统化的法学理论与法律制度。此外，从经济法的视角观察，货币与国家的关系涉及货币是否是一种公共产品以及货币是否能适用于规制的法理逻辑，这些主题对解决货币发行权的配置与约束问题同样大有裨益。

《金融法苑》 征稿启事

《金融法苑》由北京大学金融法研究中心主编，以金融法研究为对象，采用图书的形式连续出版。自1998年首次出版至今，《金融法苑》已公开出版百辑，目前一年出版两辑，每辑15~18篇论文，约20万字，由中国金融出版社出版发行。《金融法苑》已被北京大学法学院列为学院核心刊物，并自2014年起入选CSSCI来源集刊。《金融法苑》目前授予"北京大学期刊网""中国知网""元照数据库""北大法宝""超星数字期刊""万方数据库"等数据库电子版权。凡向《金融法苑》投稿的作者，视为同意上述授权，本编辑部所支付的作者稿酬已包含上述著作权使用费；如不同意，请在投稿时注明，编辑部将作适当处理。

《金融法苑》设有"热点观察""专论""金融实务与法律""金融法前沿""公司与证券""银行与法律""财会与法律""保险与法律""WTO与金融""金融刑法""金融创新""金融监管""金融法庭""海外传真"等栏目，及时反映金融法理论、热点事件、立法与实务等最新研究成果和动态，文风活泼，文字清新，深入浅出，侧重阐明事理，解决问题。作为专业特色明显的出版物，《金融法苑》在学界和实务界有着良好的影响，适合立法者、金融法务工作者、相关专业的师生阅读和参考。

为规范《金融法苑》用稿，提高编辑质量和效率，编辑部拟订《〈金融法苑〉写作要求和体例》，请投稿者务必自觉遵守。自2014年1月起，本编辑部只接受电子版投稿，投稿邮箱为：jinrongfayuan@126.com。投稿文档请按如下格式标明，并同时标注于邮件主题上："投稿日期作者：文章名"，例如："2003.10.22 吴志攀：银监会的职责与挑战"。

凡投寄本编辑部的稿件，请勿一稿多投。投寄的稿件三个月内未收到编辑部用稿反馈的，可自行处理。在编辑部编辑稿件过程中，如遇到他刊拟采用的，请作者及时告知相应的决定，以免造成重复刊发。

有意投稿者还可关注北京大学金融法研究中心网站（www.finlaw.pku.edu.cn）和微信公众号（"Pkufinlaw"和"北京大学金融法研究中心"），获取金融法研究中心和《金融法苑》的出版资讯、学术活动、征稿主题等相关信息。网站地址和微信公众号二维码请见本辑封底。

《金融法苑》编辑部
2019年12月10日

《金融法苑》写作要求和注释体例

一、字数要求

一般不超过 8000 字（包含注释，以 Word 的字数统计为准），特别优秀的论文可适当增加 1000～2000 字。

二、编排体例

1. 文章标题：居中，三号加粗宋体字，标题一般不超过 25 个字，尽量不使用无实质意义的副标题。
2. 作者：居中，小四号宋体字，用 * 标记脚注，注明学习/工作单位、电子信箱、联系电话、通讯地址（邮编）等。
3. 中文摘要：小四号宋体字，不超过 300 字，写明文章的主要观点、研究方法等。
4. 关键词：小四号宋体字，2～5 个关键词，需体现文章核心内容。
5. 正文：目次采用"一、（一）1.（1）1）"顺序，尽量避免过多层次，标题加粗，全文小四号宋体字，1.5 倍行距，段前段后不空行。
6. 注释：采用当页脚注，每页重新编号，①②③格式，五号宋体字，单倍行距，注释间不得空行。

三、内容规范

文章需符合基本学术规范和著作权规则。对违反法律法规、学术规范的文章，由作者本人承担一切后果。

四、格式规范

（一）数字

1. 文章中涉及的确切数据一般用阿拉伯数字表示。例如：20 世纪 80 年代，不采用 "1980 年代" 的写法。

2. 约数用汉字表示。例如：大约十年，近二十年来。

3. 法律条文，应该以中文大写数字表示，包括所引用的法条中涉及的条款。例如：《中华人民共和国刑法》第十一条。引用法律或案例应准确无误，作者应核对与文章内容时点对应的有效法律条文内容，注意条文序号是否已被调整。

4. 农历的年、月、日一般用中文汉字；古代皇帝的年号也用汉字。例如："光绪二十九年"等。

（二）图表

1. 图表应简洁大方，同一图表尽量避免跨页排版。

2. 图表标题应标明序号，置于图表上方，图表下方注明资料来源。

（三）法律规范或其他规范性文件

1. 无论中西文法律或规范性文件，首次出现，写明全称（注明中华人民共和国），以后可以用简称，但需在首次出现的全称之后用括号界定。

2. 必要时，在法规之后注明其生效或实施时间。

（四）注释

1. 总体要求

（1）注释以必要为限，对相关文献、资料等来源进行说明，以便读者查找。直接引征不使用引导词，间接引证应使用引导词。支持性或背景性的引用可使用"参见""例如""例见""又见""参照""一般参见""一般参照"等；对立性引征的引导词为"相反""不同的见解，参见""但见"等。

（2）注释的标识位置

一般紧跟着要说明的词语或句子。一般地，注释标识放在逗号和句号后面，也可放在句号前，根据所需注释的内容而定。涉及引号时，如果引号里有句号，注释标在引号后。如果引号里无句号，注释标在引号和句号之后。

（3）超过100字引文的处理

正文中出现100字以上的引文，不必加注引号，直接将引文部分左右缩排两格，并使用楷体字予以区分。100字以下引文，加注引号，不予缩排。

（4）重复引用文献、资料的处理

重复引用的，需标注全部注释信息，不采用同前注、同上注等简略方式。

（5）作者（包括编者、译者、机构作者等）为三人以上，第一次出现时，最好都列明，如果有主编，撰写者可以省略。第二次出现时可仅列出第一人，使用"等"予以省略。

（6）引征二手文献、资料，需注明该原始文献资料的作者、标题，在其后注明"转引自"该援用的文献、资料等。

（7）引征信札、访谈、演讲、电影、电视、广播、录音等文献、资料等，在其后注明资料形成时间、地点或出品时间、出品机构等能显示其独立存在的特征。

2. 具体注释范例

中文作品

（1）专著

作者：《书名》（卷或册或版次），出版社出版年，页码。

例如：

李琛：《论知识产权法的体系化》，北京大学出版社2005年版，第110页。

储怀植：《美国刑法》（第3版），北京大学出版社2005年版，第90－97页。

葛克昌、陈清秀：《税务代理与纳税人权利保护》，北京大学出版社2005年版，第30、35页。

（2）编辑作品或编辑作品中的文章

作者及署名方式：《书名》（卷或册或版次），出版社出版年，页码。

作者：《文章名》，载编辑作品主编人：《编辑作品名称》，出版社出版年，页码。

例如：

刘剑文主编：《出口退税法律问题研究》，北京大学出版社2004年版，第21页。

高鸿钧等主编：《英美法原论》，北京大学出版社2013年版，第二章"英美判例法"。

张建伟：《法与经济学：寻求金融法变革的理论基础》，载吴志攀、白建军主编：《金融法路径》，北京大学出版社2004年版，第31页。

（3）译著

［国别］作者著：《书名或文章名》，译者译，出版社出版年，页码。

例如：

［美］兰德斯、波斯纳著：《知识产权法的经济结构》，金海军译，北京大学出版社2005年版，第460页。

（4）学位论文

作者：《论文名称》，学校系所年份，页码。

例如：

李英：《一般反避税条款之法律分析》，北京大学法学院2004年硕士论文，第19页。

（5）期刊、报纸类作品

作者：《文章名》，载《书名或杂志名》年代和期数。

例如：

刘剑文：《论避税的概念》，载《涉外税务》1999年第2期。

刘军宁：《克林顿政府经济政策》，载《人民日报》1993年3月23日，第6版。

（6）研讨会论文

作者：《篇名》，主办单位，"研讨会名称"，时间。

例如：

王文宇：《台湾公司法之现况与前瞻》，韩忠谟教授法学基金会，"两岸公司法制学术研讨会"，2003年7月。

（7）法院判决、公告等

《名称》，（年份）编号名称（说明：具体名称是否添加根据文中情况判断）。

例如：

包郑照诉苍南县人民政府强制拆除房屋案，浙江省高级人民法院（1998）浙法民上字7号民事判决书。

《国家税务总局关于出口货物退（免）税若干问题的通知》，国税发〔2003〕139号。

（8）网络资讯

原则上，如果同样内容有纸质文献，请选用纸质参考，以方便保存查阅。

文献内容（格式同上），资料来源：网址，访问时间。

例如：

王波：《台湾中正大学黄俊杰教授访谈》，资料来源：http：//www.cftl.cn/show.asp？c_id=478&a_id=1381，2005年4月17日访问。

赵耀彤：《一名基层法官眼里好律师的样子》，载微信公众号"中国法律评论"，2018年12月1日。

外文作品

（1）基本说明

1）重复引用文献的，在再次引用时需标注出全部注释信息，不采用 Id. 等简略形式。

2）文章标题大小写。

除冠词与介系词之外，书名和文章名称的第一个字母都要大写。例如：A Theory of Justice。

3）缩写加上句点。

例如：

e.g.；等等：et al.；主编：ed.；第×页：p.＊；第×－×页：pp.＊－＊。

4）顺序和中文著作基本相同。多个作者之间不用顿号，而用"&"或者逗号。作者与书名之间用逗号；文章名、书名无需书名号。

5）字体用 Times News Roman。

6）组织机构、法案名称等，第一次使用全称，后用括号注明英文全称和简称，之后可使用简称。

例如：国际货币基金组织（International Monetary Fund，IMF）。

（2）著作

例如：

William E Scheurman ed. , The Rule of Law under Siege, Berkeley: University of California Press, 1996, p. 144. Bellow & Kettleson, The Politics of Society in Legal Society Work, 36 NLADA Briefcase 5 (1979), pp. 11 – 16.

（3）期刊文章

例如：

Robert J. Steinfeld, Property and Suffrage in the Early American Republic, 41 Stanford Law Review 335 (1989), p. 339.

关于《金融法苑》的订阅

感谢广大读者对《金融法苑》的喜爱和支持。北京大学金融法研究中心限于人手,无法逐一为读者们办理纸质版杂志的订阅服务。为此,中心特委托《金融法苑》的出版商中国金融出版社代为办理,由其读者服务部具体承办《金融法苑》的订阅服务。

中国金融出版社读者服务部电话:(010) 66070833 62568380
(在每本《金融法苑》的封二都可以查看到读者服务部的信息)

如您不想采用订阅的方式,也可访问淘宝网上的"中国金融出版社读者服务部",或者通过登录当当网、亚马逊、京东或新华书店等网站,购买纸质版的《金融法苑》。

北京大学金融法研究中心
2019 年 12 月 10 日